EM MAUS LENÇÓIS

EM MAUS LENÇÓIS

TOM VITALE

MUNDO AFORA E NOS BASTIDORES COM

ANTHONY BOURDAIN

Tradução
Renato Marques

TORÐSILHAS

À minha querida família, por seu firme apoio e crença inabalável de que o esforço valia a pena, apesar de todas as evidências que contrariavam isso.

Copyright © 2023 Tordesilhas
Copyright © 2021 Tom Vitale

Título original: *In the weeds*

Published by agreement with Folio Literary Management, LLC and Agencia Riff.

Todos os direitos reservados. Nenhuma parte desta edição pode ser utilizada ou reproduzida – em qualquer meio ou forma, seja mecânico ou eletrônico –, nem apropriada ou estocada em sistema de banco de dados, sem a expressa autorização da editora. O texto deste livro foi fixado conforme o acordo ortográfico vigente no Brasil desde 1º de janeiro de 2009.

FOTO DE CAPA (Tom Vitale): Frank Vitale
PREPARAÇÃO Franciane Batagin | Estúdio FBatagin
PROJETO GRÁFICO Cesar Godoy
REVISÃO Mariana Rimoli e Roberto Jannarelli

Por precaução, alguns nomes da história foram mudados para proteção da identidade dos envolvidos – os culpados e os inocentes.

1ª edição, 2023

Dados Internacionais de Catalogação na Publicação (CIP)
(Câmara Brasileira do Livro, SP, Brasil)

Vitale, Tom
Em maus lençóis : mundo afora e nos bastidores com Anthony Bourdain / Tom Vitale ; tradução Renato Marques. -- São Paulo : Tordesilhas, 2023.

Título original: In the weeds : around the world and behind the scenes with Anthony Bourdain
ISBN 978-65-5568-068-3

1. Bourdain, Anthony, 1956-2018 - Viagens 2. Televisão - Programas 3. Chefes de cozinha - Estados Unidos - Biografia 4. Culinária 5. Hábitos alimentares 6. Sem Reservas (Programa de Televisão) I. Título.

22-116346   CDD-641.5092

Índices para catálogo sistemático:
1. Chefes de cozinha : Biografia 641.5092
Cibele Maria Dias - Bibliotecária - CRB-8/9427

2023
A Tordesilhas Livros faz parte do Grupo Editorial Alta Books
Avenida Paulista, 1337, conjunto 11
01311-200 – São Paulo – SP
www.tordesilhaslivros.com.br
blog.tordesilhaslivros.com.br

 /Tordesilhas
/eTordesilhas
 /TordesilhasLivros
 /TordesilhasLivros

SUMÁRIO

Nota do autor 9

PARTE 1
Capítulo 1   Depois 13
Capítulo 2   Prontos para o horário nobre 25
Capítulo 3   Aperitivo 49
Capítulo 4   No coração das trevas 65
Capítulo 5   Sinais de que você faz parte de uma seita 91
Capítulo 6   Mate seus queridinhos 105

PARTE 2
Capítulo 7   Ambiente de alto risco 127
Capítulo 8   Objetos reluzentes 165
Capítulo 9   Fama 171
Capítulo 10   Jamaica doidona 183
Capítulo 11   Filmando pesadelos 211
Capítulo 12   A princesa e o plebeu 221

PARTE 3
Capítulo 13   O americano tranquilo 235
Capítulo 14   Brincando com a comida 251
Capítulo 15   Conversas refinadas à mesa do jantar 269
Capítulo 16   Carma 277

Epílogo 291
Agradecimentos 295

NOTA DO AUTOR

Não sei se a minha vida chegou ao fim ou teve início quando comecei a trabalhar com Tony. O que eu fazia para ganhar a vida, fosse lá o que fosse, era tão intenso e espetacular que praticamente me consumia. Então, de repente, em um piscar de olhos, sem aviso ou alarde, tudo se foi para sempre, reduzido a nada mais do que uma lembrança.

No meu caso, parecia desconfortavelmente verdadeiro o velho clichê de que a vida sempre dá um jeito esquisito de virar o jogo e sofrer uma drástica mudança quando você menos espera. Cada uma de nossas viagens para duas semanas de filmagens continha aventuras para uma vida inteira, e foram tantas as odisseias que perdi a conta. Acostumado com os surtos de adrenalina de tomar decisões em frações de segundo com consequências de vasto alcance, agora me vi desempregado, sem ter para onde ir, inábil para lidar com tarefas simples do dia a dia. Eu ainda escrevia "2006" quando preenchia cheques. Ainda preenchia cheques, pelo amor de Deus. E o fato ainda mais desorientador: saí da confortável posição de me esconder atrás das câmeras e fui obrigado a pelejar para articular a minha própria história.

E quando falo em "pelejar para articular", o que realmente quero dizer é que encontrei todas as desculpas para não escrever este maldito livro. Deixei crescer um bigode durante a pandemia da Covid-19. Aumentei, depois organizei, minha extensa coleção de caixinhas de fósforos. Pesquisei os hábitos de nidificação de uma espécie de pássaro ameaçada de extinção que não tive coragem de desalojar da minha chaminé. Aprendi a fazer geleia de amora. A única coisa que não fiz foi escrever.

Não por falta de histórias para contar. O fato é que tinha histórias até demais, e passava quase o tempo todo revivendo-as em silêncio. Verdade seja dita, tive medo de não estar à altura do desafio, e me preocupava a possibilidade de ter entendido tudo errado. Quando finalmente fiz as contas e constatei que procrastinar só levaria a uma profecia autorrealizável, passei noites e noites em claro na tentativa de compensar o tempo perdido. Nesse processo insone, descobri sem querer que a única maneira de colocar qualquer coisa no papel era reproduzir a intensidade extrema e os excessos de estímulos do meu antigo emprego. Tal qual um detetive desvairado e determinado a desvendar um caso, cerquei-me de suvenires das minhas viagens, vasculhei os quatro cantos da minha casa em busca de transcrições, itinerários de viagens e, até mesmo, recibos velhos. Comparei e cotejei todo tipo de informação, consultei diários de filmagens, conferi registros, agendas e e-mails. Mas nada disso fazia frente ao meu imenso arquivo de filmagens inéditas, material ainda bruto, sem corte ou edição. Com efeito, grande parte da minha jornada com Tony – na prática a minha vida inteira – foi gravada. Afinal, era um programa de TV. Eu me sentei em uma sala com as cortinas fechadas e, alheio à passagem do tempo, obsessivamente assisti à minha vida rodar na tela, em uma repetição infinita.

Algumas recordações eram tão poderosas que eu estava convencido de que deveriam estar registradas em evidências documentais, mas claro que nem tudo foi filmado ou preservado na forma de e-mails ou textos. O que se segue aqui é a minha melhor tentativa de pintar um quadro honesto da minha experiência de viajar com Tony, considerando os altos e baixos, as bizarrices e as situações de merda em que, constantemente, nos metíamos. É uma história contada por alguém que ainda está tentando entender tudo e atribuir sentido às coisas.

Observação: os episódios que você encontrará aqui neste livro não têm a intenção de glamorizar ou endossar atos de canibalismo, uso de drogas, contrabando, tortura, extorsão, suborno, fraude eletrônica, tentativa de homicídio veicular ou a caça furtiva ilegal de espécies ameaçadas de extinção.

PARTE 1

CAPÍTULO 1:
DEPOIS

No dia 8 de junho de 2018, acordei às cinco da manhã ao som do meu celular e do meu telefone fixo tocando ao mesmo tempo. Era Chris, dono da produtora. Com a voz embargada, ele disse: "Tom, eu sinto muito... o Tony se matou ontem à noite...".

Desliguei sem conseguir entender direito as palavras que ele tinha acabado de pronunciar. Horas antes, Tony me enviara um e-mail de rotina sobre a edição de um episódio do programa que estávamos terminando de fazer; tinha confirmado um horário marcado para cortar o cabelo, já que dali a alguns dias partiríamos para a Índia. Quando eu o vi na semana anterior para uma sessão de narrações em *off*, ele estava de bom humor, me chamou para fumar no banheiro masculino. "O que eles vão fazer? Me demitir?", ele brincou.

Aos tropeços, me arrastei até a sala, liguei a TV, e lá estava o rosto sorridente de Tony junto com a legenda da manchete incongruente: "Anthony Bourdain, apresentador da CNN, morre aos 61 anos". Com as mãos trêmulas, acendi um cigarro, liguei para Josh, o produtor que viajara com Tony para a França, e perguntei o que diabos estava acontecendo.

"O Tony se foi", Josh disse em meio às lágrimas. "Ele se enforcou; estamos no avião a caminho do aeroporto JFK."

A sala começou a girar. Tony era uma figura hiperbólica, descomunal. Sobre-humana. Aquilo não podia estar acontecendo, mas de alguma forma estava.

"Vou me enforcar no boxe do chuveiro" era uma das piadas mais antigas do repertório de Tony, o tipo de humor sombrio a que ele era capaz de recorrer em qualquer ocasião que considerasse ligeiramente desconfortável ou desagradável. Tipo: "Meu quarto de hotel é tão horrível e chinfrim que me dá vontade de me enforcar no boxe do chuveiro, isso se o varão daquela cortina vagabunda não desmoronar com o peso do meu corpo". Quando ele dizia esse tipo de coisa, sempre surgia um sorriso em meu rosto.

Não havia ninguém como ele. Um renegado que largou a faculdade, Tony tinha a língua afiada e ferina, era um antiapresentador de programas de TV, *a* celebridade acidental por excelência, uma voz honesta em um ambiente sentimentaloide e açucarado, um cara indomável do tipo "vou fazer o que me der na cabeça e foda-se". Deus me livre quando o canal realizava reuniões de "grupo de foco" para discutir ideias; Tony instintivamente ia na direção contrária. Mas o que quer que ele estivesse fazendo, estava funcionando. Tony havia se transformado de chef a escritor, e depois em uma personalidade da televisão, por fim amadurecendo para se tornar algo que se assemelhava a um estadista mais velho, ao mesmo tempo que mantinha uma postura de ícone contracultural, um punk casca-grossa e pé no chão da cidade de Nova York.

Começando a vida como o filho bastardo ruivo do canal culinário Food Network – com baixo orçamento e uma temática quase exclusivamente voltada para comida e viagens –, o programa se metamorfoseou em uma bizarra mistureba geopolítica e cinematográfica que venceu o Emmy pela CNN.[*] Tony constantemente pensava mais alto. A cada temporada, dava um passo adiante, aos poucos rumando para destinos menos tradicionais (e quase sempre mais arriscados). Para nós que trabalhávamos na produção, Tony não era apenas a pessoa que dava nome ao programa – ele era um amigo, um mentor e muito mais.

---

[*] A carreira televisiva de Anthony Bourdain começou com *A Cook's Tour,* transmitido pelo canal Food Network entre 2002 e 2003; ao migrar para o Travel Channel, o programa foi rebatizado como *Anthony Bourdain: No Reservations* (exibido no Brasil como *Sem reservas*) e teve nove temporadas (2005-2012); no mesmo canal, apresentou a série derivada *The Layover* (composta de vinte episódios, exibida no Brasil como *Fazendo escala*, 2011-2013); Tony se transferiu para a CNN em abril de 2013, com o programa *Parts Unknown* (exibido no Brasil como *Lugares desconhecidos*). Além disso, participou como apresentador e jurado do reality show *The Taste,* transmitido entre 2013 e 2015 pela rede norte-americana ABC. (N. T.)

Eu não fazia ideia de quem Tony era quando – lá em 2002, recém-saído da faculdade – consegui um emprego em seu primeiro programa de TV, *A Cook's Tour* [*Um cozinheiro em viagem*]. Na época, Tony também era um novato na televisão. O sucesso surpreendente de seu livro *Cozinha confidencial*,[*] em que desmascara e devassa os bastidores e entranhas do ramo dos restaurantes, rendeu a ele um contrato com o Food Network. Tony ainda não era famoso, pelo menos não com o mesmo nível de fama das personalidades da TV que as pessoas reconheciam na rua. Bondain, Bonclair – naquela época todo mundo se confundia e pronunciava errado o nome dele.

Meu cargo oficial era "assistente de sala de edição", um nome mais chique para a função de *logger,* ou "registrador", o que significava que eu fazia anotações e registros no material bruto das filmagens para os editores.[**] Era uma função de iniciante, mas fiquei eletrizado por ter arranjado com tanta rapidez um emprego na indústria de cinema e televisão. Fiquei viciado logo na primeira fita. Lembro-me de assistir a uma briga de Tony com o produtor por conta de uma tomada para registrar a entrada dele em um bar praiano na ilha caribenha de Saint Martin.

"Esse tipo de cena é totalmente convencional, cara, liberte sua mente", Tony disse em um arremedo de falsete hippie. Mas perdeu a calma quando o produtor cometeu o erro de lhe pedir que repetisse pela terceira vez a cena da caminhada para entrar no bar. "Ai, meu Deus! Por que esse seu crânio duro e minúsculo de dinossauro não consegue entender?!", Tony berrou. "Filme as crianças brincando nos barcos de pesca, as ondas ou a porra de uma palmeira, pelo amor de Deus! Literalmente, *qualquer outra coisa* aqui seria uma introdução melhor e mais interessante do que minha bunda ossuda!"

Tony tinha a natural qualidade de ser bonito na tela, sua telegenia era uma inequívoca mistura de charme e carisma típica dos astros do cinema e da TV; isso era evidente. Mais fascinante ainda, no entanto, era sua relação conflituosa e antagônica, combativa e despreocupada, com a própria máquina que criou a sua fama. Quanto mais Tony se esquivava da câmera, mais eu queria olhar para ele. Não que gostasse de vê-lo sofrer e se sentir desconfortável; mesmo encurralado, ele era igualmente espirituoso e sarcástico.

---

[*]   BOURDAIN, A. *Cozinha confidencial* (*Kitchen Confidential*). Tradução de Beth Vieira e Alexandre Boide. São Paulo: Companhia das Letras, 2016. (N. T.)

[**]   O *logger* é o profissional responsável pelo conteúdo produzido pelas câmeras, acompanhando o processo desde a captação das imagens e seu armazenamento em cartões de memória até a transferência para a finalização na ilha de edição. (N. T.)

Além de fazer anotações e registros nas fitas, minhas responsabilidades profissionais incluíam realizar qualquer outra coisa que me pedissem. Buscar a roupa na lavanderia para o produtor, fabricar adereços para um falso infomercial e, vez ou outra, auxiliar na pesquisa para as filmagens vindouras. Não tive que esperar muito tempo para ser incumbido daquela que seria a minha tarefa mais emocionante até então. Quando soube que o copião do episódio de Saint Martin em que eu vinha trabalhando precisava ser levado ao apartamento de Tony, agarrei a oportunidade. Ingênuo, impressionável, com 22 anos de idade e desesperado para causar uma boa impressão, passei a corrida de táxi inteira segurando com força aquela fita vhs, por precaução, enquanto nervosamente ensaiava em minha cabeça o que eu tinha a esperança de ser algo inteligente para dizer.

Chegando ao endereço de Tony, em um prédio sem elevador no bairro de Morningside Heights, em Manhattan, respirei fundo, mas antes mesmo que eu batesse, a porta se abriu. Lá estava ele, descalço, vestindo uma camiseta preta dos Ramones com as mangas cortadas, um visual idêntico ao da TV. Tony nem sequer olhou para mim; em vez disso, arrancou a fita da minha mão estendida, e antes que eu tivesse a chance de dizer uma palavra, bateu com força a porta na minha cara. Apesar da pouco auspiciosa primeira impressão, trabalhei e fui galgando posições até que, no fim das contas, produzi e dirigi quase cem episódios de programas com Tony. No processo, viajei para mais de cinquenta países e ganhei nove prêmios Emmy. Era praticamente a definição de um emprego dos sonhos.

No papel, eu teria parecido um candidato improvável: tímido, avesso a aparecer diante das câmeras, medroso, com um desesperado pavor de viajar de avião, de conhecer gente nova, de comida com ossos e de coisas com escamas. Por exemplo, cobras e peixes. Sim, peixes. No entanto, de alguma forma acabei por passar toda a minha a vida adulta trabalhando nas quatro encarnações do "diário de viagem" de Tony, um programa em constante evolução, a bordo de incontáveis teco-tecos capengas e de aeronavegabilidade questionável, visitando quase todos os rincões infestados de cobras do planeta, conhecendo pessoas, muitas vezes em algum tipo de churrasco envolvendo costelas ou uma extravagante fartura de frutos do mar. Embora o trabalho exigisse a frequente exposição a todo o rol de minhas fobias documentadas (e tenha adicionado algumas novas à lista), todas as insanas aventuras de que participei deram uma surra na noção de trabalhar em troca de um salário. Eu tinha a sensação de que meu trabalho era como fugir da cidade com o circo; percebi que, até então, tinha levado uma vida simplória, quase como se estivesse em preto e branco.

Na infância e adolescência, minha irmã Katie e eu não nos cansávamos de assistir ao clássico *O mágico de Oz* em uma velha e surrada fita de VHS. Era meu filme favorito, apesar do meu problema com o fim. Trinta anos depois e eu ainda não conseguia enfiar na cabeça que uma pessoa escolheria voltar para o Kansas depois de ter sentido na pele a experiência de viver em Oz em Technicolor. Para mim, as viagens causavam essa mesma sensação: ser transportado por meio de um tornado mecânico para viver aventuras em terras coloridas, pitorescas, inacreditáveis, às vezes assustadoras. Eu não me preocupava com o retorno à vida em preto e branco porque as viagens para Oz não terminavam, e Tony era o mágico. Só que melhor. Ele era um impostor com um poder sobrenatural de controlar as forças da natureza e alterar a realidade. Todos os lugares deslumbrantes aos quais íamos me pareciam um cenário apropriado para a pessoa mais fascinante que já conheci.

Isso não quer dizer que o trabalho era um mar de rosas ou como dançar sapateado sob a luz do sol ao longo de uma estradinha de tijolos amarelos, mas eu funcionava bem sob pressão e achava viciante a intensidade do que fazíamos acontecendo no estilo pronto-socorro. Creio que, de certa forma, a coisa toda deu um propósito à minha vida. Embora não ousasse admitir, no fundo eu era o fã número um de Tony. O que era uma posição meio precária de se ocupar, porque ele realmente detestava adoração e adulação. Todavia, com o passar dos anos eu me tornei craque em racionalizar uma série de contradições que, à primeira vista, eram mutuamente exclusivas.

"Como faço para conseguir um emprego como o seu?" é algo que perguntam para você o tempo todo quando seu ganha-pão é viajar mundo afora. Mais ou menos umas cinco vezes por ano eu fazia o tipo de viagem que muitas pessoas precisariam trabalhar a vida inteira para ter a oportunidade de fazer pelo menos uma vez. Para quem vê do lado de fora, pareciam férias com todas as despesas pagas – e de várias maneiras eram mesmo –, mas assistir ao programa não tinha nada a ver com *viver* o programa. Apesar de toda a simplicidade externa do conceito – eu e uma equipe de filmagem seguíamos Tony pelo mundo enquanto ele basicamente fazia o que lhe dava na telha –, a bem da verdade as coisas eram bastante complicadas nos bastidores. A partir do momento em que assumi a função de diretor, "apenas mais um dia qualquer no escritório" passou a incluir uma série de frenéticas responsabilidades das mais variadas, dependendo da hora do dia, do tipo de cena, do país, do humor de

Tony ou até mesmo da presença de ventos soprando na direção contrária. Isso me mantinha em estado de alerta e exigia de mim um estômago forte, uma tremenda quantidade de planejamento, negociação, bajulação e improvisação fora das câmeras. De maneira geral, cada cena significava literalmente sangue, suor, lágrimas e fazer tudo – absolutamente tudo – o que fosse necessário para obter os melhores resultados. Em meio a travessuras e escapadelas de alta octanagem em locais remotos, contornando constantes campos minados de "incidentes internacionais", sem mencionar inúmeras outras complicações inerentes ao trabalho em ambientes novos e desconhecidos a cada episódio, meu cargo exigia ser parte diplomata, parte líder trabalhista e parte fura-greve. Ah, e como eu era o diretor, em última análise, o sucesso ou o fracasso criativo do programa recaía sobre os meus ombros.

Frequentemente trabalhávamos em países em situação política instável, ou que eram completamente hostis. Todos os anos participávamos de um curso de treinamento de sobrevivência em ambientes perigosos, que incluía exercícios de negociação em postos de controle de fronteiras e capacitação para crises envolvendo reféns. Era fato notório que, nos países comunistas, a equipe de produção seria seguida e monitorada por agentes do governo; em outros países, seria assediada pelos órgãos de turismo. Eu me vi em um bocado de posições moralmente duvidosas quando nossos objetivos entravam em desacordo com os moradores locais que nos ajudavam a fazer o programa; na verdade, às vezes nossa simples presença podia colocar em perigo a vida dessas pessoas.

Pelo menos no começo, eu não percebia que – ou não dava a mínima para – ter "o melhor emprego do mundo" poderia ser algo exaustivo, estimulante em excesso, moralmente desgastante e causador de isolamento. Fui uma criança quieta e sem muitos amigos, então fazer parte da tripulação pirata de Tony era uma tentação atraente, para dizer o mínimo. Mas viajar a trabalho é uma atividade muito mais solitária do que se imagina, especialmente quando você volta para casa. Francamente, a coisa toda era um estupro mental. Tenho plena consciência de que muitas pessoas matariam para enfrentar esse tipo de problema, mas não tenho certeza se o cérebro humano foi projetado para lidar com uma sucessão tão rápida de experiências e emoções tão extremas. Para mim – bem como para Tony e outros membros de longa data da equipe –, cada vez mais o programa parecia uma viagem só de ida para a insanidade. No fim, o trabalho estava cobrando um enorme preço em termos pessoais, físicos e emocionais, e aparentemente não havia meios de escapar, mesmo que eu quisesse. Mas quem poderia abrir mão de um emprego como esse? Quem é que, estando do lado de fora, seria capaz pelo menos de entender?

Assim que notícia da morte de Tony foi divulgada, não demorou muito para que as condolências começassem a chegar, uma avalanche de mensagens de todas as pessoas que eu conhecia, bem como de um número considerável de gente que eu não conhecia. Quando meu ícone de novas mensagens piscou para indicar que eu tinha recebido mais de cem, desliguei meu celular.

Nessa tarde, fui para o escritório da nossa produtora, perto da região de Herald Square. A entrada, nova e imponente, emoldurava uma impressionante escadaria de aço flutuante ao estilo das lojas da Apple, e a luz das janelas do edifício de dois andares se refletia nos pisos de concreto muito lustrosos. O balcão da recepção estava vazio, e eu nunca tinha ouvido um silêncio tão palpável no local. Havia o zumbido distante do tráfego do centro da cidade, e de algum canto no corredor cujas paredes estavam forradas com cartazes emoldurados de Tony, dava para escutar o repetitivo *uirshch* de uma fragmentadora de papel. A Zero Point Zero, ou zpz, como todos a chamavam, foi crescendo ao longo dos anos à medida que a empresa se ramificou e se diversificou para produzir outros programas centrados em comida e viagens, e recentemente havia concluído um ambicioso projeto de expansão e renovação. Agora contava com uma equipe de cerca de 75 pessoas, incluindo departamentos completos de equipamentos, contabilidade e administração, além de inúmeras outras mudanças. Mas Chris Collins e Lydia Tenaglia, o casal que trabalhava com Tony desde os tempos de *A Cook's Tour* e posteriormente criou a zpz, ainda estava no comando. Eu me detive do outro lado do átrio e fiquei olhando para eles na sala de reuniões estilo aquário no andar de cima. As paredes de vidro laminado faziam um bom trabalho de isolamento acústico, mas, ao ver Chris andar de um lado para o outro e Lydia com a cabeça enterrada entre as mãos, deu para imaginar o que estava sendo discutido.

"Meu pai se matou no ano passado", uma voz atrás de mim disse. Assustado, virei-me e dei de cara com um sujeito chamado Austin, que fazia a manutenção dos computadores e era a única pessoa no escritório que sabia operar a máquina de café expresso. "Meu pai era mais ou menos da idade do Tony, tinha um bom emprego, era muito respeitado na cidade em que nasci."

"Sinto muito, eu não sabia", eu disse.

"Vai ficar mais difícil. Esta é a parte fácil, quando todo mundo está junto, todo mundo sofrendo o luto ao mesmo tempo. Mas, daqui a alguns meses, assim que cada um seguir o seu próprio caminho, a vida vai se acomodar em uma rotina normal – só que você não vai se sentir normal, e é aí que realmente vai ser uma merda."

A ficha ainda não tinha caído, eu ainda não havia absorvido o peso das coisas, e alguma parte de mim queria que continuasse assim. Ao ouvir as palavras de Austin, eu me enrijeci de tensão; não gostei da maneira como ele estava falando comigo, como se agora fizéssemos parte do mesmo clube da tristeza. Naquele momento havia apenas um pequeno grupo de pessoas perto das quais eu queria estar, e sabia exatamente onde encontrá-las.

Juntamente com grande parte da equipe de produção que acompanhava Tony na estrada, eu me instalei em um bar próximo à sede da produtora – ao qual jocosamente nos referíamos como o nosso escritório de Nova York – e embarcamos em um velório irlandês que durou uma semana inteira. Imperava um estado geral de intemperança e incredulidade encharcada a álcool.

"Quando Tony acordar amanhã, vai se arrepender do que fez ontem à noite", recitei entre doses duplas de Johnnie Walker Black com um pingo de Coca-Cola. Havia confusão, soluços de choro e raiva também.

"Porra, a gente arriscava a nossa vida fazendo aquele programa", alguém disse com voz arrastada. "E vocês acham que o Tony sabia o nome dos nossos filhos?"

"Como ele pôde fazer isso com a filha dele, a menina só tem onze anos", veio outra queixa.

"Isso é tudo culpa da Asia, ela matou o Tony, porra", era uma opinião bastante popular.

O nome Asia Argento foi mencionado muitas vezes nessa primeira noite. Tony tinha começado a namorar a bela e misteriosa atriz italiana depois da nossa filmagem em Roma, dois anos antes. Era um relacionamento ardente e volátil, repleto de idas e vindas e altos e baixos, que supostamente terminara de uma vez por todas alguns dias antes, quando vieram à tona fotos de paparazzi mostrando Asia com outro homem. E logo em seguida Tony se matou.

Não fazia sentido. Entabulei uma ladainha de "últimas". A última cena que filmei com Tony na Indonésia algumas semanas antes. A ocasião em que tivemos nossa última "conversa de verdade" naquele dia. A última vez que nos falamos foi durante uma sessão de narração em *off* no mesmo dia em que ele embarcou para a França. Alguns dias antes disso, ele me convidou para jantar pela última vez. Recusei, decisão da qual estava muito arrependido. Nossa última comunicação foi um e-mail sobre minha edição das filmagens no Butão, que ele me enviou apenas algumas horas antes de morrer. "Não gosto da abertura de supetão, com cenas mostrando uma prévia do episódio, eu substituiria isso", foi tudo o que ele escreveu.

O choque e o álcool efervesciam e estavam trazendo à tona muitas emoções. "O Tony me odiava", declarei a todos que quisessem ouvir. Eu sabia que ele me mantinha por perto só porque eu trabalhava com afinco; eu estava convencido disso. Mas, como ser humano, tinha certeza de que ele me odiava. Agora, consumido pelo luto e pela negação, não tinha a capacidade de pensar sobre o que isso realmente significava.

No mundo real – aquele que fazia sentido, em que o céu estava em cima e o chão estava embaixo –, eu deveria estar me preparando para entrar em um avião e dirigir um episódio na Índia. Em vez disso, me vi em uma realidade alternativa totalmente fodida em frente ao antigo restaurante de Tony, Les Halles. Agora com as portas fechadas, a *brasserie* na Park Avenue Sul tinha se tornado um memorial improvisado, repleto de fotos, parafernálias de chef de cozinha, cartas e uma mixórdia de fãs e de profissionais da indústria de restaurantes. Vendo todas aquelas coisas dispostas junto às paredes, janelas e portas da fachada do restaurante, fiquei confuso. Quem eram todas aquelas pessoas agindo como se fosse véspera de Natal e Papai Noel tivesse acabado de ser assassinado na porra de um atentado suicida?

Li um bilhete deixado por uma mulher que veio de carro do Tennessee:

> Obrigada por você ser de verdade em um mundo em que todos parecem tão falsos. Odeio idolatrar pessoas "famosas" que não conheço, mas você é diferente. Eu te amo e te agradeço por me dar esperança. Obrigada por me mostrar como eu quero viver minha vida, você deu um grande exemplo para alguns de nós, os "desajustados".

Tony era importantíssimo para quem o conhecia pessoalmente, e eu sabia que ele havia angariado uma facção militante de superfãs, mas não era possível que seu fã-clube reunisse um número tão grande de pessoas que nunca o viram em carne e osso. Será que Tony realmente era *tão* famoso, uma figura tão amada e inspiradora em escala massiva? Se fosse verdade, será que Tony tinha noção disso? Se tinha, sem dúvida nunca demonstrou. Desde que o conheci, Tony parecia exibir um genuíno complexo de inferioridade, sob a impressão de que a atenção que ele recebia era efêmera e sujeita a desaparecer a qualquer segundo. Surpreendido pelo tremendo jorro de pesar e tristeza, eu poderia ter sido perdoado por pensar que Tony havia sido confundido com alguma espécie de "deus da cozinha". E talvez ele fosse mesmo um. Vi chegar um grupo de chefs de partida, ainda de uniforme, recém-saídos de seu turno de trabalho. Estavam soluçando baixinho.

No dia seguinte, peguei um táxi e fui ao aeroporto JFK para me encontrar com a equipe que retornava da França. Eu não conseguia imaginar o que eles sentiram naquela horrível manhã, quando se prepararam para trabalhar com Tony, esperando que ele chegasse a qualquer segundo, mas, em vez disso, receberam a notícia de que ele não viria. Ele nunca mais viria... Ao mesmo tempo que gostaria de ter estado lá, porque talvez pudesse ter feito alguma coisa, me sentia também grato por não ter vivenciado isso.

Nos cerca de cem programas e mil cenas que filmei com Tony ao longo dos anos, ele só deixou de aparecer em uma única ocasião. Estávamos filmando em Manila, e como na hora marcada Tony não deu as caras na locação para as gravações do dia, liguei para ele e não obtive resposta. Isso era incomum, mas não inédito. Liguei de novo cinco minutos mais tarde, e cinco minutos depois. O celular dele tocou e tocou. O telefone do quarto do hotel ele também não atendeu. Voltei às pressas para o hotel, em meio ao tráfego engarrafado e dolorosamente vagaroso de Manila, e em pânico expliquei ao pessoal da recepção que precisava entrar no quarto de Tony imediatamente. No elevador, pensei em como foi fácil convencê--los. Não me pediram documento de identidade nem qualquer evidência de que eu não era algum tipo de assassino do tipo Sirhan Sirhan,[*] ou Lynette "Squeaky" Fromme.[**] Toquei a campainha e bati com força; sem resposta. Dei um passo para trás, e o funcionário do hotel destrancou a porta. O quarto estava às escuras, as cortinas fechadas. Um feixe de luz do corredor mostrou Tony deitado imóvel em sua cama. Quando meus olhos se ajustaram ao breu, pude ver que ele estava nu, parcialmente coberto por lençóis amarrotados. Algo cheirava a leite azedo, e me convenci de que ele estava morto. Talvez tenha sido a luz ou a minha exclamação involuntária, mas Tony acordou nesse momento. Olhou diretamente para mim, piscou e, em seguida, berrou: "Dê o fora daqui, porra!".

Praticamente correndo escada abaixo, enxuguei as lágrimas do rosto e tentei controlar minha respiração entrecortada. Menos de dez minutos depois,

---

[*]   Sirhan Sirhan confessou ter matado o senador Robert Kennedy em 1968. (N. T.)
[**] Lynette foi presa e condenada à prisão perpétua por tentar assassinar o presidente Gerald Ford em 1975. (N. T.)

Tony entrou no saguão, pronto para aparecer na TV. Ele não mencionou nada sobre o ocorrido, e eu jamais toquei no assunto. Pelo que entendi, foi basicamente assim que aconteceu na França. A diferença é que, desta vez, Tony não estava no saguão dez minutos depois.

Após uma reunião emocionada no aeroporto, todos nós voltamos para a casa de nosso diretor de fotografia de longa data, Todd, no Brooklyn, onde começamos a beber ou, mais precisamente, continuamos bebendo. Enquanto enchíamos a cara, Tony estava esperando. Ele detestava esperar, ficava furioso, pensei. Mas, dessa vez, ele estava esperando em uma gaveta refrigerada dentro de um necrotério distante enquanto sua família descobria quem era a autoridade encarregada dos trâmites para a liberação do corpo. Por fim divulgou-se a informação de que Tony seria cremado na França e um mensageiro traria suas cinzas de volta para casa nos Estados Unidos. Não haveria corpo. Não haveria funeral. Ele simplesmente... desapareceu.

Tony sempre foi fascinado pelas lendas orientais do "fantasma faminto" – um espírito preso no mundo inferior devido a uma morte trágica ou à falta de um sepultamento adequado –, e, em consonância com sua vida, em que todas as coisas aconteciam como em um livro, filme ou lenda, agora, em uma horrível reviravolta do destino, o próprio Tony se tornou um fantasma faminto.

Por fim, fui para casa dormir e me recuperar de uma ressaca do tamanho do Godzilla. Na porta, encontrei a minha mala, pronta para a viagem rumo à Índia. Foi aí que quase desmoronei. Embora a essa altura eu fosse um viajante profissional, meu hábito era esperar até a véspera da partida, quando, em um frenesi, pegava a esmo o que estivesse à mão e enfiava de qualquer jeito na bagagem. Por uma estranha ironia, dessa vez eu tinha arrumado uma mala com antecedência para uma viagem que nunca aconteceria.

Ao longo dos anos, poucas outras pessoas compartilharam ao lado de Tony mais quilômetros na estrada, ou tiveram a mesma oportunidade de conhecê-lo, temê-lo, admirá-lo, confiar nele e aprender com ele como eu. Tony era complexo; muita coisa a respeito dele tinha que ser desvendada aos poucos, prestando-se atenção, arquivando-se alguma observação improvisada ou catalogando-se algum deslize do verniz, detalhes a serem analisados e interpretados em um momento futuro. Em mais de uma década e meia, o que eu tinha aprendido? Fitando minha mala, pensei em como minha posição privilegiada e meus anos de acesso a Tony significavam também que tive outra oportunidade que pouquíssimas outras pessoas tiveram: ver os sinais de alerta. Então, de que maneira a história acabou como acabou? O que tudo isso realmente significava? Tony costumava dizer que as perguntas eram mais importantes do que as respostas. Eu tinha muitas perguntas. As respostas, entretanto, eram escassas.

CAPÍTULO 2:
PRONTOS PARA O HORÁRIO NOBRE

"Porra, você não pode sequer *respirar* uma palavra do que vou te contar", Tony anunciou assim que me viu esperando por ele na calçada no aeroporto de Santo Domingo. Seguindo seu ritual pós-voo, ele acendeu um Marlboro vermelho, dando uma longa tragada – quase metade do cigarro – antes de continuar: "Se a notícia vazar, o negócio *todo pode ir pra cucuia*. Acabo de chegar de uma reunião. O negócio é tão secreto que eles me fizeram subir pela *porra* do elevador de carga. Foi sigilo total, uma parada tipo operação de espionagem!".

Tony desatou a falar enquanto seus olhos dardejavam de um lado para o outro, um olho ligeiramente maior do que o outro, o que lhe dava a aparência de um esquilo sob o efeito de anfetaminas. Era uma saudação incomum, mesmo para o previsivelmente imprevisível Anthony Bourdain.

"A gente já pode dar tchauzinho pra aqueles idiotas de merda do Travel Channel... Já era o *Sem reservas*...", disse Tony, terminando o cigarro e jogando a guimba no chão.

Fazendo força para acompanhar, acendi um também e percebi que minhas mãos estavam tremendo.

"Porra, *parabéns*, Tom, a gente vai levar a *porra* do programa pra *porra* da CNN! *Caralho*, dá pra acreditar nisso?!"

Sete meses depois, em novembro de 2012, aterrissamos na Birmânia, ou Mianmar, dependendo da pessoa com quem você está falando, para filmar o episódio piloto do programa *Lugares desconhecidos*. É claro que a vida real nunca propicia inícios bem definidos. No mínimo, raramente os reconhecemos como começos nítidos. Mas, olhando para trás, nossa viagem para a Birmânia parece um lugar tão bom quanto qualquer outro para começar a contar esta história. Na época eu tinha 32 anos e havia passado os últimos seis deles na estrada com Tony, sendo pago para matar o tempo e viajar planeta afora comendo e bebendo. Ênfase no "bebendo". Talvez fosse por isso que ainda não conseguia acreditar que a CNN tinha dado a Tony – um cara da contracultura, um ex-viciado em heroína na casa dos cinquenta anos e mais ou menos incontrolável – um cheque em branco para ir aonde bem quisesse e fazer basicamente o que lhe desse na telha. A ideia me parecia uma loucura, e eu era o diretor do programa. Pelos menos as ordens de nossos novos patrões da televisão eram simples: "Apenas continuem fazendo o que vocês já estão fazendo", citando o episódio de *Sem reservas* filmado em Moçambique, uma mescla de história, cultura e personalidade, como um exemplo do que os executivos do canal esperavam que entregássemos. Mas, como Tony era Tony, não se contentaria em repetir o que tinha funcionado na semana anterior, quanto mais na temporada anterior, e muito menos no canal anterior.

Tendo passado os últimos cinquenta anos sob um opressivo regime militar, durante décadas a Birmânia esteve praticamente fechada para estrangeiros. As nossas primeiras impressões, porém, foram de que Yangon, a maior cidade do país, estava longe de ser a cápsula do tempo que me disseram que eu encontraria. Por toda parte havia mofados edifícios coloniais *art déco* da época do Império Britânico, mas a vida vibrante das ruas que transbordavam com um redemoinho de cores em nada lembrava um lugar congelado no tempo. Pedestres, veículos e monges ostentando mantos escarlates disputavam espaço com vendedores de comida, barracas de corte de cabelo nas calçadas e banquinhas de chá. Mulheres cobriam o rosto com *thanaka*, um protetor solar natural feito de pó de casca de árvore, enquanto os homens mascavam noz de bétele e cuspiam saliva vermelho-sangue na calçada. As campainhas dos carrinhos de cana-de-açúcar verde-vivos eram audíveis por cima da algazarra geral de vendedores ambulantes que anunciavam, aos berros, seus legumes e verduras, e do grunhido dos ônibus a diesel lotados de passageiros. Aninhados em um impossível emaranhado de fios elétricos pendentes, megafones acoplados aos postes telefônicos ressoavam o que parecia ser música country birmanesa. Os vocais desafinados competiam com o canto modulado que emanava de alto-falantes em muitos templos budistas e estupas douradas. O caos era quase sinfônico.

Por quase meio século, praticamente nada nem ninguém entrava ou saía da Birmânia. Desde 1962, uma junta governava a nação do Sudeste Asiático com mão de ferro, reprimindo duramente quase todas as opiniões divergentes e exercendo o poder absoluto naquela que era a ditadura militar mais longeva do mundo. O governo tinha um terrível histórico de violação de direitos humanos, exploração do trabalho infantil e limpeza étnica, amordaçava a imprensa, traficava heroína e "rubis de sangue" extraídos por mineiros semiescravos e travava uma guerra civil sem-fim no norte do país. Monges, artistas, ativistas e jornalistas acabavam na prisão por conta de suas ideias dissidentes. Dizia-se que um em cada quatro birmaneses era ou agente secreto ou informante. Enquanto o governo se empenhava para assegurar a completa falta de liberdades pessoais por meio de um vasto aparato burocrático alimentado por medo, papel-carbono e máquinas de escrever, a economia entrou em colapso. O país tinha o menor índice de penetração de telefonia celular e internet – pior até que a Coreia do Norte –, e três quartos da população birmanesa não tinham nem sequer eletricidade.

Então, em 2011, algo inédito aconteceu. O general Than Shwe, que estava havia muitos anos no poder, renunciou oficialmente ao cargo de presidente, e a junta militar, temendo uma revolução ao estilo da Primavera Árabe, devolveu o país ao povo. Simples assim. Em um piscar de olhos, gerações de governo totalitário chegaram ao fim. A popularíssima ativista Aung San Suu Kyi, líder da oposição e ganhadora do Prêmio Nobel da Paz, foi libertada da prisão domiciliar; Obama visitou o país; sanções comerciais foram suspensas; e pela primeira vez em 49 anos a Coca-Cola começou a ser vendida nos supermercados.

Agora, graças a uma oportuna mudança para a CNN, de alguma forma seríamos o primeiro programa de TV do nosso segmento a entrar no notório reino eremita e trabalhar sem restrições. A fim de fazer jus ao que era uma raríssima história de sucesso, elaboramos uma ambiciosa lista de convidados – ex-presos políticos e defensores da democracia – para aparecer diante das câmeras. E, para nosso espanto, quase todos concordaram com entusiasmo em participar do episódio.

Entretanto, constatamos que era dificílimo contar com conveniências modernas, e até mesmo com as necessidades essenciais para fazer um programa de TV sobre viagens. Os transportes eram complicados e pouco confiáveis. Como a Birmânia tinha acabado de se abrir, havia muita demanda e quase nenhuma infraestrutura turística. As vagas em hotéis tinham o péssimo hábito de se esgotar com seis meses de antecedência. Tentar arranjar lugar em voos domésticos era algo que precisava ser feito dentro do país, e a companhia aérea Myanmar Airways não cumpria as normas e os padrões de segurança internacionais. Devido à contínua agitação civil, as repentinas restrições de viagens decretadas pelo governo eram uma preocupação. Do lado de fora do hotel, não existia qualquer tipo de internet, e nossos celulares não funcionavam.

"Até o Afeganistão tem um serviço de telefonia celular melhor", Tony reclamou.

O aspecto mais complicado era a inexistência de um sistema bancário. A Birmânia era uma economia de dinheiro vivo, sem caixas eletrônicos, e ninguém aceitava cartões de crédito. Fomos avisados de que a única moeda aceitável eram cédulas perfeitas e imaculadas de cem dólares norte-americanos, que os doleiros examinavam com o apuro de negociantes de diamantes. Uma única dobra, uma mínima imperfeição, uma manchinha ou rasgo resultariam em rejeição. Chegamos carregando em nossa bagagem de mão 30 mil dólares em notas novinhas em folha.

"Uma hora pro Tony chegar! Uma hora pro Tony chegar!", veio a mensagem pelo walkie-talkie. Para o meu nervosismo, a contagem regressiva para a chegada dele sempre teve o mesmo efeito de ouvir o tique-taque de uma bomba-relógio. Onze da manhã, e a pressão aumentava junto com a temperatura no centro de Yangon. Como se tratava do episódio piloto de nosso novo programa, havia muita coisa em jogo e tínhamos que fazer tudo direito. Enquanto segurava em uma das mãos um Marlboro vermelho e com a outra tateava para desembaraçar o microfone de Tony, eu inspecionava também a nossa locação. Era o tipo de restaurante de rua exclusivo para moradores locais que Tony tanto amava; movimentado e barulhento, com tamboretes baixos de plástico. Mas também era exatamente o tipo de lugar que tornava quase impossíveis a filmagem e a captação de áudio. Embora já tivéssemos passado por esse tipo de teste literalmente milhares de vezes, a equipe estava frenética em seus preparativos para a chegada de Tony. Mo, o nosso cinegrafista mais ousado, era uma avalanche humana que, na gravação do piloto, operaria uma terceira câmera adicional, e no momento estava vibrando de um lado para o outro feito um beija-flor sob o efeito de uma overdose de cafeína para conseguir tomadas dos clientes. Josh, o produtor veterano – cujo codinome era "Gigante Mágico", devido ao seu bom humor, coração de ouro e proporções

descomunais –, tinha acabado de voltar de um templo vizinho, aonde fora fazer uma doação na esperança de que abaixassem o volume da música que estrondeava de seus alto-falantes. Zach e Todd, nossos diretores de fotografia de longa data, estavam – como de costume – batendo cabeça em um acalorado debate sobre onde Tony deveria se sentar. Junto com seus assistentes de câmera locais, eles haviam passado a última hora arrastando alucinadamente sacos de areia, pendurando luzes, reorganizando mesas, ajustando tomadas, verificando os níveis de áudio, calibrando o foco traseiro – e, no processo, transformaram um restaurante em pleno funcionamento em um bagunçado e perigoso set de filmagem. Esses tarimbados profissionais de televisão correndo de um lado para o outro feito galinhas degoladas eram literalmente os melhores no ramo e, depois de tantos anos viajando comigo, tornaram-se meus amigos mais próximos.

"Quarenta e cinco minutos pro Tony chegar! Quarenta e cinco minutos pro Tony chegar!", o walkie-talkie crepitou. Em meio à comoção cada vez maior, não foi difícil avistar nosso facilitador, Patrick, com uma expressão de confusão mental e estado de choque que complementavam as olheiras escuras. Previsivelmente, ele escolheu o momento mais inoportuno para pedir ao desgostoso dono do restaurante que assinasse nosso comunicado de três páginas (um documento aterrorizante que indenizava o canal de TV contra processos judiciais resultantes de danos físicos, ferimentos pessoais ou difamação). Como se obedecesse a uma deixa, nesse exato instante veio uma desagradável barulheira – *Bbrrzz-crac-pum* – de alguém tropeçando em um cabo de extensão e derrubando um de nossos tripés de iluminação.

Patrick já parecia arrependido de ter aceitado o trabalho, mas eu tinha fé de que ele daria conta do recado. Eu precisava que ele segurasse as pontas. Os facilitadores eram a nossa tábua de salvação, porque nos ajudavam a contornar as complexidades e os desafios de cada nova locação em que filmávamos. Quase sempre eram moradores locais, mas, ao contrário de todos os outros países em que tínhamos trabalhado antes, na Birmânia inexistia qualquer indústria cinematográfica reconhecível como tal. Por isso, ficamos com Patrick, da Carolina do Norte. Contudo, sob as sardas, o cabelo ruivo e o narizinho de botão, batia o coração de um jornalista investigativo barra-pesada. Sua base era em Bangkok, onde publicava reportagens sobre o comércio de drogas ilícitas no Sudeste Asiático e, mais recentemente, trabalhando sob disfarce, vinha escrevendo sobre o tráfico de heroína endossado pelo governo no Triângulo Dourado. Ao longo dos dois meses de pré-produção que antecederam nosso périplo, Patrick ajudou a planejar a logística da viagem, compartilhou seus contatos, auxiliou nos nossos pedidos de visto, colaborou no roteiro, inspecionou locações e fez recomendações de lugares de alta qualidade e especialistas com quem Tony poderia interagir no programa. Os "auxiliares", como os chamávamos, eram as janelas de Tony em todos os lugares que visitávamos. O nível de qualidade da experiência de Tony e, portanto, do programa, equivalia à qualidade das pessoas com as quais ele dividia o tempo diante das câmeras.

Uma vez que a Birmânia acabava de sair de cinquenta anos de vigilância em massa no estilo "Grande Irmão" de George Orwell, preocupava-me a ideia de que a população local ficasse paranoica e receosa de se abrir para as câmeras; todavia, no meio das gravações, eu me dei conta de que todas as pessoas que havíamos filmado até então tinham sido impressionantemente sinceras. Tony, por sua vez, parecia desconcentrado, sem foco e, de modo geral, desanimado e irritadiço. Vários dias antes, ele me cumprimentou com uma acusação mordaz: "*Lamentavelmente*, o que está faltando neste programa é um pouco de *food porn* de qualidade! Até agora só comi coisas marrons".

Infelizmente, ele estava certo. Até então tínhamos apresentado com destaque o que, sem querer, acabou sendo uma série de pratos monocromáticos. Demos atenção aos pratos "obrigatórios e imprescindíveis" da Birmânia, aos restaurantes que cada convidado considerava apropriados e ao que eles queriam que Tony experimentasse. Fizemos pesquisas sobre quais alimentos revelavam uma história e, cuidadosamente, cruzamos as informações com o que caberia na programação. Mas, nesse processo, esquecemos um detalhe óbvio: a aparência tentadora da comida. Negligenciar cor e variedade na comida era uma cagada de amador.

Verdade seja dita, a parte da comida do nosso programa sobre comida nunca parava de me fazer cometer deslizes e tomar decisões equivocadas. Embora fosse um elemento central de cada episódio, a comida era um recurso efêmero e perecível, com o qual era difícil trabalhar do ponto de vista logístico. Pior ainda: de muitas comidas eu nem sequer gostava. Quase todas as coisas que Tony comia na frente das câmeras eu achava bem pouco apetitosas. Na verdade, eu provavelmente era a única pessoa no mundo capaz de acompanhar Anthony Bourdain em uma viagem gastronômica com todas as despesas pagas e perder peso. Antes de você me julgar, por favor tenha em mente que eu considerava isso uma vergonhosa desvantagem, levando-se em conta o meu trabalho. Não que eu fosse um sujeito chato e seletivo para comer, um adulto com paladar infantil, embora eu meio que fosse. Por alguma razão que ainda não descobri, eu sofria desde a infância de uma miríade de fobias alimentares. Era uma batalha constante com a qual eu era obrigado a lidar diariamente, sobretudo quando se tratava de peixes. Eu me esforçava da melhor maneira possível para guardar esse segredo de Tony, bem como fazia de tudo para supercompensar minhas deficiências. Mas, às vezes, eu pisava na bola. O xis da questão era o seguinte: o programa precisava de pelo menos *uma* cena gloriosa com comida provocante de dar água na boca, de lamber os beiços, e, depois da bronca que levei de Tony, estava mais claro do que nunca que precisávamos disso com máxima urgência.

"Talvez Ma Thanegi mude de ideia se Tony falar diretamente com ela", Patrick sugeriu. "Ele poderia prometer a ela deixar a política de fora e focar a comida."

"Espere, você acha que isso pode funcionar?", perguntei. "Por que não tentamos isso antes, porra?"

Ma Thanegi estava na nossa lista. Renomada especialista em culinária birmanesa, ela também era autora de livros sobre o assunto, bem como ex-assessora da líder da oposição, Aung San Suu Kyi. Ma Thanegi passou algum tempo na prisão por suas inclinações pró-democráticas, e seu domínio do inglês era perfeito. No que me dizia respeito, Ma Thanegi era a pessoa *ideal* para mostrar a Tony as nuances da política e da comida da Birmânia. Infelizmente, ela recusara vários convites para aparecer no programa, alegando seu desejo de "manter a discrição".

Aparentemente, Ma Thanegi cumpriu apenas três anos de uma sentença de dez anos de prisão. Uma vez que eram extremamente imprecisas as definições acerca de quais os temas permitidos e toleráveis e quais os tópicos censurados, compreendi que ela não queria se arriscar a chamar a atenção e mexer em um vespeiro.

Ser responsável por mandar uma senhora idosa para a cadeia não era algo que eu queria que constasse do meu currículo já bastante duvidoso; por isso aceitei, ainda que com relutância, que a participação de Ma Thanegi estava fadada a não acontecer. Mas isso foi antes de eu me ver no meio da filmagem, à beira de outro cataclismo relacionado à comida. Expliquei, então, a situação para Tony, que revirou os olhos e pediu uma caneta.

Ficaria imensamente agradecido pela oportunidade de fazer justiça à extraordinária gastronomia deste país, e gostaria de retratá-la da melhor maneira – com as explicações da pessoa mais qualificada para tanto. Teria de ser, é claro, você. Sou admirador de todos os seus livros, que considero inspiradores, e espero que possamos organizar um encontro para uma refeição de curry de camarão ou algo igualmente delicioso. Eu respeitaria todas as restrições que você impusesse em relação a quaisquer assuntos.

E isso bastou. Depois de dois meses dizendo não, Ma Thanegi concordou em participar do programa. De alguma forma, Tony tinha uma magia diabólica que persuadia as pessoas a fazerem tudo o que ele queria.

Ma Thanegi havia imposto duas condições, no entanto.

"Não diga coisas boas sobre mim, apenas que escrevo sobre as coisas, Mianmar e comida", ela pediu. "E não diga que já fui assistente da sra. Suu Kyi… muitas pessoas 'usam' o nome dela para tirar proveito da glória, e eu não faço parte desse grupo."

De volta ao café, o walkie-talkie estrepitou: *Trinta minutos pro Tony chegar! Trinta minutos pro Tony chegar!*. O tempo estava se esgotando rapidamente, e ainda havia muito a fazer. Respirei fundo e fui ver como estava Ma Thanegi. Beirando os setenta anos de idade, ela estava vestida de preto e olhou para mim com ceticismo através dos óculos fundo de garrafa sob o abrigo de uma sombrinha preta. Apesar do corpo pequenino, irradiava autoridade, e suas ordens aristocráticas mantiveram os funcionários do restaurante nervosamente ocupados e apressados durante toda a manhã.

"A senhora já teve tempo para pensar em reduzir o menu?", perguntei.

"Como já lhe informei, vou fazer uma degustação", respondeu ela, apresentando-me uma lista manuscrita de pratos enquanto expunha sua fileira inferior de dentes no que era um sorriso ou uma careta. Sua característica mais marcante era uma mordida cruzada extremamente pronunciada, um desencontro entre os dentes da arcada superior e os da arcada inferior que ela acentuava com batom vermelho-vivo. "Vou pedir muitas saladas e depois um monte de macarrão que Tony provavelmente ainda não comeu."

Ma Thanegi era a especialista, mas eu tinha que recuperar o controle da situação, caso contrário ela nos foderia com uma orgia gastronômica. Horas antes, quando descobri que ela queria pedir 37 pratos, delicadamente expliquei a essência de como trabalhávamos e que, para fazer justiça aos pratos, não adiantava querer dar um passo maior que as pernas de Tony ou dos câmeras. A verdade nua e crua é que eu basicamente tinha que filmar toda a comida três vezes: primeiro em um plano geral, enquanto Tony comia à mesa; depois que ele saía de cena, filmávamos os preparativos na cozinha; em seguida, de novo à mesa, desta vez captando lindas e atraentes imagens em close e planos-detalhes dos pratos, o que exigia mudanças de lentes e um modelo de mão, geralmente Josh ou eu.

Para uma cena de refeição importante como esta, tínhamos que filmar absolutamente *tudo*. Cada ingrediente, cada etapa do processo de cocção, cada prato terminado, porque com Tony nunca se sabia – até semanas depois, no processo de edição – sobre qual elemento ele gostaria de discorrer em sua narração feita em *off*. E, acredite em mim, você *não* ia queria ser a pessoa incumbida de dizer a ele: "Desculpe, essa imagem eu não tenho".

Filmar na cozinha depois que Tony comia apresentava seu próprio quinhão de desafios. Ao longo dos anos houve um bocado de casos de "Ah, não, aquele prato acabou" – depois de um almoço movimentado ou um jantar às pressas –, de modo que decretei uma política de encomendar de antemão sete exemplares de todo e qualquer prato que Tony pudesse comer na frente das câmeras. Um para Tony, um para a preparação na cozinha, um para fazermos closes e planos-detalhes da comida no prato, o dobro disso para o caso de eventuais cagadas, e adicione mais um apenas por precaução. Se eu não soubesse o que Tony iria comer, tinha que fazer o pedido de todas as possibilidades multiplicadas por sete. Minha acumulação estratégica de alimentos nem sempre dava muito certo em países nos quais havia escassez de recursos, e, em várias ocasiões, inadvertidamente desencadeei um motim por comida. Pior de tudo: quando Tony enchia a pança e se empanzinava em uma "orgia gastronômica" – uma preocupação constante e muito concreta –, essa comilança resultava em mais "tempo de digestão" a ser levado em consideração no cômputo da programação de produção. Olhando de relance para a lista rabiscada que Ma Thanegi havia me entregado, tive a impressão de que ela não tinha conseguido entender direito que era melhor para todos que mantivéssemos o cardápio o mais simples possível.

"É comida demais para darmos conta", reagi, enxugando o suor da testa e fazendo força para esboçar o que eu esperava que fosse um sorriso convincente. "Normalmente, mostramos só uma ou duas coisas."

"Não, não, não!", Ma Thanegi praticamente gritou. "Como eu lhe informei, essa não é a maneira correta de comer em Mianmar. Tem que haver uma mesa farta!"

"Quinze minutos pro Tony chegar! Quinze minutos pro Tony chegar!", o walkie-talkie gritou no meu ouvido. A chegada iminente do nosso intrépido apresentador elevou a atmosfera já febril no restaurante ao pânico total.

"Meu microfone está dando interferência", Todd gritou. A música do templo começou a tocar de novo. Zach ainda estava ajustando as luzes e, aparentemente, não queriam liberar o acesso da câmera de Mo à cozinha. No que dizia respeito a Tony e às locações longínquas e em constante mudança nas quais filmávamos o programa, nada saía como planejado.

"Daqui a pouco estaremos prontos para começar", eu disse. "Que tal se chegarmos a um acordo para mostrar de três a seis pratos?"

Xingando baixinho a comida, fui para a rua a fim de interceptar a chegada de Tony e espairecer as ideias com um cigarrinho pré-filmagem. Fazendo as contas, percebi que, incluindo os pratos duplicados por segurança, eu teria que encomendar 259 pratos para agradar Ma Thanegi e fazer as coisas do jeito que ela queria. Soltando um suspiro, eu me virei para pegar um cigarro, e dei de cara com Tony de pé atrás de mim. "Ahh!", engasguei involuntariamente. "Quer dizer, oi, Tony. Estamos só um pouco atrasados com a comida, daqui a pouco estaremos prontos pra começar a filmar."

"Cinco minutos pro Tony chegar! Cinco minutos pro Tony chegar!", o walkie-talkie zombou de mim.

"Por que você não me disse que íamos filmar com a mulher *mais odiada* de toda a Birmânia?", Tony perguntou, acendendo um cigarro. "Você armou uma cilada pra mim com a porra de uma passadora de pano pro regime!"

"Hum, hã? Onde você ouviu isso?"

"Eu me dei ao trabalho de gastar uns vinte segundos e pesquisar no Google", Tony respondeu. "Ela traiu todos os amigos dos tempos da democracia em troca da libertação antecipada da prisão… isso tem que ser mencionado no programa, senão todas as outras pessoas com quem conversamos no episódio e que cumpriram pena sem dedurar ninguém vão ficar furiosas!"

"Mas prometemos não falar de política…", comecei a argumentar e depois silenciei enquanto afixava o microfone de Tony. Bem, foi lamentável… a minha cagada com a questão da comida, e depois ter deixado passar aquele detalhe sobre Ma Thanegi eram erros basicamente imperdoáveis. Embora um dos lemas de Tony – "Preparação prévia previne performances pífias e patéticas" – estivesse gravado a ferro e fogo dentro do meu cérebro, fazer o programa era meio que agir no escuro, por impulso e intuição, com a cara e a coragem. Muitas vezes, situações do tipo "ou tudo ou nada", que acabavam determinando o sucesso ou fracasso, aconteciam em tempo real, exigindo decisões ultrarrápidas e a capacidade de adaptação a inúmeras variáveis em constante mudança. Agora estávamos fazendo o programa para a CNN, e a minha maneira de lidar com a produção televisiva era equivalente a jogar roleta-russa. Apesar de Ma Thanegi aparentemente ser uma "traidora da liberdade", ela me ofereceu ajuda quando precisei, e, em agradecimento, eu a coloquei em perigo. Eu me senti péssimo, e naquele momento eu não sabia ao certo de quem Tony sentia mais ódio: de Ma Thanegi, por crimes contra a democracia, ou de mim, por crimes contra a televisão. Enquanto eu o observava correr em direção à mesa, estimei que havia mais ou menos 50% de chance de a cena terminar em um desastre equivalente ao do dirigível Hindenburg.

"Muito obrigado por aceitar participar", Tony disse, sentando-se.

"É um prazer", respondeu Ma Thanegi, os dentes inferiores reluzindo em contraste com o vermelho de seu batom. Ela rosnou algumas ordens para o pessoal de apoio e, de imediato, a comida começou a chegar à mesa.

"Eu quero que você experimente a salada de centella asiática, me dê seu prato", continuou ela. "É muito medicinal."

"Hum, isso é delicioso", Tony disse.

"Essa é a salada de tomate, e essa é a salada de samosa,* e o que é isso que temos aqui?", Ma Thanegi se perguntou, erguendo os óculos para examinar o prato em sua mão. "Isso é ou a salada de gengibre ou a salada de folhas de chá."

"*Salada* é um termo usado de maneira generosa aqui", Tony observou.

"Nós transformamos qualquer coisa em salada, apenas cortamos. Isso é uma salada de… hum… barriga. E essa é uma salada de frutas cítricas silvestres com uma casca bem rugosa. E vamos ver o que mais", Ma Thanegi prosseguiu, levantando-se e inspecionando um prato bem perto dos olhos. "Sim, essa é uma salada de vagens." Ela acenou para o garçom, que colocou várias outras saladas na mesa. "Isso é salada de berinjela grelhada, e essa é salada de bolinho de peixe."

Merda. Ma Thanegi saiu do controle. Minha cabeça estava girando com o número de pratos que se amontoavam em cima da mesa. Chegaram várias tigelas de macarrão fumegante, e Ma Thanegi começou a gritar em birmanês. O garçom recuou para a cozinha levando nas mãos o macarrão, e suspirei de alívio.

"Eu disse a eles para trazerem a salada primeiro, e só depois vamos comer o macarrão", ela explicou a Tony.

---

*   Samosa é uma massa quadrada folheada recheada de carne (porco ou frango) e
      vegetais. (N. T.)

Nesse ritmo teríamos que usar as três câmeras pelo resto do dia para filmar a preparação da comida, o empratamento *e* inserir closes e planos detalhes das comidas. Estávamos no território de Ma Thanegi, mas eu tinha que fazer alguma coisa.

"Lamento interromper", eu disse. "Mas talvez seja melhor…"

Tony lançou um olhar assustador em minha direção, claramente telegrafando que não era uma boa hora para falar. Ok, mensagem recebida, recuando.

"Essa salada é feita com todas as partes do frango – os pés, o pescoço e tudo mais, e então você pega todas as coisas que dá para mastigar, a pele e tal, e corta, corta, corta", ela explicou.

"É delicioso", Tony disse. Comendo como um passarinho, ele educadamente dava uma bicada em cada prato.

Se a lista que Ma Thanegi me apresentou antes da cena estivesse correta, ela pediu que servissem salada de folhas de chá, salada de centella asiática, salada de feijão-chicote, salada de lima kaffir, salada de tomate, salada de samosa com grão-de-bico, salada de berinjela assada, salada de bolinho de peixe, salada de cabeça de porco com folhas de lima kaffir, canja de galinha com macarrão vermicelli, salada de macarrão shwe taung, lámen Putao com missô e salada de lámen com tamarindo em conserva e pó de camarão seco. Mas, olhando para a carnificina sobre a mesa, parecia que havia mais coisas.

"Bem, tudo isso me caiu muito bem", agradeceu Tony. "Se eu não tivesse que jantar à noite, comeria mais. Estou impressionado com a variedade. Na verdade, é a maior variedade que já vi em um restaurante desde que cheguei aqui. É realmente extraordinário."

"Nós adoramos comer, e não se esqueça de que durante cinquenta anos vivemos sob duas ditaduras, especialmente sob o regime socialista, então não tínhamos muita coisa para fazer…", ela disse com… foi uma pitada de arrependimento?

"Sim, os socialistas são muito ambivalentes em relação à comida", Tony comentou.

"Não, é que não eram permitidas empresas privadas", Ma Thanegi explicou. "Então, a impressão era que não havia nada para fazer, a não ser…"

"… Comer", Tony completou. "Bem, estou grato e honrado que você tenha aceitado participar do programa."

"Não, eu é que estou honrada", Ma Thanegi disse, mostrando os dentes inferiores. "Muito honrada."

"Plano geral", Tony disse. Plano geral era o código de Tony, as palavras que significavam que, no que dizia respeito a ele, a conversa – e a cena – estavam encerradas.

"Tá legal, obrigado a todos. Tirem cinco minutos de descanso, depois ajustem e reconfigurem para a comida", instruí a equipe. Seguindo Tony em direção ao carro que o aguardava, cruzei meus dedos, torcendo para que ele estivesse mais tranquilo em relação ao mal-entendido de antes. Fora isso, a cena tinha corrido bem, ninguém havia passado dos limites, e a comida certamente estava bonita. Chorosos pedidos de desculpas não pegavam bem; era melhor me ater ao básico. "Há algum prato específico que a gente deva destacar?"

"Filmem tudo", Tony disse. Tudo?! Ele devia saber que isso me condenaria a uma pena de encarceramento em uma cadeia de comida por pelo menos doze horas.

"Então podemos usar a cena?", perguntei, tentando ver o lado bom das coisas. "No fim das contas, Ma Thanegi se saiu bem?"

"Nós vamos assassiná-la na narração em *off*", avisou ele.

"Francamente, estou um pouco desapontado", disse Tony. "Você me levou a acreditar que haveria um vagão-restaurante da era colonial, com garçons de libré servindo *scones* e *Welsh rabbit almandine.** Mas fico de bom humor vendo seu olhar de total sofrimento e confusão."

Tony odiava "as tomadas de transporte" – as cenas bonitas que o mostravam a caminho do ponto A para o ponto B –, quase tanto quanto gostava de transformar a minha vida em um pesadelo sempre que eu insistia em filmá-las. Apesar da desmoralização pessoal que eu sofria, acreditava fervorosamente que, por ser um programa de viagens, mostrar os espaços entre um lugar e outro valiam o risco. E com tanta coisa em jogo agora que estávamos fazendo uma nova série para um novo canal, eu precisava de algo especial. O expresso noturno para Bagan, uma clássica viagem de noite inteira em um trem-dormitório na tradição da Darjeeling Limited, da Índia, parecia uma solução do tipo matar dois coelhos com uma cajadada só. O trem da era colonial britânica proporcionava uma maneira peculiar e imersiva de mostrar Tony conhecendo de perto a área rural do país ao mesmo tempo que nos levava 600 km ao norte para Bagan, a antiga capital da Birmânia. Era perfeito. Se eu conseguisse fazer acontecer.

---

* Molho feito de uma mistura de queijo e manteiga, servido sobre pão torrado. (N. E.)

Quando chegamos à estação, um preocupado representante do Ministério dos Transportes Ferroviários e Minorias Étnicas nos informou, pesaroso, que o vagão-leito da primeira classe havia "perdido uma das rodas". Quinze minutos depois, chegou a notícia de que o vagão-restaurante – a principal razão de eu estar confiante de que conseguiríamos filmar uma cena da viagem – sofrera o mesmo destino. Parecia cada vez mais provável que ter colocado todos os meus ovos no que estava se revelando uma sacolejante cesta de rodas de trem desaparecidas talvez tivesse sido um colossal erro de julgamento.

Em nome da máxima transparência, devo admitir que não chegava a ser nenhuma surpresa que deslocar nossa equipe de doze pessoas e vinte e poucas caixas de equipamento por metade do país via linha férrea envolvia um elemento de risco. Fui avisado de que, devido à idade avançada e à manutenção precária, os trens birmaneses careciam de pontualidade e confiabilidade, e estavam propensos a "escorregar na ferrovia". Na semana anterior, um descarrilamento havia matado 25 pessoas e deixado cinquenta feridos, e fotografias apavorantes das ferragens dos vagões em chamas e das vítimas carbonizadas estampavam todas as manchetes dos jornais. Mas agora não havia como voltar atrás.

Uma bandeirola verde acenou e uma sineta tocou. Com um sibilo e um estalido, o expresso noturno para Bagan se pôs em movimento. Rangendo e estremecendo, o trem saiu da estação para a viagem noturna de mais de dez horas, enquanto assumi minha posição atrás da câmera de Zach.

"Tony, como você se sente por finalmente estar aqui?", perguntei.

"Eu me sinto com sintomas de *jet lag*", ele respondeu.

Desde a nossa chegada, eu vinha enchendo o saco de Tony na esperança de arrancar dele um comentário sobre seu antigo desejo de visitar a Birmânia. Chamávamos essas observações de "conteúdo", e Tony as odiava, mas acontece que ele era bom demais. Quando estava no humor certo, Tony era capaz de falar sem parar e elevar o mundano a uma forma de arte superior. Extremas, sutis, sentimentais, divertidas, furiosas ou sarcásticas, as reações dele eram abrangentes e cobriam uma ampla gama de nuances, e era ideal quando o conteúdo fluía naturalmente, mas, às vezes, ele precisava de um pouco de ajuda. O desafio era manter Tony interessado e estimulado. A meu ver, se ele não estivesse inspirado ou interessado, não era apenas um problema meu: era minha culpa. Embora ele nunca fizesse outra coisa além de reclamar sobre o quanto eu o importunava, eu acreditava que, no fundo, ele estava feliz por eu tentar tanto. Ser do contra era um dos principais traços da personalidade de Tony, mas nesta viagem em especial sua atitude em relação à câmera estava ainda mais agressiva do que o normal. Tive a sensação de que, por baixo de sua camada exterior de sujeito durão, devia estar acontecendo algo mais. Ou será que o programa simplesmente não estava correspondendo às expectativas dele?

"Pois bem… esta é a verdadeira experiência inglesa raiz", Philippe disse. Philippe LaJaunie, bom amigo e ex-patrão de Tony no bistrô Les Halles, por acaso estava na Birmânia em uma busca transcendental por Buda e se juntaria a nós pelo restante das filmagens. Graças à cadência ritmada do sotaque francês de Philippe, seu otimismo implacável, sua curiosidade genuína e sua clássica boa aparência, nos últimos dois dias as pessoas o confundiram com um astro da TV. "Estava me perguntando qual será a idade do vagão", ele comentou. "Pode ser dos anos 1950, talvez 1940?"

"Está úmido aqui", Tony disse. "O ventilador não está funcionando…"

Apesar da falta de um vagão-leito de primeira classe, de um vagão-restaurante e de qualquer indício de entusiasmo de Tony, era difícil dizer que o trem não tinha personalidade.

Arrastando-se e sacudindo com estrépito a passos de caramujo sobre os trilhos arcaicos, o trem parecia intocado desde que a junta militar da Birmânia tomara o poder após a Segunda Guerra Mundial. Janelas em estilo guilhotina totalmente abertas eram emolduradas por cortinas puídas que balançavam em uníssono com o *clique-claque* rítmico das rodas. Acoplado no teto, um regimento de pequenos ventiladores verde-limão. Os que ainda funcionavam oscilavam em perfeita sintonia, embora seu zumbido pouco fizesse para deslocar o pesado ar tropical. Éramos os únicos estrangeiros em meio a uma mistura de viajantes e famílias birmanesas, um ou dois empresários e monges budistas vestidos com mantos escarlates.

Por trás da câmera, tentei novamente: "E então, Tony, você gostaria de fazer algum comentário sobre a viagem de trem?".

"Preferia estar sendo perseguido em um arrozal pela porra de um búfalo-d'água com um pênis farpado", ele respondeu.

Saindo de Yangon, a paisagem se abriu. Choças baixas feitas de madeira e latão corrugado, linhas de transmissão de energia elétrica e carros logo deram lugar a campos de cultivo infinitamente verdejantes, interrompidos apenas por ocasionais estradinhas de terra e um ou outro telhado de sapê. A temperatura diminuiu e surgiu no ar um toque doce e primaveril. Pela janela, percebi que todos paravam o que estavam fazendo para ver o trem passar. Enquanto os quilômetros iam lentamente ficando para trás, o céu se iluminou com um tom róseo e néon, alaranjado e amarelo. A névoa que se erguia das várzeas de arroz incandescia com uma cor surreal.

"Uau. É simplesmente sensacional!", Philippe exclamou, fitando o horizonte. "Que bela parte do planeta para se estar no crepúsculo."

Ao contrário de Philippe, Tony não me pareceu exatamente impressionado. Ele passou grande parte do dia ignorando o ambiente ao redor enquanto lamentava a falta de internet, xingava os vegetarianos e criticava ferozmente o documentário que assistira na noite da véspera. Tentei me consolar com o pensamento de que com as cenas extras da filmagem complementar da segunda câmera e uma locução em *off* eu conseguiria salvar *alguma coisa* das cinzas da minha preciosa cena no trem. A equipe técnica estava de pé na labuta fazia pelo menos sete horas; então, assim que o sol se pôs, me pareceu um bom momento para fazermos uma pausa. Os cinegrafistas devastaram nosso estoque de emergência de barrinhas de cereal, batatas fritas e uma variedade de frutas que ainda não tinham amadurecido, ao passo que desabei em uma cadeira e acendi um cigarro. Darly, uma de nossas assistentes de câmera, apontou para uma placa de "Proibido Fumar" acima da minha cabeça.

Antes que eu pudesse responder, o trem deu um terrível solavanco para a frente e começou a ganhar velocidade. As luzes piscaram e a pressão do ar caiu, sugando as cortinas de todas as janelas que não estavam fechadas. Subitamente os vagões chacoalharam e ondularam; o metal se contorceu e produziu guinchos agudos e estrépitos alarmantes. De repente estávamos indo *rápido. Muito rápido.* O trem dançava para trás e para a frente, e ao mesmo tempo oscilava aos trancos para cima e para baixo. Todos os equipamentos soltos e nossas bolsas e mochilas caíram no chão, esparramando latas de cerveja e lentes das câmeras em todas as direções. Josh e Patrick se agarravam a tudo o que podiam, tentando impedir que outras coisas tivessem o mesmo destino do fardo de garrafas de água que foi lançado janela afora.

"Está ficando sacolejante", Tony disse. "Mas não sacolejante tipo um pula-pula em um parque de diversões, sacolejante do tipo que vai pulverizar minha coluna vertebral e transformar em gel meu estômago e meus rins."

Era *isso* que estávamos esperando. As rodas do trem gritaram para o condutor do trem diminuir a velocidade, e eu berrei: "Aos postos de batalha!".

Em questão de instantes as câmeras estavam gravando; Zach, Mo e Todd usavam uma das mãos para operar o equipamento e a outra para se agarrar a tudo que pudessem.

"O trem andou perdendo muitas rodas. Agora entendi o porquê", Philippe disse, agarrando com os dedos enrijecidos de tensão o braço da poltrona. "Qual é a nossa velocidade? A essa altura, devemos estar a uns 70 ou 80 km/h."

"Que nada", Tony desdenhou, reclinando sua poltrona. "Eu consigo até dormir." E foi exatamente o que ele fez, aparentemente imune às violentas arrancadas do trem, que zunia em disparada a uma velocidade cada vez mais assustadora.

"Tony claramente pegou o melhor assento disponível", Philippe disse. "Estou batendo a cabeça no teto a cada dois segundos, enquanto ele nem se move!"

"Cara, é o piloto do programa", Zach disse. "Viemos de longe até aqui pro Tony ficar dormindo?"

Soltei a mão do bagageiro superior, tentando não perder o equilíbrio. Buscando esteio para me manter de pé no trem em movimento, eu me inclinei e cutuquei Tony com meu walkie-talkie. "Acorda!", eu o chamei por cima da barulheira. Sem obter resposta, apelei para uma jogada desesperada: "Tony, você está perdendo. Isso aqui é a cara do *Lugares desconhecidos*".

Os olhos dele instantaneamente se arregalaram, depois se estreitaram. "Eu tenho um lugar desconhecido bem aqui pra você, ó", Tony disse, mostrando-me o dedo do meio. Não foi a reação que eu esperava, mas pelo menos ele estava acordado.

"Tem outra coisa que ainda é desconhecida: se vamos conseguir sobreviver ou não", Philippe disse. "Quer dizer, em algum momento essa geringonça vai descarrilar."

Apesar de todos os indícios de que o trem sairia dos trilhos para se dobrar feito uma sanfona e se converter em uma pilha de latas de alumínio amassadas, de alguma forma isso não aconteceu. Melhor ainda, toda aquela perigosíssima aventura em que desafiávamos a morte estava ganhando contornos de ser o melhor trecho de viagem que já havíamos filmado. Uma das coisas mais incríveis de fazer o programa com Tony era que toda vez que as coisas davam errado, por alguma espécie de magia o plano B sempre funcionava ainda melhor.

"Chegamos a Shwedagar", Patrick anunciou enquanto o trem diminuía a velocidade e seguia retinindo até a próxima estação. "É hora de ajustar e reconfigurar para as filmagens da noite."

O vagão-leito de primeira classe foi trocado por outro que consistia em beliches sem comunicação, o que significava que a movimentação entre eles só era possível quando o trem estava parado. Isso apresentou uma série de obstáculos logísticos, uma vez que viajaríamos direto e sem parada até a manhã seguinte. Elaborei um plano para dividir a equipe, em que Josh e eu supervisionaríamos cada um dos operadores de câmera. Mas é claro que, como sempre, nada saiu conforme o planejado. No último momento, Tony e Zach conspiraram em um motim, exilando-me com Josh e Patrick em um compartimento compartilhado.

"Mas precisamos filmar cenas noturnas!", protestei. "E uma cena do café da manhã!"

"Não se preocupe, nós vamos cuidar isso", Zach garantiu. Vendo a expressão estampada no meu rosto, ele acrescentou: "Eu prometo... tenha um pouco de fé".

Ter fé era uma tarefa árdua quando se tratava de Tony aceitar filmar espontaneamente *conteúdo* para as tomadas de transporte, mas não havia tempo para discussões. A sineta tocou; estávamos saindo da estação. Foda-se. Até ali o universo tinha sorrido para mim, e bem que eu estava precisando de uma noite de folga. Acomodei-me com Josh e Patrick, e em pouco tempo fizemos um baita estrago nos fardos de latinhas de cerveja quente estocados em nossa cabine. Minha *playlist* de hits dos anos 1980 tocava no volume máximo em alto-falantes alimentados por pilhas – Depeche Mode, New Order, Erasure e Talking Heads –, mas mal dava para ouvir a música por cima do estrépito e do estrondo do trem que se lançava para dentro da escuridão do interior do país.

A lua cheia reluzia nos arrozais alagados, e estupas esparsas que cintilavam nos fios de energia elétrica passavam zunindo. Ríamos muito cada vez que o trem dava um mergulho nauseante e tudo o que não estivesse aparafusado levitava. Assim que me conformei que morreria em um desastre ferroviário, comecei realmente a aproveitar aquele passeio de montanha-russa da vida real. A cerveja ajudou.

"Obrigado, galera", eu disse, propondo um brinde. "No fim das contas isso está sendo uma experiência e tanto."

Mais ou menos quando terminamos o segundo fardo de latinhas de cerveja, o trem diminuiu a velocidade e passou a quase se arrastar; aproveitei a oportunidade para dar uma muito necessária mijada. Embora eu estivesse bastante bêbado, ou talvez por causa disso, calculei que me aliviar pendurado no trem em movimento era preferível a usar nosso banheiro escuro e fedorento. Mal acabei de me posicionar no vão da porta, uma folha de palmeira me atingiu em cheio no rosto, e o golpe fez meus óculos girarem para fora em direção à selva.

"Porra, de onde saiu isso?!", gritei. "Josh, ilumina aqui um pouco." Quando terminei, trocamos de lugar e fiquei no deck de observação, espremendo os olhos para fitar o vazio escuro e turvo.

"Ah… *siiiiim*… isso é tããão bom", Josh disse.

"Josh! Estou vendo luzes à frente! Acho que estamos chegando em um cruzamento!", gritei no meio do que estava se transformando em uma forte candidata a mijada mais demorada do mundo no livro *Guinness World Records*. "Guarda a mangueira!"

"Ai, meu Deus!", Josh gritou. "Estou tentando! Ai, meu Deus, eu não consigo parar!"

Uma parede de faróis de motocicletas iluminou nosso oscilante vagão, e a luz presenteou os homens, mulheres e crianças empoleirados nas garupas e guidões das motocas com uma visão completa do nu frontal de Josh enquanto ele borrifava xixi de um lado para o outro.

"Desculpem!", ele gritou. "Eu não consigo parar! Eu sinto muito!"

Nessa noite dormi mal, e, de tempos em tempos, eu acordava suspenso no ar antes de desabar de volta ao colchão. A última coisa de que me lembro foi a manobra de acoplamento e o estridente silvo do trem desacelerando. A luz do sol se infiltrou por meio das cortinas esfarrapadas que balançavam suavemente. Lá fora os arrozais da selva deram lugar a uma vasta extensão de pastagens áridas e amarelas. O trem sibilou e parou. Estávamos cercados por um cortejo de vendedores ambulantes de comida vestidos com tecidos de cores vivas e oferecendo peixe frito, tofu de grão-de-bico e samosas em bandejas e cestos equilibrados sobre a cabeça.

Saltei do beliche e abri caminho por meio da multidão reunida em torno do trem. Quando encontrei o restante da equipe, eles já estavam filmando Tony e Philippe à procura do café da manhã.

"Como passaram a noite?", perguntei quando desligaram as câmeras.

"Fantástico", Philippe disse. "Oito horas de sono numa boa."

"Quiquei feito uma bola de pachinko", Tony respondeu, bem menos entusiasmado. "Foi tipo *tum, tum, tum, tum*. Literalmente tomei uma porrada de lado e acordei de um… Bem, não diria de um sono profundo. E então, temos alguma ideia de quando nosso misterioso trem chega?"

"Pelo que me disseram, daqui a mais uma hora e meia", expliquei.

"Isso não dá quatorze horas", Tony disse, verificando seu Rolex.

"Vai dar quase dezoito…", admiti.

"Dez, quatorze, dezoito. Quem está contando? Nós poderíamos literalmente ter ido de avião para Hong Kong, jantar no Hotel Península, e depois voltado para Bagan no mesmo tempo que esse trem demorou... quer dizer, está demorando."

Dezenove horas e meia após a partida de Yangon, o expresso noturno para Bagan chegou ao destino. Quando descemos do trem, mancando e caminhando com dificuldade, estávamos um bagaço só: mal-humorados, de ressaca, exaustos e machucados. Zach tossia fuligem e poeira, o cabelo de Patrick estava emplastrado com o que parecia ser o mesmo vômito seco respingado na camisa de Josh. Sem óculos, eu tinha que apertar os olhos para enxergar, e estava esfregando um vergão em formato de folha de palmeira na minha bochecha, enquanto Tony segurava sua lombar.

"Bagan, aqui vamos nós!", Philippe disse, saltando sobre a plataforma como uma gazela adolescente. "*Mingalaba*!"

Uma gigantesca onda de poeira vermelha rodopiou em direção ao céu, engolindo nossa van enquanto percorríamos uma estradinha de terra esburacada. Passamos por carroças puxadas a cavalo, lavradores trabalhando nos campos de cultivo e aldeões carregando cangas com pesados baldes de água. Era uma modorrenta cena agrária em um cenário gótico de templos do tamanho de pirâmides e estupas que se estendiam até o infinito. Bagan tinha sido a capital de um poderoso reino antigo e, dizia-se, era um dos sítios arqueológicos mais impressionantes do mundo, rivalizando com lugares como Machu Picchu e Angkor Wat. Por causa de sanções internacionais e dos boicotes ao turismo, até então a paisagem tingida de vermelho se mantivera espetacularmente intocada. Porém, com as recentes mudanças introduzidas no país, havia guindastes de prontidão nos rincões, por ora em silêncio, mas prestes a começar a construir hotéis para os turistas que logo viriam.

A luz da alvorada revelou as cicatrizes de um milênio de terremotos e negligência. Alguns dos imponentes e misteriosos edifícios estavam parcialmente cobertos por arbustos, outros se erguiam, impactantes, em meio a palmeiras e tamarineiras. O gado pastava no que um dia certamente dará lugar a um estacionamento. O lugar emanava uma estranha sensação de vazio, apenas reforçada pelo solitário ônibus de turismo que passava aos solavancos. A não ser pelos agricultores e um punhado de crianças agressivas vendendo bugigangas, tínhamos diante de nossas câmeras toda a vastidão de Bagan.

Contemplando a paisagem, eu sabia que algo havia mudado, embora não soubesse dizer exatamente o quê. A mudança do Travel Channel para a CNN significava que o programa tinha adquirido um tom mais sério. Um gigantesco salto em direção ao que Tony sempre quis que fosse. Essa ambição parecia corresponder à visão taciturna, quase tingida de culpa, que Tony nutria a respeito de sua própria celebridade, de que realmente não significava coisa alguma, a menos que significasse algo. Então, sim, provavelmente era por essa razão que ele estava tão insuportável desde a nossa chegada. Ali estávamos nós, prontos para apresentar ao mundo um país que poucos estrangeiros tinham visto em quase cinquenta anos. Sem dúvida Tony sentia o peso do que ele estava tentando fazer. E, até certo ponto, o sucesso da empreitada estava inteiramente em minhas mãos.

"Faltam cinco minutos pro Tony chegar! Cinco minutos pro Tony chegar!", o walkie-talkie tagarelou. O relógio estava correndo rápido. As câmeras já estavam prontas para rodar quando Tony e Philippe chegaram. Tiramos os sapatos e começamos a subir as escadas em ruínas de uma grande estupa em formato de sino erguida sobre uma decadente e intrincada base multicamadas. A grama despontava das fissuras, e pequenos nacos de argila vermelha se soltavam sob nossos pés e caíam rolando em uma inclinação de 55º, que ficava mais íngreme quanto mais alto subíamos. Chegando sem fôlego a uma plataforma perto do topo, fomos recompensados com um deslumbrante panorama do vale coalhado de templos. Algumas centenas de metros de elevação exigiam uma apreciação inteiramente nova da paisagem. O rio Irrawaddy cintilava ao longe, enquanto uma linha baixa de névoa dourada se agarrava ao horizonte, exibindo as silhuetas de incontáveis estupas de formatos complexos e inúmeros balões de ar quente.

"Oh, isso é maravilhoso", Philippe disse, com os olhos arregalados de espanto. "É tão bonito. Parece uma ode aos humanos, vocês sabem, crenças e adoração e louvor e…"

"Mão de obra escrava", interrompeu Tony. "Não quero dar uma de reclamão estraga-prazeres aqui, mas estou pensando: se você constrói tantos templos – milhares deles – em um período relativamente curto de tempo, são grandes as chances, vocês sabem, de alguém ter trabalhado por menos de um salário-mínimo, vamos dizer assim."

"No entanto, é realmente extraordinário", Philippe insistiu. "É algo único, nunca vi nada assim na vida."

"Sim, é muito bonito", Tony admitiu. "Quase me faz desejar ser um tipo de cara espiritualizado."

Tony conversou com pessoas notáveis, que falaram livremente sobre política, suas experiências e expectativas para o futuro. Voltaríamos para casa com uma história forte, ambientada em um país lindo, fascinante e visualmente cativante, em pleno processo de se abrir para o mundo exterior. Eu deveria estar feliz, mas não estava. Faltava alguma coisa. Não havia dúvida de que a mudança para a CNN significava que as apostas eram maiores. Como muita coisa dependia de voltar para casa levando na bagagem um episódio piloto incrível para a nova série, eu precisava que Tony expressasse que estava genuinamente comovido, que a viagem havia de alguma forma alterado sua percepção. Eu queria que Tony estivesse presente dessa vez. Porra, eu queria estar presente. Em geral, nosso procedimento habitual era o seguinte: dali a algumas semanas ou meses, quando a experiência parecesse mais um sonho do que realidade, a coisa toda a uma distância confortável, Tony escreveria algum texto comovente para a narração em *off*, e então eu saberia que realmente tinha estado na Birmânia. Mas, dessa vez, eu não queria esperar até a edição para saber que tinha estado em um lugar incrível. Fiz uma última tentativa.

"Hum… e então, como você se sente estando aqui?", perguntei a Tony.

"Eu me sinto com fome. Como se estivesse esperando minha porra de café da manhã com frango ao curry."

Fiquei muito chateado. Quando Tony se conectava… bem, era o mais incrível jorro de adrenalina, a minha recompensa por um trabalho bem-feito. A minha sensação era a de que eu havia movido mundos e fundos para colocar Tony diante daquele que talvez fosse o mais espetacular cenário que já havíamos filmado, e ainda assim não foi o suficiente… Já preparado para jogar a toalha, pensei: *Será que o problema é que Tony está sofrendo da mesma ansiedade autoimposta sobre o episódio piloto que eu?*

"Vamos tentar alguns pensamentos profundos", eu disse, indo para o tudo ou nada. "Pensamentos profundos" era o código de produção para as cenas em que Tony fitava em silêncio uma paisagem. Sem a pressão para falar alguma coisa, talvez houvesse uma chance de ele finalmente ser capaz de sair de sua própria cabeça. Caso esse fosse o problema. Valia a pena tentar. Enquanto Zach e Todd recuavam para reiniciar, Tony sentou-se na mureta de um dos templos e contemplou a paisagem iluminada pelo sol nascente. Um tilintar distante de sinos de vacas e o ocasional balido de uma cabra acompanhando laivos do perfume de uma fogueira vagavam ao sabor dos ventos na brisa da manhã.

"Bem… na realidade… estou maravilhado por estar aqui", Tony disse, rompendo o silêncio. "Quer dizer… de um modo geral, já visitamos um punhado de lugares em que as pessoas não gostam de ver câmeras… mas aqui todo mundo tem sido realmente, por falta de uma palavra melhor, aberto e amigável. O que é muito estranho, se levarmos em conta que até o ano passado, e até certo ponto ainda agora, a população vive em um lugar em que, por cinquenta anos, tudo de que a maioria das pessoas consegue se lembrar é um governo incrivelmente opressor. É extraordinário de verdade."

Eu mal podia acreditar no que estava ouvindo! De alguma forma parecia que, por fim, tinha conseguido o que queria – aquilo de que o programa precisava –, e em cima da hora, no último momento possível. Prendi a respiração, com medo de que até mesmo um suspiro pudesse destruir a magia que havia surgido.

"Vocês sabem que vejo isso como um esboço", Tony continuou. "Passo pouco mais de uma semana em Mianmar, Birmânia, isso é o que vi, isso é o que senti. Mas algo que devemos levar em consideração é que, no fim dessa semana, voltaremos todos para Nova York. Onde posso beber um bom *frappuccino* e editar o programa da maneira que bem quiser, certo? Mas o que temos que considerar é quem nos ajudou com as câmeras, as pessoas com quem conversamos, quem nós vimos, quem foi bom para nós, todo mundo que se juntou a nós durante o tempo em que estivemos aqui. O que quero dizer é que nós não pagamos o preço pelo programa. Pode ser que todas as pessoas que nos ajudaram acabem pagando esse preço, então isso é algo que realmente precisamos colocar na balança, sobretudo porque, vocês sabem... não somos jornalistas."

Tony fez uma pausa e olhou para trás para contemplar Bagan. A mão dele se agitou, inquieta. "O que acontece com as pessoas que deixamos pra trás?"

CAPÍTULO 3:
APERITIVO

Eu tinha 38 anos de idade quando Tony morreu, mas minha sensação era a de que já tinha vivido nove vidas, e meu prematuramente cabelo grisalho era a prova disso. Para o bem e para o mal, na última década e meia eu havia organizado a minha vida em torno de Tony e do trabalho.

Basta eu fechar meus olhos, e lá está ele diante de mim, com o visual de um astro de TV e, dos pés à cabeça, um cidadão do mundo. Velho e jovem ao mesmo tempo, o cabelo branco encaracolado, o cigarro na boca, mais de 1,90 m, queimado de sol, meio escondido atrás de um par de óculos escuros da linha Steve McQueen da marca italiana Persol. Tony parecia estar sempre apressado, como se pudesse desaparecer a qualquer segundo. Ele só fumava cerca de meio cigarro antes de apagá-lo. Certa vez lhe perguntei por qual razão fazia isso. "Velho hábito dos meus tempos de restaurante. Tinha que voltar logo pra cozinha e ver a merda que tinha dado."

Meu relacionamento com Tony era complicado. Pessoa de quem era difícil ficar perto e doloroso estar longe, Tony era incomparável do ponto de vista do estímulo intelectual, e sua energia sugava o interlocutor até exauri-lo. Ele era frustrante, teimoso e vez por outra até assustador, mas sempre fascinante, descomunal. Dando uma tragada no cigarro, ele dizia: "Você tem que fazer sacrifícios pra dar conta do recado". Agora, sem Tony, a vida que eu conhecia tinha acabado. Eu estava começando a entender que não fazia ideia de quem eu era fora do programa.

* * *

A televisão é uma máquina incrível. A TV tem o poder de transportar a pessoa para muito, muito longe. Longe dos dias tristes e tediosos, para algum lugar melhor. Mais colorido. Por acreditarem que a milagrosa invenção era maléfica, meus equivocados pais me proibiam, quando criança, de desfrutar do reconfortante brilho azulado da TV. Mas isso não me impediu. Eu assistia em segredo, tarde da noite ou sempre que ficava sozinho em casa. Eu nunca enjoava, queria sempre mais. Ver TV era como sonhar acordado, um lugar para onde podia fugir, pelo menos por algum tempo.

A vida real tinha valentões, tarefas a cumprir, problemas difíceis e espinhosos. A TV, por outro lado, tinha amigos, doces, carros novos, ar-condicionado e o que parecia ser amor. Ela era fácil de digerir e fazia sentido; as regras eram claras. Impossível não entendê-las. A trilha sonora me dizia exatamente quando sentir medo, quando ficar feliz, quando algo importante estava para ser dito. O som reconfortante de risadas ao fundo deixava claro que eu tinha sacado as piadas.

Logicamente, podia sentir a unidimensionalidade da televisão – cenários enfadonhos e irrealistas, personagens rasos feito pires. Valores tradicionais da família de comercial de margarina, moralismo açucarado, comédia luminosa irradiada para a segurança dos telespectadores. Mas ninguém na TV parecia se importar. E, na época, nem eu.

Eu queria tanto estar lá – estar na TV, fazer parte dela. Então, claro, consegui um emprego trabalhando com isso. Não precisava mais assistir à televisão, porque estava vivendo essa vida, rindo à toa, inebriado na indefinível magia do meio que me transportava para curtir e esquecer a vida. No meio do caminho houve alguns sacrifícios aqui e ali – amigos perdidos, relacionamentos fracassados, uma visão de mundo distorcida, uma quantidade pouco saudável de estresse e uma boa dose de isolamento psicológico, mas as recompensas eram ainda melhores do que poderia ter imaginado. Eu tinha feito o impossível: realizei meu sonho e passei para o outro lado da tela para entrar em uma dimensão mais colorida, empolgante, pronta para o horário nobre e repleta de viagens, hotéis opulentos, cerimônias de premiação e aventuras extraordinárias. Minha vida se tornou uma coleção de imagens perfeitas de cartão-postal, tudo graças à magia da televisão. E foi maravilhoso. Durante algum tempo.

A ironia, é claro, estava no fato de que a vida melancólica da qual eu estava tão ávido para escapar quando criança era, na realidade, mais fictícia do que qualquer coisa na TV. Quando minha irmã caçula nasceu, meu pai comprou uma câmera de vídeo. Tecnologia de ponta em 1983, era uma monstruosidade que vinha em várias partes que precisavam ser montadas: uma câmera que se encaixava no ombro, com um gravador preso por um fio e usado por cima do ombro com uma alça. O trambolho registrou o que parecia ser uma infância muito mágica e idílica na floresta. E, na maior do tempo, era mesmo. A não ser pela escola.

Além da minha impressionante lista de dificuldades de aprendizagem, entre alguns dos meus melhores talentos infantis incluíam-se uma paralisante ansiedade social e uma estranha capacidade de atrair agressores. Meus professores costumavam dizer que a culpa do bullying que eu sofria era minha, porque eu atraía esse tipo de comportamento, e, no fim das contas, tive que concordar com eles. Eu sabia como irritar, provocar, amolar, incomodar e chatear meus colegas para chamar a atenção. Embora tenha sido horrível na época, olhando para trás constato que minha maior realização no ensino fundamental talvez tenha sido inspirar toda a turma do quarto ano a escrever uma carta coletiva reclamando de mim. Quando a sra. Bennaquade leu o manifesto em voz alta na frente da classe, comecei a chorar.

"São lágrimas reais ou de crocodilo?", perguntou ela com falsa solidariedade.

Minhas batalhas sociais e acadêmicas na escola incutiram em mim uma forte desconfiança das instituições e me fizeram querer destruí-las. Tornei-me um especialista em instigar as pessoas a fazerem coisas que resultavam em situações fora de controle. Era minha maneira de obter algum poder e autoridade, e era uma habilidade que acabaria me servindo muito bem na carreira que escolhi.

Um dia me vi com Tony nos fundos de uma hamburgueria no cais de São Francisco enquanto lá dentro os diretores de fotografia faziam ajustes finais de iluminação.

"Qual é a melhor maneira de uma criança lidar com um valentão?", perguntei. Mesmo que o próprio Tony pudesse ser, às vezes, um praticante de bullying, eu não conhecia nada que o incomodasse mais do que valentões. Uma das melhores coisas sobre o programa, senão *a* melhor, era como Tony usava sua plataforma para o bem. De cozinheiros mexicanos a donos de lojinhas palestinos, Tony defendia os marginalizados e dava voz aos que não a tinham, defendia os zés-ninguém, falava em nome dos pobres-diabos.

"No ensino médio, tinha um cara da turma dos atletas que vivia intimidando um amigo meu", Tony disse. "Arrumei um emprego de meio período, juntei grana suficiente pra comprar trinta gramas de maconha. Nesse meio-tempo, fui à biblioteca e aprendi a arrombar fechaduras. Aí abri o armário do tal saradão, plantei a erva e, em seguida, fiz uma denúncia anônima pra polícia alegando que o cara estava traficando drogas. Os policiais revistaram o armário dele, encontraram a maconha, e o sujeito foi enviado pro reformatório. Arruinei a vida dele. É assim que você lida com um valentão."

A história de Tony me deixou ao mesmo tempo impressionado e um tanto apavorado e comovido.

"Eu sofri muito bullying", confessei. "Um dos momentos mais constrangedores foi no ensino fundamental, quando minha professora de matemática se atrasou para a aula. Estávamos todos perfilados no corredor, esperando a professora chegar, quando Jenny O'Degan, a menina mais baixinha da turma, me deu um soco na cara. A classe inteira explodiu em gargalhadas e gritos. Caí no choro, e todo mundo cumprimentou a Jenny."

"Onde ela mora?", Tony perguntou, dando uma tragada no cigarro.

"Hum, não tenho certeza", respondi, surpreso com a pergunta. "Na verdade, não mantive contato, acho que ela está em Seattle agora."

"Tá legal, olha só, vamos fazer o seguinte", Tony disse. "Vamos acrescentar Seattle na turnê de divulgação do livro no verão. Vamos procurá-la, encontrar o endereço dela, enviar uns ingressos VIP pra que ela e uns sete dos melhores amigos dela apareçam na minha palestra. Aí, no fim do evento, vou chamá-la no palco e você derruba um balde de sangue purulento de porco em cima dela. Você sabe, aquela coisa que acontece no filme da *Carrie – A estranha*. E aí vamos ver a plateia cair na gargalhada. Eu sei onde conseguir sangue de porco em Seattle."

O que Tony dizia significava muito para mim. Ele sabia exatamente quando fazer grandes gestos de generosidade, o tipo de demonstração de carinho e calor humano capaz de inspirar um nível de devoção que me fez de bom grado colocar o programa no centro da minha vida, sem me lixar para as consequências.

Um dos segredos do sucesso de Tony era uma atitude destemida de arriscar tudo, que às vezes era indistinguível da autossabotagem. Era uma estratégia arrojada que, aparentemente do nada, lhe rendeu um livro de memórias que se tornou um best-seller e uma série de TV aclamada. Porém, depois da segunda temporada de *A Cook's Tour*, o destino deu sinais de que queria pagar para ver e desmascarar Tony. Quando o canal Food Network decidiu cortar destinos internacionais para privilegiar os churrascos domésticos, Tony, em uma decisão que deixou muita gente perplexa, preferiu desistir em vez de estrelar um programa que ele não queria fazer. Tony costumava dizer: "Todo mundo que está na TV tem medo de não aparecer mais na TV". Mas Tony não.

Chris e Lydia, os produtores de *A Cook's Tour*, passaram mais ou menos um ano tentando vender a ideia de um programa de viagens e comida apresentado por Tony, mas a PBS[*] e o canal A&E, além de todos os outros canais, recusaram. Justamente quando Tony já tinha feito as pazes com o fim de sua carreira televisiva, o Travel Channel arranjou dinheiro para filmar três pilotos. Assim, de repente, ele estava de volta à TV. Intitulado *Sem reservas*, desta vez o programa levaria um passo adiante as ideias por trás de *A Cook's Tour*, em episódios com o dobro da duração, um orçamento maior e um itinerário de viagem mais ambicioso.

Em 2005, quando fundaram a produtora Zero Point Zero para fazer o programa *Sem reservas*, Chris e Lydia me contrataram como pós-produtor. Minha função era trabalhar com os editores, depois que a equipe retornava das filmagens, e ajudá-los a converter cerca de sessenta a oitenta horas de material bruto em um episódio coeso de quarenta e dois minutos.

Foi ótimo estar de volta à equipe, mas havia um problema. Assistindo às filmagens, eu sabia que não ficaria feliz preso dentro de uma sala de edição. Precisava encontrar uma maneira de fazer parte da ação, da coisa acontecendo. Se outras pessoas poderiam ser pagas para viver o que parecia ser a aventura de uma vida inteira, por que eu não poderia? A ZPZ tinha uma atmosfera informal, e se tornou meio que uma espécie de piada recorrente o fato de que toda sexta-feira eu ia ao escritório de Chris e Lydia e dizia a eles que queria viajar. Até que um dia, talvez apenas para me fazer calar a boca, eles me deram uma chance.

Minha primeira viagem com Tony foi para Moscou, em 2006. Fiquei esperando por ele no aeroporto JFK com a sensação de que tinha ganhado o bilhete dourado de Willy Wonka. E de certa forma eu tinha mesmo. Vários dias depois, retirei da minha conta corrente pessoal o equivalente a duas semanas de salário para equilibrar o orçamento da produção, de modo que ninguém soubesse que tinham batido minha carteira na Praça Vermelha. Isso marcou o início de um padrão de extremos altos e baixos que perduraria ao longo de todo o período em que trabalhei com Tony.

---

[*] Public Broadcasting Service, rede de TV de programação educativa e cultural. (N. T.)

Eu era um jovem deslumbrado de 26 anos, e de bom grado mergulhei de cabeça no trabalho, dedicando-me 150%, totalmente comprometido para provar meu valor. Como produtor assistente, minhas responsabilidades incluíam todo tipo de tarefa, desde gerenciar nossos pedidos de visto a apresentar novas ideias para histórias. Eu supervisionava a reserva de hotéis, o transporte terrestre e os voos. Assim que desembarcávamos no país de destino, eu era incumbido de cuidar do dinheiro miúdo do dia a dia, de obter permissões e autorizações para as filmagens, de zelar pelo cumprimento do cronograma e pela alimentação da equipe. Em comparação com o que aconteceria anos depois, quando nossas gravações passaram a se assemelhar mais a sets de filmagem de longas-metragens, com contrarregras, carrinhos de câmera dolly e um caminhão de iluminação, nessa época a logística era muito mais simples. Para o episódio da Rússia, havia apenas uma van, sete caixas de equipamento, um produtor, um cinegrafista, eu e Zamir, nosso facilitador.

Zamir havia organizado os dois episódios de *A Cook's Tour* na Rússia, e no processo mostrou ser um companheiro extremamente divertido na frente da câmera. Se não era um vigarista profissional, Zamir bem que poderia ter sido o campeão mundial amador da picaretagem. Misto de empreendedor proativo e trapaceiro sempre metido em algum rolo, fazendo algum bico ou tentando empurrar para cima das pessoas algum esquema de enriquecimento rápido, muitas vezes Zamir era todas essas coisas ao mesmo tempo. Ele deixava Tony intrigado com suas altas histórias sobre os bastidores da espionagem soviética e seus contatos com figuras suspeitas do submundo russo. Zamir tinha uma habilidade mágica para abrir as portas dos lugares e propiciar acesso a pessoas geralmente inalcançáveis para forasteiros, e mais ainda para câmeras de TV. Na ocasião, ele usou suas conexões para arranjar uma cena com Victor Cherkashin, o notoriamente recluso ex-espião da KGB e uma das figuras mais influentes durante a Guerra Fria. Passamos o dia com Victor em sua casa de campo nos arredores de Moscou. Ele e Tony caminharam por entre as bétulas colhendo cogumelos enquanto discutiam contraespionagem, agentes duplos e técnicas de recrutamento.

A viagem a Moscou superou minhas expectativas. Não foi nada fácil, mas se mostrou muito mais empolgante do que eu poderia ter imaginado. A vida nunca era enfadonha quando Tony estava por perto. Ele devia estar feliz com o meu trabalho, porque me tornei membro fixo da equipe de estrada. Na época, eu jamais poderia ter imaginado que acabaria trabalhando em cerca de cem episódios; basicamente levava a vida um passo – e uma filmagem – de cada vez. Depois da Rússia, fizemos uma viagem mágica para Singapura, depois para a Toscana, onde todos ficamos juntos em uma casa alugada. Certa noite, enquanto bebíamos vinho e observávamos o relume em torno dos vinhedos sob um pôr do sol alaranjado, criei coragem para pedir a Tony que autografasse meu exemplar de *Cozinha confidencial*. Ele aceitou de bom grado e desenhou uma faca de cozinha com a dedicatória: "Para Tom, muito obrigado por três, e contando, *três* programas impecáveis! Tomara que venham muitos mais. Você faz a televisão ser divertida de novo".

Desbotadas folhas alaranjadas e marrons caíam rodopiando em silêncio das árvores que margeavam do rio Dâmbovița. A extraordinária quietude só era rompida de quando em quando por um ocasional choro de bebê ou o estrépito de rodas ao longo das ruas irregulares de paralelepípedos, de resto vazias.

Fiquei assistindo às filmagens complementares com a segunda câmera que Todd tinha feito de grupos de edifícios em estilo *beaux-arts*, renascentista, neoclássico, gótico e rococó. Cúpulas do Segundo Império, também conhecido como estilo Napoleão III, revestidas de azulejos de ardósia azul desbotada em forma de escama de peixe exibiam trechos com vigas semelhantes a protuberantes costelas de uma baleia em decomposição. Bucareste, a capital da Romênia, emanava uma aura majestosa do século XIX que era rudemente interrompida por ocasionais blocos de residências da era soviética. Pequenos bandos de cães raquíticos vagavam por ali, aparentemente menos interessados na arquitetura do que em Todd e em mim.

Os sombrios conjuntos habitacionais e a praga de vira-latas errantes eram consequências dos programas de reconstrução urbana implementados pelo ditador Nicolae Ceaușescu. A violenta revolução romena de 1989 resultou na execução de Ceaușescu e no fim do regime comunista, mas Bucareste – juntamente com grande parte do país – ainda não tinha recuperado a imponência. A cidade outrora conhecida como "pequena Paris" assemelhava-se mais à Viena do pós-guerra. Uma linda mulher com o rosto sujo.

Fechei a porta da van quando mais cachorros surgiram do meio do madeiramento. "Hã... Todd?", chamei pelo walkie-talkie, na esperança de que ele estivesse usando seu fone de ouvido. Fomos avisados sobre os cães, e sobre como um mês antes um turista japonês estava tirando fotos quando foi dilacerado, membro por membro, por uma matilha de vira-latas. "Todd, acho que talvez você queira entrar na van", tentei novamente. Todd permaneceu com os olhos cravados em sua câmera, alheio às minhas transmissões e ao rosnado do semicírculo canino que se fechava em torno dele.

Era fim de outubro de 2007, quase exatamente um ano após minha viagem a Moscou, e fui submetido a um teste para ver se dava conta de ser o responsável por... bem, por tudo, incluindo – pela primeira vez – instigar Tony para obter "conteúdo". Fosse cutucando-o para que soltasse uma observação perspicaz ou uma declaração poética diante das câmeras, eu descobriria que é mais fácil falar do que fazer.

Mas eu tinha um ás na manga. O bom e velho russo Zamir estava trabalhando como facilitador no meu episódio. Ele alegava conhecer na palma da mão todos os destinos que outrora ficavam por trás da antiga Cortina de Ferro, e fez estardalhaço alardeando a Romênia como sua próxima aventura com Tony. Contudo, praticamente desde o primeiro momento em que pusemos os pés no país, as coisas começaram a dar errado.

Uma cena após a outra, o itinerário, as locações e até mesmo os menus revelaram-se completamente diferentes do prometido. Por fim ficou claro que o Departamento de Turismo da Romênia, com quem Zamir havia cultivado um relacionamento, estava bloqueando nosso acesso aos locais típicos da classe trabalhadora que eram a base do programa, e, em vez disso, tentavam nos direcionar para lugares e situações encenados e aprovados pelo governo. Chegávamos para filmar esperando uma cena espontânea em uma casa de família, mas nos deparávamos em uma espécie de fazenda-modelo e museu educacional, com uma família inteira perfilada vestindo falsos trajes tradicionais. Zamir estava bebendo feito um gambá e parecia alheio aos problemas, bem como perpetuamente confuso sobre locais e pessoas com os quais, em tese, estava habituado. Foi ficando claro que Zamir estava um pouco... desequilibrado. Não era um desequilíbrio nível "bebi vodca demais", estava mais para "vestindo uma fantasia do encouraçado Potemkin, tentei vender um submarino nuclear russo desativado", mais ou menos por aí. Olhando em retrospecto, o programa realmente saiu dos eixos quando embarcamos em um trem rumo à Transilvânia.

"Zamir, você está usando um crucifixo?", perguntei, surpreso. "Você não é judeu?"

"É a apólice de seguro contra a ameaçadora possibilidade de o vampiro sugar meu sangue", Zamir explicou. "E tenho uma réstia de alho, se você precisar de proteção."

É claro que nosso destino, a província da Transilvânia, na área central da Romênia, foi descrita por Bram Stoker de maneira inesquecível como a casa do conde Drácula. A lenda do vampiro foi inspirada pela vida e a época de um príncipe chamado Vlad Tepes, que de fato existiu no século XV e era conhecido por empalar seus inimigos e compatriotas. Acontece que Zamir parecia acreditar de verdade nos mortos-vivos, bem como no potencial de investimento inexplorado da Transilvânia em termos de oportunidades de turismo com o tema Drácula.

"Caralho, Zamir", Tony disse. "Você está fazendo o maior alvoroço com essa parada de Drácula, está pegando pesado demais. Motéis Drácula, lojinhas de presentes Drácula, parques temáticos do Drácula, Drácula, Drácula, Drácula... o que vem agora, você vai me levar ao restaurante 'Príncipe das trevas'?"

Desembarcando em Brașov, percorremos de van o resto do caminho até nosso hotel, ao longo de estradas estreitas que serpenteavam pela floresta da Transilvânia. Pela janela, um céu de outubro cinza-ardósia se mesclava a tufos de névoa que desciam em espiral dos picos íngremes cobertos de neve dos Cárpatos. Logo depois de escurecer, chegamos ao Hotel Casa do Drácula, um castelo falso construído com o que pareciam ser blocos de poliestireno extremamente inflamáveis. O lugar era decorado em um estilo que lembrava uma mistura do restaurante temático Medieval Times com o museu de cera Madame Tussauds decorado com motivos vampirescos o ano inteiro, embora tivéssemos a sorte de chegar no Halloween.

Uma vez que o Dia das Bruxas é meu feriado favorito, quando Zamir nos informou de que haveria uma festa à fantasia no hotel, insisti avidamente com a equipe que tínhamos de ir. Tony encaixou uma falsa faca de plástico na cabeça e pintou uma gota de sangue escorrendo pelo rosto, enquanto Zamir se espremeu em uma fantasia de pirata e eu coloquei um traje caseiro de rena, com galhada e tudo. Chegamos ao salão de baile, ligamos as câmeras, e nos vimos no meio de um grupo de aposentados de Nevada. Apesar de *jurarem* que não se tratava de uma festa para turistas, eu é que deveria ter tido o discernimento para não cair nessa. Vampiros fajutos envoltos em roupas de plástico e segurando copos com coquetéis de sangue falso trocavam brindes com sensuais bruxinhas septuagenárias. Era basicamente o pior pesadelo de Tony. Em sua descrição, ele comparou a atmosfera a algo semelhante a um "cruzeiro de decrépitos com destino a um baile funk da terceira idade em uma clínica geriátrica".

Todo o sórdido evento era ao mesmo tempo horrivelmente brega e hilário, e continuei incitando um Tony bastante relutante – e cada vez mais irritado – a me fornecer "conteúdo".

Ele explodiu: "Ah, meu Deus, você simplesmente não para de encher o saco! Você parece a porra de um macaco enfiando um garfo em uma tomada elétrica. Você leva um choque, mas continua fazendo sem parar".

Enquanto isso, do outro lado do salão, Zamir se requebrava imitando uma galinha e fazia novos amigos. "Este é o melhor coquetel de sangue falso que já tomei na minha vida", ele declarou, bebendo de uma taça com um líquido vermelho-vivo. "Tomski, sente-se conosco. Quero apresentar vocês aos organizadores da festa. Esse é o tio Dudu e sua sobrinha, a Miss Transilvânia."

"Festa maravilhosa", menti.

"Entre as garotas mais lindas de todo o país fazemos nossa seleção para escolher a Miss Transilvânia", Dudu declarou, radiante. Sem dúvida os dois formavam uma dupla bizarra. Dudu era baixinho, gordo, careca, falava com uma voz anasalada e estridente, e estava usando um vestido branco de renda que, segundo sua explicação, era uma fantasia da camponesa Betty, personagem dos filmes *Toy Story*. A Miss Transilvânia, por outro lado, era uma mulher impressionante, em um vestido de baile verde-esmeralda e uma tiara que prendia a longa cabeleira castanha, deixando à mostra um pescoço esguio e traços delicados.

"Vocês dão licença ao tio Dudu e a mim por um momento para discutirmos alguns negócios?", Zamir perguntou, deixando-me sentado sozinho com a Miss Transilvânia em um silêncio constrangedor. Ela me olhava com uma tremenda intensidade. Eu odiava conhecer pessoas novas, especialmente bonitas.

"Me disseram que você é diretor de um programa de televisão americano, um homem muito rico e importante", a Miss Transilvânia disse, aproximando-se um pouco mais de mim.

"Não, nada disso. Na verdade, esse é o meu primeiro trabalho", respondi com um riso nervoso. "Há… a propósito, quantos anos você tem?"

A Miss Transilvânia sorriu timidamente e colocou a mão na minha perna. "Você se parece com meu ator favorito, Cliff Owen."

"Tenho que voltar para a filmagem", aleguei, levantando-me às pressas e quase derrubando a mesa.

Zamir foi embora cedo, mas nós todos, incluindo Tony, nos embrenhamos juntos nas sombras da floresta da Transilvânia até encontrarmos um local que oferecesse um deslumbrante panorama montanhoso. Pairava no ar noturno um uivo distante, certamente de um cachorro, mas lupino o suficiente para inspirar uma pontada de medo. Sob o luar brilhante bebemos cerveja, fumamos, rimos da festa absurda, e Tony contou histórias de fantasmas.

Depois de algumas cervejas, pedi licença ao grupo e saí perambulando à procura de um bom lugar para mijar. Estimulado pelo ar da montanha mentolado com pinheiros, sorvi o momento e abri um sorriso. Logo me deparei com uma pequena clareira, onde quase tropecei em uma pá, enfiada no solo ao lado de um monte de terra e um enorme buraco. Enquanto tentava entender o que parecia ser uma cova recém-cavada, ouvi um farfalhar na escuridão. Paralisado, acompanhei um som de esmagamento e raspagem aproximar-se cada vez mais. Meus pensamentos se atropelavam com imagens de um lobo ou uma múmia, ou, pior de tudo, a pessoa que havia cavado o buraco, mas em vez disso quem surgiu em meio às trevas foi a Miss Transilvânia, seu rosto branco feito a neve ao luar.

"Ah, é você!", eu disse, aliviado. "Olha só, acabei de encontrar a porra de uma cova!"

"Por que você está tentando escapar de mim, meu querido cervinho?", ela disse, supostamente fazendo referência à minha fantasia, ao mesmo tempo que chegou mais perto e se inclinou por cima de mim.

"O que você está fazendo?", perguntei, recuando de terror, convencido de que ela estava prestes a estender suas presas e morder meu pescoço.

"Ai! Você quase me fez cair na cova!", ela disse em tom de censura. "Eu só quero beijar você."

"Acho que preciso voltar para os meus amigos", respondi.

"Não!", a Miss Transilvânia fez beicinho e começou a recuar em direção ao buraco. "Me dê um beijo, senão vou cair na cova."

"Tome cuidado!", pedi.

"Me beija!", ela insistiu e continuou a andar de costas, aparentemente confiante em seu poder de sedução.

"Estou falando sério! Eu não vou impedir você!"

"Você tem que me beijar antes que eu caia na…" Com um grito agudo e um baque surdo, a Miss Transilvânia despencou de costas na cova.

A Romênia se alternava entre o incrível, o bizarro, o sério, o caótico, o fantástico, o surreal e o tragicômico. No fim do episódio, Zamir estava tão chapado de bebida e analgésicos que mal conseguia dizer frases coerentes, e já não era capaz de fazer muita coisa. Pior, Tony tinha perdido a paciência, e eu estava percebendo que perder o controle das filmagens provavelmente não era um bom modelo de negócios.

Em um desfecho condizente com a viagem, no último dia Zamir me chamou de lado para uma conversa reservada.

"Tomski, eu sinto muito...", disse ele, uma nota de simpatia se insinuando em sua voz. "Infelizmente, você cometeu o que é considerado um crime bastante grave na Romênia... a Miss Transilvânia está grávida... e ela é menor de idade. O tio Dudu está furioso... receio que isso vai custar muito caro pra você."

Revirei meus olhos. "Zamir... eu sou gay."

"Oh... merda...", Zamir disse, aparentemente desapontado. Acendi um cigarro e balancei a cabeça.

A edição do episódio da Romênia foi amarga. Eu tinha um prazo a cumprir, e o trabalho não estava avançando; tomando por base o andamento das filmagens, eu não esperava que isso mudasse. Se era para ser meu primeiro e último episódio, raciocinei, era melhor eu torná-lo o melhor possível. Eu e Jesse, o editor, trabalhávamos praticamente noite e dia, sete dias por semana. Adotamos um enfoque bastante simples e optamos por apenas mostrar as coisas como eram. Na Romênia, a combinação de circunstâncias parecia ter tudo para se transformar em um desastre: era meu primeiro programa; Zamir caíra em desgraça; o Departamento de Turismo da Romênia se metera com agressivas intromissões e interferências; tínhamos participado de uma decadente e burlesca patuscada com tema do Drácula. Apesar de tudo isso, no fim tudo se encaixou e deu certo. A verdade se mostrou mais estranha do que a ficção, e o episódio estava hilário. Pelo menos era essa a minha esperança. Assim que o primeiro corte ficou pronto e seguiu para Tony, fui convocado ao escritório de Chris e Lydia.

"Faça as malas", Chris disse. "Você vai para a Colômbia."

Quase dei pulos de alegria. Aparentemente, Tony decidiu que eu faria parte permanente da equipe.

"Eu estava com medo de assistir ao primeiro corte, presumindo que seria uma árdua tentativa de fingir que a Romênia tinha sido um episódio normal", Tony explicou mais tarde. "Por fim criei coragem, coloquei no DVD, e meu queixo caiu. Jesus, você foi implacável, foi direto na jugular, de novo e de novo! Seu ódio pelo lugar fica evidente de maneira brilhante! Um ponto de vista forte é *sempre* uma coisa boa! Bravo!"

Apesar do que aconteceu lá, eu não odiava a Romênia, muito pelo contrário. Mas não era hora de discutir. A declaração de Tony, que instantaneamente descreveu o episódio como um "clássico da comédia", consolidou meu papel como diretor.

Eu não esperava o que aconteceu a seguir, ainda que, em retrospecto, já devesse ter previsto. Um grande escândalo estourou quando o episódio da Romênia foi ao ar, gerando o maior número de comentários de todos os tempos no site do Travel Channel. O maior jornal da Romênia escreveu um artigo contundente fulminando Tony e classificando-o como o inimigo público número 1 do país, e tanto o canal quanto a ZPZ tiveram que emitir declarações oficiais.

Aprendi uma lição valiosa. A Romênia me mostrou, pela primeira vez, que as pessoas realmente assistiam ao programa, e – para minha grande surpresa – pareciam levá-lo a sério. Fiz um exame de consciência, e nessa autoanálise sobre o que queria da minha carreira, concluí que, enquanto viajava pelo mundo me divertindo, tinha a responsabilidade de fazer melhor. Tirar sarro e fazer piadas à custa dos outros era uma atitude agressiva, independentemente do quanto as situações pudessem ser engraçadas, factuais ou merecedoras de zombaria.

Na filmagem seguinte, na Colômbia, eu me esforcei o máximo para evitar os mesmos erros. No entanto, não estava preparado para a dimensão da fama de Tony na América Latina. Eu me vi recusando propostas de capitães da indústria, ofertas de iates e convites para conhecer mansões e fazendas. Consegui me esquivar inclusive dos repetidos convites da primeira-dama para viajar a bordo do jatinho presidencial a uma ilha particular. No fim das contas, a Colômbia foi uma viagem fantástica, e conseguimos encontrar as verdadeiras cenas "das raízes" que ficaram faltando na Romênia. Na nossa última noite, Tony ofereceu uma festa de encerramento em seu luxuoso quarto de hotel em Cartagena e exibiu o episódio da Romênia. Ver Tony sorrir e dar ruidosas gargalhadas quase o tempo todo foi algo que me encheu de orgulho.

A Romênia me proporcionou também outra lição importante, desta talvez com as implicações de alcance mais amplo. Na Transilvânia, furioso comigo por tê-lo submetido à festa de Halloween, Tony propôs um acordo. Ele consideraria que estávamos quites contanto que eu deixasse Zach tirar uma foto minha acorrentado no "recanto dos condenados". Claro que, por alguma razão, havia uma masmorra medieval totalmente equipada, cuja entrada ficava logo depois do salão de jantar em que tomávamos o café da manhã.

Desde o início, reconheci em mim uma disposição – até mesmo um desejo – de fazer *qualquer coisa* que fosse necessária para realizar um bom programa e deixar Tony feliz. Por ser minha primeira vez na direção, eu tinha mais controle, mais responsabilidade e mais oportunidades de me sair bem e obter sucesso, bem como de me exasperar, fracassar e me humilhar. Então eu me encaixei nos orifícios do tronco, e tudo estava bem... até Tony entrar na sala.

"Esperem! Isso não fazia parte do acordo!", protestei, tentando desesperadamente me contorcer para me desvencilhar do cepo. Pela expressão no rosto de Tony, deu para ver que aquilo não acabaria bem. No fim ficou claro que, ao contrário do restante do hotel, o pesado tronco de madeira era bastante realista e eu estava preso. Tony vestia um terno preto e, assim como no filme *Cães de aluguel*, tirou seu casaco e arregaçou as mangas.

"Ooopa, aqui tem umas coisas boas", Tony disse, examinando uma prateleira de instrumentos de tortura na parede, incluindo tenazes e um maça-estrela, uma espécie de porrete com uma cabeça em forma de bola rodeada por espinhos. Pelo canto do olho, pude vê-lo pegar uma coisa assustadora semelhante a um forcado com uma fileira de dentes de metal afiados na ponta. "Você fala espanhol? Já ouviu as palavras *papi chulo*?"

"Você bebeu demais", respondi. "E isso aí é uma arma de verdade!"

"Aqui vamos nós, um... dois... três..." Tony me bateu com o forcado, com tanta força que a ponta se quebrou. O cinegrafista e produtor – de alguma forma alheio aos meus gritos de dor – se dobrou de tanto rir. "Sabe, acho que aprendemos algo aqui hoje", Tony continuou, virando-se para a câmera. "Fazer programas de TV de mau gosto não sai de graça."

A meu ver, mais do que um castigo, a verdadeira lição que Tony quis transmitir foi a minha compreensão – embora de maneira breve – do que ele sentia, de modo que eu realmente tivesse consciência de como era uma tortura indigna e desumanizante estar na frente das câmeras.

Intencionalmente ou não, Tony demonstrou também que certa quantidade de sofrimento fazia parte da receita mágica. Eu não sabia ao certo qual de nós dois tinha aberto a caixa de Pandora, mas agora não havia volta, e a Romênia marcou uma significativa virada em nosso relacionamento.

Como acabei aprendendo, quanto mais vergonhosa a situação, mais divertida e mais dolorosa era para nós dois. Era um bizarro padrão de tortura mútua que duraria por todo o período de nosso relacionamento. Ao longo dos 25 episódios de *Sem reservas*, dos 20 de *Fazendo escala* e dos 39 de *Lugares desconhecidos*, as apostas aumentaram enquanto jogávamos nosso jogo cada vez mais intenso de olho por olho, dente por dente, um pagando o outro na mesma moeda.

O ignóbil geralmente dava um jeito de chegar até nós, gostássemos disso ou não. No entanto, descobri que, depois que a vaca tinha ido para o brejo e já era tarde demais, eu tinha motivos mais do que justificáveis para instigar pequenas e intensas represálias, sobretudo se isso fosse bom para o programa. Em algumas ocasiões eu conseguia me safar, em outras não.

Permita-me aliviar minha consciência. De caso pensado, omiti informações relacionadas a uma máquina de karaokê sobre esquis que nos acompanharia na cena de derramamento de pesca no gelo na Manchúria, bem como sobre uma trupe de praticantes da dança circular grega no churrasco de ovelha no espeto na ilha de Creta. Houve uma desastrosa cerimônia de vodu no Haiti, e o dia em que Tony saboreou uma espécie de cervo-rato vietnamita em perigo de extinção. Esses dois casos foram acidentes, mas ambos minha culpa, sem dúvida. Em Amsterdã, conspiramos para que o bar inteiro começasse a cantar música folclórica holandesa em uníssono, o que fez Tony surtar, porque ele tinha acabado de ficar muito chapado. Tony pediu uma Ferrari vintage para dirigir ao longo da Costa Amalfitana, mas, em vez disso, aluguei um pequenino Smart Car. Não apenas sabia sobre a limusine cor-de-rosa que usamos como meio de transporte em Tijuana, como a providenciei pessoalmente. O mesmo vale para os macacos jóqueis que disputavam corridas montados em cães galgos. Contratei uma trupe de dançarinos punjabi para se passarem por garçons e, em seguida, fazerem um número de dança de Bollywood no meio da refeição de Tony. Em Penang, na Malásia, troquei o triciclo dele por outro, enfeitado com flores de plástico e luzes giratórias de Natal e que Tony descreveu como "parecido com o caixão de Liberace". Para tornar a situação ainda pior, escolhi terminar esse dia de filmagens no centro de um mercado de barracas de comida em Georgetown, em que se realizava uma noitada de dança country-western para idosos. Para uma cena na Coreia em que Tony competiu em uma disputa de jogos de videogame, eu o enganei e o fiz escolher Chapeuzinho Vermelho como avatar. Seu único poder era o amor, e Tony foi rapidamente dizimado por dragões cuspidores de fogo. Certa vez, paguei propina a um padre para fazer um sermão narrativamente útil, e no Sri Lanka construí um restaurante falso. Cheguei a passar um tempão carregando uma galinha de borracha inflável na minha bolsa, à espera do momento certo. A única coisa pior do que correr o risco de um desastre pessoal era fazer um episódio medíocre. Embora nossos métodos pudessem ter sido um pouco heterodoxos, quase sempre rendiam ótimos programas de TV.

Tony no rio Mekong. Luang Prabang, Laos, 2016.

Tony e eu depois da cena. Bahia, Brasil, 2014. *Todd Liebler*

Eu e a equipe de *Lugares desconhecidos* curtindo um momento de riso durante as filmagens. Seul, Coreia do Sul, 2014. *Helen Cho*

(À esquerda) Alguns paliativos para amenizar meu medo de viajar de avião. Algum lugar sobre o oceano Pacífico, 2015. *Jeff Allen*

(À direita) Tony mostrando o dedo do meio para a câmera. Jaffna, Sri Lanka, 2017.

(Abaixo) Nos bastidores. Bali, Indonésia, 2018.

Filmagem da cena da comida com Ma Thanegi no episódio piloto de *Lugares desconhecidos*. Yangon, Birmânia, 2012.

Josh, também conhecido como "Gigante mágico", atuando como modelo de mão para um plano-detalhe da comida após a cena com Ma Thanegi. Yangon, Birmânia, 2012.

Zach escalando um vão de porta para fazer uma tomada enquanto filma uma cena de caminhada. Yangon, Birmânia, 2012.

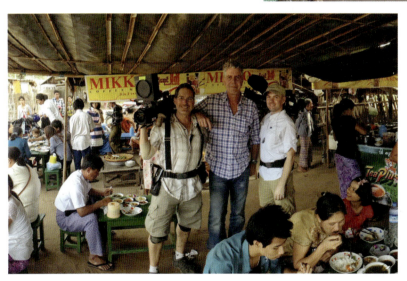

Tony, Zach e Todd após a cena. Bagan, Birmânia, 2012.

Questionando a sensatez da minha escolha de carreira. Expresso noturno para Bagan, Birmânia, 2012. *Josh Ferrell*

Eu no Congo. Nossos jipes foram marcados com "TV" para nos identificar como jornalistas durante as filmagens em zonas de conflito. Kisangani, República Democrática do Congo, 2013. Erik *"Moose" Osterholm*

Tony no Congo, 2013.

"O guarda-roupa voador da rainha Vitória", Aeroporto de Goma, República Democrática do Congo, 2013.

Tony observando os pescadores de Weginia. Kisangani, República Democrática do Congo, 2013.

Tony preparando seu "*coq au vin* ao estilo da selva". Algum lugar no rio Congo, República Democrática do Congo, 2013.

Filmagem em uma tradicional casa de chá. Trípoli, Líbia, 2013.

Um mercado destruído. Misrata, Líbia, 2013.

Josh no Margaritaville. Ocho Rios, Jamaica, 2014.

Refeição da equipe de produção no Margaritaville. Ocho Rios, Jamaica, 2014. *Staff do Margaritaville*

Mau comportamento do sr. Sedas. Oracabessa, Jamaica, 2014.

Dr. Putas, bar de rum de pescadores na praia de James Bond.
Oracabessa, Jamaica, 2014.

Filmagem na Praia de Winnifred. Portland, Jamaica, 2014.

Aniversário de Tony: bolo de rum na praia. Portland, Jamaica, 2014.

Meu aniversário: tempestade de areia no topo da Torre Milad. Teerã, Irã, 2014.

Tony sentado na margem do rio Skrang. Bornéu, Malásia, 2015.

Tony rodeado de câmeras. Bornéu, Malásia, 2015.

Tony e Asia Argento na EUR (Exposição Universal Romana). Roma, Itália, 2016.

O restaurante "Prima zangada". Roma, Itália, 2016. *Frank Vitale*

Enormes câmeras ARRI necessárias para filmar em anamórfico. Roma, Itália, 2016.

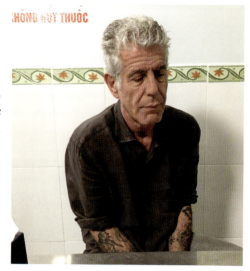

Tony esperando, nervosamente, antes da cena com o presidente Obama. Hanói, Vietnã, 2016.

O presidente Obama chegando para filmar com Tony. Hanói, Vietnã, 2016.

Cena da refeição com o presidente Obama. Hanói, Vietnã, 2016.

Foto da equipe de produção com o presidente. Hanói, Vietnã, 2016.
Pete Souza / Casa Branca

Os favoritos de Tony: banquinho baixo de plástico e tigela de macarrão.
Hanói, Vietnã, 2016.

Cena na piscina. Bali, Indonésia, 2018.

Configuração da câmera para refeição na praia com Lawrence.
Nusa Penida, Indonésia, 2018.

CAPÍTULO 4:
NO CORAÇÃO DAS TREVAS

Vestindo roupas de estilo informal – camisa de linho cáqui, botas Clark e óculos de sol Persol, sua marca registrada –, Tony fazia com que uma caminhada pelo Congo assolado pela guerra parecesse uma moleza.

"Esta é uma informação útil, basicamente a melhor notícia que ouvi o dia todo", ele disse ao término de nossa reunião matinal para instruções de segurança. "Eu não sabia que você tinha um medo mórbido de cobras e serpentes, Tom. Você sabe que elas preferem arrancar a cabeça do pênis com uma mordida, então se você se expuser ao caminhar pela vegetação rasteira, talvez seja a região do seu corpo que elas vão procurar primeiro."

Tinham acabado de nos informar que as mambas, serpentes negras africanas extremamente venenosas, eram, na verdade, de cor cinza, e representavam uma significativa ameaça na República Democrática do Congo; para Tony, o dado mais importante era que, depois de uma década, ele finalmente havia descoberto meu pavor de cobras. Ao longo dos anos, eu tinha me acostumado a sufocar uma miríade de fobias inconvenientes durante as filmagens, mas meu limite absoluto eram as cobras. E agora, além das questões de "saúde e segurança", a exemplo da onipresente ameaça de grupos rebeldes armados, eu tinha que me preocupar com o fato de que Tony transformaria em arma a informação que acabara de obter a meu respeito. Razão pela qual lá estava eu, em algum lugar no rio Congo, aflito com a possibilidade de ver cobras de borracha.

* * *

Chamar a ideia de fazer um programa no Congo de "obsessivo projeto dos sonhos" de Tony era um eufemismo grosseiro. Ele sempre dizia que as pessoas tendiam a ver a vida como um livro ou filme, e, para Tony, essa história – se tivesse que haver apenas uma – era o romance *Coração das trevas*, de Joseph Conrad. O livro, ambientado no Congo Belga, e sua reinterpretação cinematográfica *Apocalypse Now*, sobre a Guerra do Vietnã, eram assuntos recorrentes em todo o trabalho de Tony desde o início. Basicamente toda viagem que filmávamos em um rio continha alguma referência ao coronel Kurtz, ou algum tipo de homenagem ao tema do mergulho na loucura nas profundezas da selva.

"O Congo deveria ser o país mais rico da África; em vez disso, é uma das grandes injustiças históricas do mundo", Tony disse. "Ninguém nem sequer sabe que houve uma porra de um holocausto aqui. Dez milhões de pessoas – metade da população do país – foram mortas. Se os congoleses não alcançavam a meta, os belgas cortavam as mãos dos trabalhadores para que fossem mais produtivos. Esse é o lance de *Coração das trevas*: 'agentes' como Conrad estavam trabalhando para o rei Leopoldo, saqueando, massacrando, escravizando a população para explorar marfim e borracha. Foi de uma brutalidade inominável, mas tudo normal, eram só os negócios de sempre."

Para a alegria de Tony, a CNN ficou muito feliz em financiar a viagem para esse caríssimo destino que constava na sua lista de desejos, e até então a primeira temporada de *Lugares desconhecidos* vinha registrando uma boa audiência. Mas filmar na República Democrática do Congo – um dos países mais perigosos e politicamente instáveis da África, senão do mundo – seria um desafio. Por quase duas décadas, incontáveis grupos rebeldes armados e facções dissidentes apoiadas por países vizinhos vinham travando uma brutal guerra civil contra a autoridade federal no leste do Congo, região rica em recursos. Cinco milhões de pessoas foram mortas e mais quatro milhões estavam desabrigadas, o que fazia do conflito no Congo o mais sangrento desde a Segunda Guerra Mundial. A atual instabilidade decorria de um período de assassinatos políticos e governos ditatoriais que, por sua vez, eram um legado do domínio colonial belga, inimaginavelmente cruel.

Como em qualquer episódio, a primeira etapa era encontrar o facilitador local certo. Mas todas as pessoas com quem falamos disseram que isso seria impossível. Um fotojornalista com uma câmera? Arriscado, mas factível. A equipe de filmagem completa de *Lugares desconhecidos* – e a infraestrutura que a acompanhava, incluindo equipamentos no valor de meio milhão de dólares? De jeito nenhum, nem a pau. Tão impossível que uma empreitada nesse estilo não era apenas desaconselhável, mas ninguém nem sequer havia tentado algo do tipo, pelo menos desde a década de 1990, quando rebeldes assolaram o país incendiando, estuprando e saqueando.

"Claro que sim, porra, podemos fazer isso!", anunciou uma voz grave do outro lado da linha em uma chamada internacional. "Apenas fiquem longe dos canibais. Quando filmei aquela merda, uma multidão de quinhentas pessoas começou a me apedrejar. Só escapei com vida por um triz. Mas é por isso que vocês têm que me contratar: eu conheço as manhas de como as coisas funcionam aqui. Eu sei como agir, e vocês estarão em boas mãos, pelo menos para os padrões do Congo." Nascido no norte de Nova York, aos trinta e poucos anos Dan decidiu ir para o Congo, onde se infiltrou ora em unidades militares, ora em grupos rebeldes, para filmar um documentário sobre as batalhas mais pesadas que o país já testemunhara em anos.[*] O período que Dan viveu no Congo o deixou com ferimentos causados por estilhaços, uma ligeira perda de audição devido a uma rajada de munição antiaérea, alguns ovos de insetos crescendo em seu pé e um senso de humor ácido. Eu não tinha certeza de onde ele se encaixava no espectro entre corajoso e temerário, mas, apesar de algumas peculiaridades de personalidade, estava claro que não era um idiota. No fim das contas, constatei que Dan e Horeb, seu amigo, colaborador e braço-direito, eram provavelmente as únicas pessoas vivas que tinham a combinação certa de habilidades para fazer nosso programa sobreviver ao Congo.

Mas antes que pudéssemos reconstituir a jornada de Conrad por meio do rio Congo, tínhamos que chegar lá. A maneira mais rápida de fazer isso – na verdade, a única maneira, levando-se em consideração as nossas limitações de tempo – era ir de avião até Ruanda, entrar no Congo através de Goma, no epicentro dos combates, e, em seguida, pegar um voo para Kisangani e lá acessar o rio Congo. Apesar de os programas completos exibidos na TV darem a impressão de que éramos capazes de chegar aos mais remotos rincões do globo com todo o equipamento e uma equipe que podia ter 25 pessoas, incluindo mão de obra local, a produção não tinha tanta mobilidade quanto se poderia pensar, e muitas vezes tentávamos dar a entender que estávamos filmando bem mais longe de um aeroporto e de um agradável quarto de hotel

---

[*] Referência a *This is Congo* (exibido no Brasil com os títulos *A guerra no Congo* e *Congo em guerra*), documentário de 2017 dirigido pelo cineasta e fotógrafo norte-americano Daniel McCabe. (N. T.)

do que de fato estávamos. O xis da questão: o Congo não era apenas longe. Era praticamente como ir ao outro lado da Lua.

Essa filmagem teria que ser diferente; não haveria trinta caixas de equipamento ou montagens e configurações de duas horas para closes e planos-detalhes. Nosso esquema seria rústico e casca-grossa – uma gravação menor, mais enxuta, com uma equipe alternativa de sobrevivencialistas corpulentos, apenas dois cinegrafistas, um produtor e eu. Eu não tinha certeza de onde me encaixaria com o restante da equipe, mas já havia ajudado na coordenação de trabalhos em algumas locações difíceis e tinha o hábito, talvez doentio, de colocar o programa acima do meu próprio bem-estar ou da minha sanidade. Era uma característica que Tony apreciava. A meu ver, sim, havia sacrifícios e riscos, e Tony podia ser difícil – muitas vezes fazia exigências malucas e irreais –, mas eu havia tirado a sorte grande, tinha nas mãos um bilhete premiado, e aproveitaria ao máximo a oportunidade. Então, comprei um par de elegantes botas à prova de cobras e arrumei minha mala. Loucura ou não, íamos para o Congo.

Ao aterrissarmos em Ruanda, observei, nervosamente, soldados uniformizados com metralhadoras a tiracolo vasculharem nossa bagagem à procura de itens proibidos. Walkie-talkies estavam no topo da lista, e eu havia escondido quinze deles na minha mala. "Rádios portáteis são estritamente proibidos", Dan me alertara. "Basta um só pra comandar um batalhão de quatrocentos rebeldes, por isso os governos daqui são todos radicais com relação a essa merda." Achei essa estatística impressionante, porque eu tinha problemas para usar os aparelhos para comandar apenas dois operadores de câmera. Houve um alvoroço quando um dos soldados encontrou o enorme estoque de barrinhas energéticas com alto teor de proteína do nosso produtor Moose. Antes de deixarmos Nova York, Moose, preocupado com as opções de comida no Congo, foi até seu revendedor local de artigos de camping e encheu um carrinho de compras com todo o estoque de barrinhas energéticas, rações de combate e comida enlatada da loja. Com uma expressão um tanto aflita, a moça do caixa perguntou: "Você está sabendo de alguma coisa que eu não sei?". Aparentemente, sacolas plásticas também eram proibidas em Ruanda, e essa proibição era levada a sério. Esperamos enquanto as barrinhas foram abertas uma por uma e jogadas dentro de um saco de estopa do governo, até que por fim toda a viscosa gororoba fosse enfiada de volta dentro da mala de Moose.

"Bem-vindos à selva!", Dan disse do outro lado da alfândega. Com um cigarro na boca, boné de beisebol e uma camiseta havaiana amarrotada, ele parecia mais jovem do que sua voz dava a entender ao telefone. Além das responsabilidades usuais como facilitador, estávamos contando com Dan para providenciar nosso salvo-conduto pelos postos de controle, bem como para impedir que fôssemos roubados, presos ou coisa pior.

"Este episódio vai ser matador!", disse ele com um risinho largo. "Figurativamente falando."

Ao fazer o check-in no Gorillas Golf Hotel – um estabelecimento genérico que atendia viajantes de negócios –, conhecemos Dez, o líder da nossa equipe de novos "consultores de gestão de risco". Juntamente com Warren e Stew, o médico de campanha, eram um grupo de ex-militares britânicos que inspiravam confiança. Depois que o equipamento foi desempacotado e Tony chegou, seguimos para a sala de conferências do hotel, iluminada por lâmpadas fluorescentes, e fizemos uma reunião para instruções de segurança.

"Cavalheiros, os senhores escolheram um lugar infernal para fazer um programa de TV", Dez disse com um agradável sotaque neozelandês. "Como bem sabem, o Congo está no meio de uma guerra muito violenta. O leste do país é considerado de alto risco por conta de sequestros, roubos, bloqueios militares e policiais, bem como surtos de doenças. Além disso, na semana passada, as negociações de paz com os rebeldes do movimento M23, que detêm territórios no norte e no oeste de Goma, parecem ter entrado em colapso. Relatórios não confirmados sugerem que o M23 se deslocou para mais perto da cidade e pode invadi-la, como fez em novembro passado. Há vários sinais de alerta que apontam para um possível agravamento…"

"Devo usar um daqueles coletes de safári que os jornalistas usam, tipo Geraldo Rivera?", Tony perguntou com entusiasmo. "Fazem modelos pra homens? Ouvi dizer que o da Christiane Amanpour é feito sob medida pela Yves Saint Laurent em Paris."

"Estaremos monitorando a situação", continuou Dez, limpando a garganta. "Mas, em termos de probabilidade e possibilidade, os crimes e a logística são os maiores perigos. Nossa área de ocupação é grande, o que agrava o potencial de assédio, intimidação e exigência de suborno por parte de autoridades do governo, do exército e da polícia; todos eles são extremamente propensos à corrupção e têm reputação de abuso de substâncias. Interações com qualquer pessoa que pareça estar sob a influência de drogas ou álcool devem ser tratadas com alto grau de cautela e cabeça fria. O pânico gera pânico. Infelizmente, não há 'mocinhos' neste conflito."

"Bem-vindos ao meu mundo", Dan disse. "Sob a mira de uma arma, fui extorquido por cerca de quinze diferentes 'soldados', apenas por estar observando as coisas, e alguns homens da FARDC,* bêbados, tentaram me foder porque me aproximei de um 'posto de controle' tarde da noite… não posso contar quantas vezes já fui roubado, detido oficialmente e extraoficialmente e baleado. Essa é a vida no Congo, cara."

Ao amanhecer, partimos para Goma. Nosso comboio de cinco picapes Land Cruiser capengas atravessou íngremes montanhas verdejantes, entrando e saindo de nevoeiros e vilarejos em planaltos. Animais, crianças, pedestres e vendedores ambulantes estavam todos bem ensaiados em sair do caminho dos veículos no último segundo possível. Encontramos o rescaldo de um acidente de grandes proporções envolvendo uma carreta, mas as estradas eram bem pavimentadas, e, graças à proibição do plástico, Ruanda era espetacularmente limpa.

Na jornada de quatro horas, tivemos muito tempo para questionar a sensatez de levar nosso programa para uma zona de guerra ativa na qual a população passava fome e a maioria das pessoas vivia com menos de um dólar por dia. Pela janela, as fazendas em terraço de Ruanda em que se cultivavam banana-da-terra, mandioca e milho passavam zunindo, como um borrão. Eu tinha lido que, em contraste, os congoleses não plantavam. Se a pessoa tivesse um naco de terra com alguma coisa pela qual valia a pena matar, alguém a mataria pela posse do terreno. Nossa reunião para instruções de segurança na noite anterior tinha sido um lembrete gritante do local para onde estávamos indo. Na maioria dos lugares, havia pelo menos algum fiapo de estado de direito, e sabíamos quem poderia nos fazer mal. Mas o Congo estava em ruínas: grande parte do país era uma colcha de retalhos de territórios sem lei controlados por rebeldes.

Ponderar sobre isso de maneira lógica exigia fazer a pergunta: *Por que diabos estávamos indo para o Congo?* Apenas para satisfazer a uma das maiores obsessões de Tony? Ou era uma maneira de ele usar o programa para lançar luz sobre algo maior? Quando perguntei a Tony por que ele queria ir para o Congo, sua resposta foi: "Não se preocupe com o porquê; ele diz o porquê em *Apocalypse Now*? Não. Ele queria uma missão. Ele conseguiu uma". Embora não tenha expressado minhas preocupações, considerei a resposta insatisfatória. Eu bem sabia que Tony gostava de fazer as pessoas pensarem, de mantê-las

---

* Forças Armadas da República Democrática do Congo (em francês, *Forces Armées de la République Démocratique du Congo*), organização estatal responsável pela defesa do país. (N. T.)

em dúvida, que seu estilo de contar histórias era um reflexo de insatisfatórias complexidades da vida real. Mas não se tratava da sinopse de um programa de televisão, era de nossa vida que estávamos falando. Tinha que haver uma razão melhor irmos para uma zona de guerra ativa.

"Preparem-se para dizer adeus à civilização", Dez avisou pelo walkie-talkie quando nos aproximamos da fronteira. Assim que entramos no Congo, dissiparam-se todas as dúvidas: Goma era de fato um campo de batalha. Ao lado de caminhões de ONGs, percorremos um labirinto de estradas semitransponíveis, arame farpado, edifícios bombardeados e tanques blindados da ONU, enquanto helicópteros pairavam acima de nós.

Enquanto fazíamos o check-in no hotel, verifiquei se Tony havia conseguido se conectar à internet e perguntei se ele tinha alguma solicitação de filmagem complementar antes de sairmos. "Mulheres fazendo todo o trabalho, dando banho e lavando, a luta pra permanecerem limpas e vivas", ele disse. "A grande lição é a beleza e a miséria." Deixei Tony com seu iPad e fui me juntar à equipe que carregava as picapes.

"Acima de tudo, este país é um mundo cão, um pega pra capar", Dan estava dizendo à guisa de uma conversa motivacional pré-filmagem. "Precisaremos fazer incursões cirúrgicas. Entrar e sair rapidamente antes que o bicho pegue e as coisas fiquem arriscadas demais. É de cortar o coração, mas é a realidade. A cidade é construída com e em cima de lava, sujeira, poeira, lixo, tristeza e intensidade…"

Para quebrar a tensão, Jerry – um de nossos diretores de fotografia, famoso por seu comportamento afável e reconfortante – cumprimentou um por um do grupo dando um "toca aqui" com uma batida do punho cerrado e disse: "Superpotências, uni-vos, tomai a forma de… uma equipe técnica de televisão!".

Saímos para as ruas com as câmeras rodando, e por toda parte éramos cumprimentados por gritos de "*Mazunga!*". Devido às intermináveis lutas e à ação de vários grupos rebeldes que perambulavam pela selva fazendo arruaça nos arredores da cidade, Goma estava superlotada de refugiados, e agora, diante da iminente ameaça de outra invasão do M23, a sociedade parecia estar à beira do colapso. No centro da cidade, filmamos dois homens tocando violão; foi um momento de paz em meio ao alvoroço, à gritaria, à agitação e ao caos de pessoas lutando para se manterem vivas em uma paisagem atulhada de lixo.

Horeb, o braço-direito de Dan, estava sempre conosco. Nativo congolês, seu comportamento gentil contrastava enormemente com a agressividade e a aspereza de, bem, quase todo o resto. Jovial, Horeb tinha 45 anos, falava oito línguas e constantemente tinha que lidar com algum tipo de minicatástrofe, por exemplo a multidão que, aos gritos, se aproximava das câmeras, exigindo papelada ou dinheiro, ou ambos.

"Por que aqueles caras estavam tão zangados?", perguntei depois do que me pareceu uma interação especialmente agressiva.

"Eles disseram que chegam pessoas com câmeras, tiram fotos, e nada muda", Horeb explicou. "Eu disse a eles que vocês são os caras bonzinhos."

As palavras de Horeb me pegaram de surpresa. Éramos realmente os caras bonzinhos? Naquele momento, não parecia. Trabalhar nas regiões mais problemáticas do mundo salientava um aspecto desconfortável do meu emprego. Não estávamos lá para cavar poços ou levar assistência médica ao Congo. Como nosso objetivo era obter imagens para ilustrar uma história – neste caso, o tamanho da destruição e da tragédia que podem existir em um único lugar –, isso nos colocava na estranha posição de ter como meta testemunhar o sofrimento humano. Depois de pedir autorização para filmar e fotografar pessoas em condições desesperadoras, eu voltava para um hotel confortável, mas elas não.

"Para as mulheres é pior ainda", Horeb disse. "Estupros acontecem o tempo todo no Congo. Se você der um frango para a família da mulher, não há problema nenhum em estuprá-la. Faço esse trabalho porque quero que meu país seja melhor para os meus filhos quando crescerem."

Enquanto filmávamos a catedral de Goma destruída pela lava para ilustrar a devastação causada por uma erupção vulcânica em 2001, crianças de rua começaram a atirar pedras em nós. Mo, nosso outro diretor de fotografia – que usava várias câmeras, do mesmo jeito que algumas pessoas usam joias –, continuou gravando enquanto pulávamos de volta para dentro da picape. "Que porra foi essa?", perguntei enquanto nos afastávamos, a câmera de Mo ainda filmando um homem enxotar as crianças com um comprido bastão.

"Todo mundo sente muita raiva, até mesmo as crianças", Horeb explicou. "Todo mundo está cansado da guerra. Mais de cinco milhões de mortos, centenas de milhares de refugiados por causa dessa guerra."

O que começou no crepúsculo como uma chuva tropical se distorceu até se tornar um rugido ininterrupto quando nossas picapes chegaram de volta ao hotel. Nós nos juntamos a Tony na varanda para beber algumas cervejas sob a proteção de um telhado com vazamentos. Quando não estava filmando coisas convencionais sobre comida e viagens, o que o programa fazia de melhor era falar com as pessoas enquanto o mundo delas não estava sendo reduzido a cinzas. O Congo, entretanto, ardia em chamas.

"Essas garrafas valem mais do que a cerveja dentro delas", Dan disse. Ele estava segurando contra a luz uma Primus meio cheia enquanto observava o líquido perder o gás carbônico. "Elas são reutilizadas e transportadas de um canto para o outro pelas porcarias de estradas do Congo. Muitas dessas garrafas provavelmente já viram várias guerras."

Apesar do aspecto durão de Dan, tive a sensação de que estar cercado por tanta dor e sofrimento pesava muito sobre os ombros dele. "Não existem respostas fáceis", disse ele. "Muitos congoleses são forçados a entrar nesses grupos rebeldes. Estão todos lutando por minérios como o coltan, que é uma merda usada para fabricar telefones celulares. Vale trilhões de dólares aqui. Então a briga não vai acabar tão cedo."

"Merda, cara, acabo de receber uma ligação do motorista que está a caminho de Kisangani com nossos suprimentos. Ele foi parado na estrada e teve que entregar todo o dinheiro!", Dan disse, terminando um cigarro. "Você não está feliz por estarmos indo de avião?"

Semanas antes, enquanto planejávamos como vencer os 640 km entre Goma e Kisangani – nosso ponto de encontro mais próximo com o rio Congo –, ficou claro que a rota terrestre não era uma opção. A outrora bem desenvolvida malha rodoviária do Congo tinha sido praticamente engolida pela selva ou destruída pela guerra e, conforme fomos avisados, era uma área de caça para bandidos. Entretanto, a rota aérea não parecia muito mais atraente. O Congo era conhecido pelas frequentes quedas de aviões comerciais. "É assim: aqui os aviões caem na selva o tempo todo. Você preferiria estar a bordo de um Boeing a 800 km/h ou de um rústico teco-teco a 80 km/h?" Para alguém como eu, com um medo mórbido de viajar de avião, parecia um argumento sensato, embora inquietante.

Dan conhecia uma empresa de fretamento de aviões que operava algumas aeronaves cinematográficas e de importância histórica. "Meu piloto, Wiyo, me contou que pilotava o jatinho particular do JFK e o antigo avião de turnês do Elvis", Dan disse. "O cara tem umas histórias malucas." Se morrêssemos em um acidente aéreo, pelo menos renderia uma boa cena.

Quando nos aproximamos do aeroporto, pelas janelas do carro Mo filmou postos de guarda da ONU e Boeings 707 abandonados. Assim que chegamos, a equipe começou a descarregar e montar o equipamento enquanto Dan, Dez e eu fomos investigar a aeronavegabilidade do nosso avião. Ao ver aquela cômica velharia, que mais parecia uma caixa de sapatos alada, pensei: *Nem a pau Elvis ou JFK entrariam nessa joça.* A máquina mais parecia uma versão menos aerodinâmica de um trailer da década de 1960 com dois motores a hélice e uma insólita cauda dupla e atarracada.

"SC-Skyvan", Dez disse, chutando o pneu. "Mesmo tipo em que meus amigos Sledge e Nobby foram mortos. Esta lata-velha é uma boa aeronave."

"Este foi o avião usado para transportar o guarda-roupa da rainha Vitória em sua viagem pela África", um jovem orgulhoso vestindo uniforme de piloto anunciou.

"Este é Wiyo", Dan apresentou o rapaz. "Não se preocupem, ele frequentou a escola de aviação na Flórida."

"Então, Wiyo, o Dan me contou que você tem algumas histórias interessantes", eu disse, puxando assunto.

"Ah, sim", Wiyo disse com um sorriso largo. "Uma vez estava pousando e uma cobra venenosa caiu do console acima da minha cabeça. Se eu fizesse qualquer movimento, ela me morderia e eu morreria. Se não me movesse, bateria o avião. O que fazer?"

"Cinco minutos pro Tony chegar! Cinco minutos pro Tony chegar!", o walkie-talkie crepitou, e dessa vez fiquei realmente feliz com a distração.

"E aí, qual é o seu plano maléfico?", Tony me perguntou assim que chegou.

"Bem, pensei que antes de decolarmos seria bom ter uma conversinha 'pré-jogo'. O tempo está mudando", eu disse, olhando para o céu escuro. "E me disseram que esse era o antigo 'guarda-roupa voador' da rainha Vitória."

"Acho que você está falando da rainha Elizabeth", Tony me corrigiu, olhando com desconfiança para o avião. "Se bem que ela devia ser muito jovem na ocasião."

Percebendo que Tony estava de bom humor e Mo já estava com a câmera a postos, perguntei: "E então, o que vamos fazer hoje?".

"Vamos voar pra Kisangani; é a rota preferencial", ele disse. "A rota alternativa demora quantas horas?"

"Quatro dias e meio."

"Tá… Quer dizer então que nossas opções são: ou vamos de carro por quatro dias e meio percorrendo um caminho que só com muita boa vontade poderíamos chamar de estrada, ou voamos a bordo disso?"

Um violento raio, seguido do estrondo de um trovão, sacudiu a pista. "Eita…", Tony disse com uma risada ligeiramente nervosa. "Bom, eu sou fatalista. Não me preocupo com aeronaves individuais. Acho que quando chega a sua hora, chegou a sua hora. E hoje não é o meu dia."

Como se obedecessem a uma deixa, repentinamente outro relâmpago brilhou e ribombou. "Vamos colocar esse troço no ar", Tony disse. "Você está prevendo um voo tranquilo hoje?"

"Não", Wiyo respondeu, olhando para as ameaçadoras nuvens de tempestade. "Como você pode ver, o tempo está piorando agora."

"Então, um voo um pouco turbulento?", Tony perguntou.

"Estou na dúvida se devemos esperar até a tempestade passar", eu disse.

"Sim", Wiyo começou a falar.

"Desculpe. Você é o piloto?", Tony o interrompeu. "Se o homem diz que estamos prontos pra decolar, então boto fé nele."

"Você nem sequer o deixou terminar de falar!" Voltando-me para Wiyo, perguntei: "Estamos prontos pra ir ou devemos esperar?".

"Sim", respondeu Wiyo.

"Tá legal, então vamos lá", Tony disse, entrando no avião. "Não há espaço para frouxos no guarda-roupa voador da rainha Vitória!"

Nesse instante, todos os tipos de coisas passaram pela minha cabeça. Por exemplo: eu tinha certeza de que Wiyo estava tentando dizer que não era uma boa hora para decolar. E estava perdendo o controle da situação, por causa da pressa de Tony. Tinha certeza também de que nosso avião devia estar sobrecarregado de equipamentos, e que era o pior dia *da minha vida* para o meu cinto de segurança estar quebrado. Pensava ainda que não queria que as manchetes dissessem "Anthony Bourdain e equipe de filmagem anônima morrem em desastre a bordo de um guarda-roupa voador", e o que será que tinha acontecido com Sledge e Nobby, os amigos de Dez? Felizmente, no momento em que a equipe acabou de carregar toda a parafernália, uma chuva torrencial, acompanhada de violentos estampidos de trovão, encobriu o aeroporto, e estava claro que não levaríamos a melhor sobre a tempestade. "Hora da cerveja", Dan disse, enquanto todos nós corríamos para o terminal em busca de abrigo. O estrondo assustador de mais um trovão fez todo mundo pular, o aguaceiro que caía de lado derrubou a energia elétrica, e ficar em Goma estava começando a parecer uma opção atraente.

"Então, quais são os grupos que existem entre nós e Kisangani?", Tony perguntou.

"Vamos começar passando pelo movimento M23", Dan disse, abrindo uma cerveja. "Mas nossa altitude não será suficiente pra escapar do alcance da linha de tiro deles."

"Certo, quer dizer que se alguém ficar um pouco chapado e quiser disparar algumas rajadas contra nós, é isso e ponto-final?", Tony perguntou com uma risada.

"Basicamente sim. Depois que passarmos por eles, vamos sobrevoar a FDLR."*

"E esses são os antigos interahamwe, os genocidas hutus?"

Dan fez que sim com a cabeça.

"Depois disso, vamos passar por cima das FARDC."

"Que são as, hã... forças do governo não exatamente boazinhas?"

"Exatamente. Depois, cerca de quinze ou vinte grupos mai mai."

"E você se dá bem com esses caras?"

"Sim, eles são legais... exeto quando comem gente."

"Ora, não vamos fazer julgamentos. Nesse programa, respeitamos todas as opções de estilo de vida", Tony disse. "Tá legal, desligue a câmera. Você já filmou bastante dos meus comentários sarcásticos de aeroporto."

O tempo melhorou o suficiente para um jato cargueiro DC-10 pousar, e embarcamos novamente. Enquanto os motores esquentavam e nossa armadilha mortal acelerava na pista, Tony fechou os olhos para tirar uma soneca, e nesse meio-tempo meu cabelo ficou branco. Uma vez no ar, começou a vazar água pelo teto para dentro do avião, mas o que mais preocupou Dez foi o fato de Dan estar fumando. Várias horas depois, quando nos aproximamos de Kisangani, Mo se prendeu a uma correia para fazer algumas tomadas aéreas do rio. Wiyo abriu a escotilha de carga traseira e a cabine despressurizou, sugando um bocado dos recibos das despesas da produção. Embora eu estivesse absolutamente convencido de que nosso avião cairia no meio de uma vasta selva ausente dos mapas e apinhada de rebeldes canibais, pousamos em segurança.

"O local tem um ar misterioso", Dan disse enquanto entrávamos de carro em Kisangani, outrora a segunda maior cidade do Congo, e passávamos por casarões coloniais belgas, escritórios administrativos, hotéis e altos prédios; muitos deles estavam sufocados com árvores e vinhas, dando a impressão de que, a contragosto, eram arrastados de volta selva adentro. Em comparação com Goma, no entanto, a população local era bastante simpática.

---

* Forças Democráticas de Libertação de Ruanda, milícia hutu. (N. T.)

Tony estava com um humor estranho e ansioso para dar sua primeira olhada no rio Congo. Para mim começava a cair a ficha de que não estávamos simplesmente prestes a embarcar no clímax dramático do episódio do Congo; no que dizia respeito a Tony, a viagem pelo rio seria o clímax de sua carreira como apresentador de um programa sobre viagens. Sem pressão.

De pé na margem, observamos os trabalhadores atravessarem de um lado para o outro em canoas chamadas pirogas, que são escavadas em troncos de árvore. Barcos de madeira maiores chegavam lotados de passageiros enquanto as mercadorias eram carregadas e descarregadas por meio de tábuas estreitas. Mulheres e crianças carregavam em cima da cabeça grandes galões amarelos com água. Guinchando, o gado era atirado na água e arrebanhado. Entre escadarias de concreto que levavam a lugar nenhum – os restos órfãos do que devia ter sido uma rede de cais –, mulheres lavavam roupa, homens lavavam motocicletas e crianças brincavam na água.

"Então aqui é Kisangani... conhecida em *Coração das trevas* como o 'Posto Central'", Tony disse para a câmera com uma expressão melancólica. "Foi o que Conrad viu aqui que inspirou o livro e, claro, *Apocalypse Now*. Refazer os passos de Conrad era um sonho que tive por toda a minha vida. Agora estou aqui."

Para esclarecer, não estávamos *realmente* refazendo os passos de Conrad; em vez disso, na verdade estávamos meio que fazendo o oposto em termos geográficos. O "Posto Central" era onde o protagonista de Conrad, Marlow, havia *concluído* sua árdua jornada de isolamento psicológico ao longo do rio que tanto fascinava Tony. Com efeito, provavelmente o próprio local em que estávamos naquele momento era o cenário do encontro de Marlow com o infame Kurtz, um negociante de marfim que enlouqueceu, adorado pela população local como uma espécie de deus. De maneira muito semelhante a Marlow, Tony via Kurtz como uma figura fascinante e enigmática. Ele era um monstro, um demagogo ou um profeta? Kurtz tinha ido para o Congo com "boas intenções", mas acabou decorando sua casa com cabeças humanas decepadas. Kurtz, o que o livro representava, bem como a paixão de Tony pela obra, tudo isso era de alguma forma... ambíguo e aberto à interpretação. Conrad desistiu após sua primeira expedição como capitão de barco a vapor no rio Congo, e os horrores que ele testemunhou o levaram a uma profunda depressão. Agora, 113 anos depois, era nossa vez de embarcar em uma jornada pelo rio rumo à nossa própria conclusão narrativa indefinida.

* * *

Assim que o dia raiou, descemos até o rio para verificar o barco e lidar com todas as coisas que inevitavelmente dariam errado. Para começo de conversa, tinham acabado de passar uma infeliz demão de tinta branca brilhante no barco. "Você só pode estar brincando comigo!" Mo disse, chutando a árvore mais próxima. "Branco é a *pior* cor possível pra filmar no sol equatorial!"

Vendo pelo lado bom, "*La Vie Est Un Combat*", expressão que se traduz como a "a vida é um combate", havia sido pintada na casa do leme. O convés superior, local em que dormiríamos, ocupava quase toda a extensão do barco de 30 m de comprimento. Abaixo havia um grande espaço que serviria como cozinha, sala de jantar e depósito para nosso equipamento. Quase trombando com uma viga de suporte no teto de tamanho irregular, perigosamente mais baixa do que as outras, fiz uma nota mental para afixar um pedaço de fita adesiva colorida à guisa de aviso. Nosso barco não era um navio a vapor colonial belga ou um barco-patrulha estilo Guerra do Vietnã, mas veio com uma equipe de cinco marinheiros locais confiáveis, tinha um charme personalizado e cheirava a tinta fresca.

Como ainda faltavam duas horas até a chegada de Tony, repassei nossa lista de suprimentos uma última vez, enquanto Moose coordenava os trabalhos de carregamento do equipamento com a equipe de segurança, com a equipe de câmeras e com os assistentes de produção. Para uma noite no rio estávamos levando um fogão a carvão, combustível, gerador, facão, caixa de lâmpadas, quatorze colchões e mosquiteiros, guarda-chuvas, lampiões a querosene, o restante de nossas garrafas de água, tábuas de picar, garfos, facas, xícaras de café, pratos, frigideiras, panelas, duas dúzias de ovos, bananas, abacaxis, pão, espátula, sete garrafas de Johnnie Walker, cinco engradados de cerveja, um cabrito, um pato e doze galinhas. Havia também bagagem pessoal, equipamento de filmagem, um kit de primeiros-socorros, um telefone via satélite, roteador sem fio de emergência para atuar como um ponto de acesso Wi-Fi móvel e manter Tony conectado à internet, e o saco de estopa com as barrinhas energéticas de Moose. Na minha mochila eu levava adereços essenciais: um exemplar de *Coração das trevas*, um mapa do Congo de 1902 comprado no eBay e várias latas de carne de porco condimentada. Pode não parecer, mas para nós isso era viajar com pouca bagagem.

"Boas notícias", Dan disse, desligando o telefone. "Entre o hotel e nossos contatos, conseguimos arranjar tudo o que o Tony queria. Menos os tomates." Eu não sabia o que era pior: o fato de não termos encontrado os tomates ou, de alguma forma, termos conseguido obter todos os outros itens na impossível lista de compras da última hora.

"Vou fazer *coq au vin*", Tony dissera na noite anterior, durante o jantar. "Se vamos suportar uma noite fétida, úmida, dormindo em um barco assolado por mosquitos enquanto os parasitas eclodem nos nossos rins, podemos também comer uma boa refeição." Tony costumava fazer coisas surpreendentes; mas normalmente isso não envolvia cozinhar na frente das câmeras. Apesar de ter passado 28 anos trabalhando em uma cozinha – ou talvez por causa disso –, ele fazia questão de deixar a preparação da comida para os especialistas locais. Nas raras ocasiões em que participava, ele geralmente tinha um bom motivo. O *coq au vin*, avaliei, era uma apólice de seguro de seu outro pronunciamento inesperado: "Cada um de vocês vai matar sua própria galinha… na frente das câmeras".

Ao longo dos anos, ordenei a morte de um bocado de animais por causa da produção de episódios do programa, mas nunca *matei* nada com as minhas próprias mãos. Não gostava de aranhas, mas isso não me impedia de pegá-las com um copo e me livrar delas quando nossos caminhos se cruzavam. Por que Tony estava intencionalmente fabricando conflito e riscos com essa ameaça de matança de galinhas? A filmagem não estava à altura de suas expectativas?

Respirei fundo e resolvi desabafar. Conhecendo a natureza volúvel de Tony, provavelmente a coisa nem sequer aconteceria de fato. Além do mais, naquele momento eu tinha outras preocupações urgentes, como o rebuliço dentro do barco quando Jerry bateu com a cabeça naquela problemática viga mais baixa. E, no cais, um homem parrudo usando relógio de ouro, calças bem passadas e um distintivo (o que nunca é um bom sinal) estava discutindo com Moose e Horeb.

"O cara afirma ser uma 'autoridade portuária'", Dan disse. "Está puto da vida porque não pagamos ao departamento dele alguma imaginária 'sobretaxa de combustível' e está exigindo 5 mil dólares, caso contrário vamos ter que encerrar as operações imediatamente."

"Bem, isso pode ser um problema…", eu disse, preocupado com nosso cronograma. Tínhamos que percorrer pelo menos 80 km rio abaixo antes do anoitecer, porque deslocar-se na água após o anoitecer era perigosíssimo.

"Aqui é uma tradição cultural todo mundo causar problemas e atrapalhar a vida das outras pessoas", explicou Dan, acendendo um cigarro. "Não se estressem, o Horeb vai reduzir a propina a uns vinte dólares."

"*Cinco minutos pro Tony chegar! Cinco minutos pro Tony chegar!*", o walkie-talkie gritou. Porra! Tony já havia saído do hotel e estava a caminho, ainda não tínhamos terminado de carregar as coisas, a situação de extorsão ainda não estava resolvida, e não estávamos nem de longe prontos para filmar! Assim que vi Tony sair de seu Land Cruiser, deu para notar que havia alguma coisa meio esquisita. Ele estava excepcionalmente enfeitado com dois colares tribais, uma bolsa de pele de leopardo em risco de extinção e, o mais preocupante, parecia efervescente. Tony caminhou diretamente na minha direção e quis saber: "As câmeras ainda não estão prontas? Que pena, porque a ambição da minha vida é visitar o Congo! Bum, tintim! Estou adorando torturar você, Tom. Estou transbordando de conteúdo. Então, estou pronto, a hora que você quiser".

Mo se materializou do nada, câmera na mão, e disse: "Estou filmando!".

"Seus vermes, vocês trouxeram as galinhas? E estão totalmente instruídos e preparados no que tange a depenar e estripar as referidas galináceas?", Tony perguntou, olhando na minha direção. "Vou interpretar sua gargalhada e sua expressão de absoluto desgosto como um 'sim'. Bem, estou empolgado. Meu sonho finalmente se tornou realidade. Ou quase, já que está prestes a se tornar. Vou batizar o barco de *Capitão Willard.*"

Enquanto o restante do equipamento terminava de ser colocado no barco, Tony embarcou para uma inspeção e prontamente bateu com a cabeça na viga mais baixa, apesar do enorme X assinalado com um pedaço de fita adesiva verde néon. Ileso, ele acenou em direção à trave agressora e disse: "Remova do caminho imediatamente esse perigo desnecessário. Mais alguma coisa de que eu deva estar ciente?".

"Hum… Existe um pequeno problema de papelada", respondi.

"Ah, não… bloqueados por autoridades oficiais? Isso pode levar meses", disse ele, com ar preocupado. Vimos que mais alguns membros de nossa equipe local se envolveram no imbróglio, e outras "autoridades portuárias" juntaram-se ao quiproquó de gesticulações e gritos. Em dado momento, a voz de Dan se elevou acima das demais. "Eu não estou nem aí para o que tem que ser feito, porra! Precisamos que o barco zarpe *agora*!" Alguma quantia em dinheiro, provavelmente maior que vinte dólares, mudou de mãos, e recebemos autorização para partir.

Quando saímos de Kisangani, o rio Congo se abriu à nossa frente como uma autoestrada. Assim como no tempo de Conrad, tornou-se novamente a principal via de transporte, mas, exceto por uma ou duas pirogas e alguns barcos velhos e desajeitados como o nosso, o tráfego era escasso. Vez por outra despontavam pequenas aldeias com casas de sapê, mas de maneira geral as margens permaneciam revestidas de uma ininterrupta parede verde.

Descendo o convés, encontrei Tony cantando, de modo agourento: "Hora de matar as galinhas, eliminar as galinhas", enquanto esbanjava uma grande quantidade de nosso suprimento cada vez menor de água potável engarrafada para enxaguar as cebolas e batatas que ele estava cortando. Sem levantar os olhos, ele disse: "Está chegando a hora da matança, Tom. Esses conveses logo serão inundados com sangue. Convoque a equipe. Eu quero isso filmado."

"Eu não vou matar galinha nenhuma", avisei, com a voz um pouco estridente. "Elas são fofinhas."

"Veremos como elas são fofinhas quando você enfiar a mão até o pulso nas entranhas delas. Batendo as asas, a pequena cabeça decepada olhando pra você." Trocando o tom de voz para um zombeteiro falsete de galinha, Tony guinchou: *Por que eu, Tom? Por quê?*".

Tony era capaz de fazer piadas que levavam o interlocutor a sentir dor de estômago de tanto gargalhar, ou, em contraposição, a borrar-se de medo; bem, digamos apenas que causar grandes reações nas pessoas era uma de suas alegrias. Mas engendrar um sádico ritual improvisado de sacrifício de galinhas era um novo nível de... sei lá o quê. Isso era minimamente racional? Eu estava perdendo o juízo? A coisa estava clara: sem sombra de dúvida eu estava perdendo o controle da situação. Na frente de todo mundo, e enquanto Mo filmava, Tony proclamou: "Senhores, todos topam, estão todos dentro? Temos uma galinha pra cada um de vocês. Mo, Jerry, Moose?".

Desalentado, vi meus companheiros de equipe responderem em um coro fervoroso: "Vamos nessa", "Claro, estou dentro" e "É só mais um dia no Congo".

"Essa não será minha primeira vez", Tony continuou. "Logo de cara, vou logo avisando: é extremamente desagradável. Não haverá nenhuma alegria nisso. Mas, Tom, em nome do nosso companheirismo e união, estou impressionado de verdade que você tenha topado. Depois de todos esses anos no programa, basicamente tirando proveito do milagre da labuta humana, da produção de alimentos e da vida dos animais, acho que é justo que você aprenda em um nível celular, de uma forma profunda, de onde vem a sua comida."

Nos últimos dias, as referências de Tony tinham mudado cada vez mais do livro *Coração das trevas* para o filme *Apocalypse Now*. Em nossa reunião para instruções de segurança, quando Dez advertiu sobre os perigos de descer do barco – cobras, milícia armada, bandidos, parasitas etc. –, Tony o interrompeu com uma citação do filme: "Nunca saia do barco, a menos que você vá até o fim, cara". Mas, a meu ver, quaisquer perigos potenciais existentes em terra pareciam valer o risco, em comparação com o que estava acontecendo a bordo. Com ou sem meu consentimento, toda a cena horrenda estava se moldando para ganhar a forma de algo parecido com algum retiro corporativo realizado no sétimo círculo do Inferno de Dante. Não havia dúvida de que, quanto mais nos afastávamos de um sinal de telefone celular, mais mergulhávamos nas profundezas da loucura. As galinhas chegaram dentro de um cesto, cacarejando de terror, e Dan foi o primeiro. "Eu não vou te machucar, eu vou te matar", ele disse, serrando a cabeça de uma galinha. "Uau, a faca está cega!"

Ainda meio que em estado de negação de que aquilo estava realmente acontecendo, comecei a recuar e disse: "Vou ser útil de outro jeito, vou abrir as garrafas de vinho".

"Que nada, você vai apenas matar uma galinha", Tony respondeu, decapitando sua penosa com alguma dificuldade. Arrancando uma pena ensanguentada que havia grudado em sua bochecha, ele falou: "Tom, acho melhor você observar como se faz, pra não causar às aves nenhum sofrimento desnecessário. Jerry, manda ver". Jerry largou sua câmera e – sendo um menino criado em uma fazenda em Iowa – despreocupadamente arrancou a cabeça da galinha, em um movimento rápido como uma chicotada, como quem abre a tampa de uma garrafa.

"Morte limpa, Jerry, morte limpa", Dan disse, tendo assumido o papel de comentarista das execuções.

Segurando a cabeça decepada e ensanguentada da galinha, o bico ainda lentamente se abrindo e se fechando, Jerry perguntou: "O que fazemos com isso?".

Tony parecia orgulhoso, e decidi que a melhor estratégia seria escapar de fininho para o rio sem ser notado ou, pelo menos, me esgueirar e desaparecer por um momento. Virei-me para fugir sorrateiramente, mas acabei batendo a cabeça com força na viga mais baixa e me estatelei de costas no chão. Meu primeiro pensamento foi: *Se fiquei paralítico, não terei que matar uma galinha!* Infelizmente, saí ileso.

"É hora de botar pra quebrar, Tom", Tony disse.

"Por favor, eu realmente não quero fazer isso", aleguei.

"Se não matarmos as galinhas, vamos morrer de fome", Tony insistiu, empurrando a faca ensanguentada em minha direção. "Você vai querer comer cebola crua no jantar?"

Por mais que não quisesse matar uma galinha, também não queria parecer um bunda-mole na frente de Tony. Sei que nada disso faz qualquer sentido, mas noções refinadas como a lógica tinham sido abandonadas ao longo do caminho rio acima. Além do mais, ambas as câmeras estavam apontadas em minha direção – o que, caso você não saiba, é uma maneira de levar as pessoas a fazerem coisas estúpidas –, então respirei fundo e me resignei a participar do bizarro e sangrento ritual de Tony. Eu me abaixei e agarrei a galinha, que parou de espernear e me fitou. Como Tony tinha profetizado, pude ver que ela estava pensando: *"Por que eu, Tom?"*. Ao meu lado, Tony disse: "Não seja delicado, não é um encontro com uma namorada. Vamos lá, apenas faça!". Desviei o olhar e enfiei a faca no pescoço da galinha, torci e serrei e serrei com toda a força que tinha disponível. Por cima do zumbido em meus ouvidos e dos gritos horríveis das outras galinhas, escutei vozes berrando a plenos pulmões: "Segure mais alto pra que eu possa pegar uma tomada melhor!" e *"Mata! Mata! Mata!"*. Os marinheiros congoleses assistiam ao espetáculo, e certamente se perguntavam o que diabos estava acontecendo. Quando olhei para baixo, parecia que a faca mal havia penetrado o pescoço, e ainda faltava muito para atravessar de fora a fora; a galinha ainda me encarava nos olhos, e havia muito sangue.

"Corte com mais força!", Dan disse com uma risada ensandecida.

Eu tentava com todo o empenho, manejando a faca de um lado para o outro, e a galinha ainda me olhava. "Mais rápido!", Tony ordenou. "Você está fazendo a coitada sofrer!" E foi aí que o pânico se instalou. "Pare com isso, pare com isso!", gritei em meio às lágrimas. Eu me senti soltando a faca, e corri para o outro lado do barco. Se fosse uma machadinha ou algo afiado, já teria sido bastante ruim. Mas a porra da faca era tão cega, e eu simplesmente não consegui suportar a ideia da pobre galinha nunca mais ver o nascer do sol.

Quando a névoa vermelha se dissipou, eu me senti muito patético por ter surtado por causa de uma galinha, considerando que estava em um país em que atos de crueldade e violência eram fatos da vida. Pior de tudo: eu tinha fracassado no teste. Era covarde demais para matar uma galinha, covarde demais para dizer não; portanto, covarde demais para terminar o trabalho. A triste verdade é que eu era um cagão, um bunda-mole, um frouxo. Até aquele momento eu tinha conseguido me controlar muito bem nas filmagens do Congo – e nos últimos dez anos trabalhando no programa –, mas Tony finalmente tinha me quebrado. Ele sempre dava um jeito de conseguir o que queria. Talvez como um prêmio de consolação, Tony colocou uma mancha de sangue na minha testa e disse: "Agora você pode entrar na nossa casa na árvore".

* * *

Embora um tanto macabro e perverso, o dia tinha sido muito alegre, pelo menos no que dizia respeito a Tony. Mas, quando os últimos vestígios azulados do crepúsculo desapareceram, o destino estava prestes a assegurar que ninguém sairia incólume do barco.

"Estamos com pressa", Tony disse, organizando sua *mise en place*. "Preciso da minha mistura secreta de ervas e especiarias e preciso que abram essas garrafas de vinho." Jerry e Dez foram para a popa e acionaram o gerador ligado a uma série de lâmpadas em torno da área de trabalho de Tony. Tentando se concentrar em meio à barulheira de dois motores de popa que vibravam com estrépito e agora um gerador que tilintava e crepitava, Tony colocou a primeira galinha sobre a tábua de cortar e, no instante em que ergueu a faca, as luzes se apagaram, mergulhando-nos nas trevas. *"Jeee-suuus!"*, Tony exclamou, prolongando as sílabas para dar ênfase dramática. "Preciso da porra de um pouco de luz pra conseguir enxergar que porra estou fazendo!" Tateei o chão até achar minha mochila e encontrei uma lanterna. Moose fez o mesmo, e pouco depois alguns fachos de luz cortaram o negrume vazio. Dez foi investigar por que razão o gerador ainda zunia, mas sem fornecer energia. Depois de um ou dois minutos, as lâmpadas se acenderam, tremeluzentes, para revelar um Tony com cara de poucos amigos. "Essa faca é cega feito uma colher de sopa", ele disse, iniciando o trabalho de despedaçar as galinhas. "Pegue o facão pra mim, e eu preciso de outra panela." Antes que qualquer um desses itens pudesse ser encontrado, as luzes hesitaram, minguaram e de novo se apagaram de vez. *"Pooorra!"*, Tony gemeu. Quando a luz voltou, eu me vi cara a cara com um Tony ainda mais irritado, de braços cruzados. Limpando borrifos de sangue de seu Rolex para verificar a hora, ele disse: "Tom, se a gente quiser comer, você precisa *desfoder* essa situação fodida!".

Como se fosse minha culpa o gerador não estar cooperando com a fantasia "Julia Child encontra *Nascido para matar*" de preparar sem esforço um *coq au vin* ao estilo da selva que Tony tinha inventado. "Bem, *é* um documentário. Estou apenas 'deixando acontecer'. Não é o que você vive me dizendo pra fazer?", tive vontade de vociferar. Em vez disso, tentei dar a impressão de que entendia alguma coisa sobre eletricidade e sugeri: "Talvez sejam lâmpadas demais acesas ao mesmo tempo… Quantas nós temos?".

"É uma tensão de só 240 watts!", Mo berrou por trás de sua câmera. "É o gerador que é uma merda!"

"Cadê aquela panela vazia que eu pedi?", Tony exigiu quando as luzes se apagaram e depois se acenderam.

"Ei, aqui é o Congo, cara." Dan riu do absurdo da nossa enrascada.

"Vamos passar fome, isso sim", Tony disse, enquanto desferia golpes e mais golpes ineficazes em um pé de galinha, sem conseguir cortá-lo. "Com essa porra dessa faca, nunca vou conseguir acabar! E, *por favor*, abram o vinho! Alguém!" Felizmente, em uma vida anterior Dan havia trabalhado como *sous-chef*, e começou a ajudar na preparação da comida. "Dan, quero que você pegue as cebolas, coloque no fogo e mexa até ficarem transparentes", Tony o instruiu enquanto o barco mergulhava na escuridão. "Porra, você está adorando isso, Tom." A voz dele se ergueu do abismo. "Está mais interessado em me filmar com cara de desesperado e infeliz do que me ajudar, mesmo que só um pouco, fazendo qualquer coisa relacionada à comida."

Claramente, noções refinadas como a lógica tinham sido abandonadas ao longo do caminho rio acima, mas eu ainda estava operando sob a premissa de que meu trabalho era garantir que a comida fosse filmada. Na verdade, naquele exato momento eu estava pensando em todos os elementos necessários para editar a cena ao som de "Cavalgada das Valquírias", de Wagner. Quando as luzes se acenderam de novo, eu disse: "Jerry, talvez você deva filmar alguma coisa do drama do gerador".

"*Não!*", Tony berrou, jogando a faca no chão. "Talvez devêssemos descobrir como cozinhar a porra do jantar, a menos que você não queira comer nada. Tá legal? Portanto, vamos dedicar toda a nossa atenção a isso. Pode ser que você esteja achando tudo isto uma grande e hilária comédia, mas hoje eu comi sanduíche de pasta de amendoim com geleia, e gostaria de uma refeição de verdade, sobretudo depois de toda a porra de sofrimento que passamos com essas malditas galinhas. Acho que comê-la seria a coisa correta e respeitosa a se fazer com a galinha que você torturou com tanta crueldade e deixou pra morrer bem devagar."

Quando Tony disse isso, ouvi um som meio parecido com o de vidro se espatifando. Estava tudo na minha cabeça, é claro, mas algo dentro de mim *tinha acabado* de se quebrar. Não era apenas o Congo e a galinha, tampouco o estresse das primeiras filmagens para a CNN. Uma enxurrada de exaustão, ressentimento e um montão de outros sentimentos, alguns dos quais não tinham nada a ver com o trabalho, coisas que eu vinha reprimindo desde – bem, desde sempre – estava extravasando e me atingindo ao mesmo tempo. Decidi que talvez fosse prudente tirar uma licença temporária. Sim. Melhor dar um passo atrás e deixar a natureza seguir seu curso, quem sabe até curtir o programa.

A essa altura, um chef Tony quase apoplético apelou para arrancar espinhas e vísceras com as mãos nuas, as entranhas encobrindo seus braços enquanto ele tentava jogá-las no rio. "Merda! Arrebentei uma moela", ele praguejou. "Alguém pode, por favor, pegar uma filha de uma puta de uma panela?" As luzes, que agora se acendiam e se apagavam como em um filme de terror, revelaram o atropelo de todos, zanzando de um lado para o outro em pânico total. Dez, Stew e Warren ainda estavam trabalhando desesperadamente para resolver o problema da eletricidade, auxiliados por Jerry, que ao correr em disparada entre a cena e o gerador, bateu a cabeça em cheio na mortífera viga baixa pela segunda vez, e depois uma terceira. Bebendo uísque, Dan tentava acender o fogão a carvão. Horeb revirava as tralhas e suprimentos caçando a panela perdida de Tony. Moose procurava baterias de reserva quando pisou em uma tábua quebrada e torceu o tornozelo. Brandindo a faca no ar, Tony berrava: "Será que algum de vocês, imprestáveis poças de vômito de réptil, pode abrir a porra do vinho?!". Escondido atrás de Mo para me proteger, observei o fogo ficar cada vez mais intenso. Toda vez que as lâmpadas voltavam a se acender, eu podia ver que elas estavam atraindo um enxame cada vez maior de todos os tipos de insetos da selva. "Cadê os tomates?!", Tony gritava freneticamente enquanto golpeava mariposas do tamanho de um carro que esvoaçavam ao redor de sua cabeça. "Cara! Não faça isso!", Dan alertou. "Elas têm veneno nas asas. Se você esmagar uma, seu rosto inteiro vai inchar feito um melão!" Mo estava registrando tudo e, quando me ocorreu que talvez fosse a cena mais surrealista jamais filmada em um programa sobre comida, certamente a mais bizarra de todos os tempos para a CNN, eu quase ri. Quase.

"Resolvemos o problema do gerador", Dez avisou pelo walkie-talkie. "Tudo certo com a situação da energia elétrica." Nesse ponto, as luzes se apagaram de novo. Quando voltaram a se acender, Dan estava parado na minha frente enchendo de Johnnie Walker um grande copo de plástico vermelho.

"Não temos saca-rolhas", disse ele, tomando um gole do uísque.

"Como estão as cebolas?" Tony rosnou, limpando o suor da testa. "Se queimarem nem que seja por trinta segundos nessa merda de panela horrível feita na Coreia do Norte, o sabor amargo vai impregnar tudo!"

Olhando de relance para as cebolas fumegantes e as brasas das chamas – atiçadas pelos movimentos de vaivém do barco –, percebi que estávamos avançando a toda velocidade no breu e gritei: "Merda! Por que o barco ainda está se movendo?!".

Nossa vida, a vida do capitão e seu barco estavam em perigo porque ninguém deu ordem para lançar a âncora. Era meio que ridículo: eu estava ocupado demais brincando com a câmera, *fabricando* drama com algumas galinhas para prestar atenção ao *verdadeiro* perigo.

Quando reduzimos a velocidade e nos aproximamos da margem, Mo girou o corpo a fim de conseguir uma tomada do capitão iluminando a beira do rio com um holofote. "Ele está procurando crocodilos?", Mo perguntou.

"Acho que já comeram a maioria deles", Dez respondeu. "Ele vai é entrar na água pra amarrar o barco."

Prendi a respiração quando o capitão mergulhou nas águas escuras e potencialmente infestadas de crocodilos e cobras. Graças a Deus, nenhuma criatura o devorou.

Agora que havíamos parado e a brisa tinha cessado, o ar ficara mais quente e ainda mais cheio de insetos. Insanamente mais cheio de insetos. Apesar de pulverizarmos nuvens de DDT, estávamos todos sendo devorados vivos, mas com medo de enxotar a tapas qualquer coisa por causa das mariposas venenosas. Várias horas depois, o jantar finalmente ficou pronto. Por uma miríade de razões, a perspectiva de comer era bem pouco apetitosa, mas pelo menos o clima pareceu um pouco mais leve quando todos se sentaram ao redor da mesa.

"Tom, quero que você dobre os guardanapos no formato de cisnes de origami", Tony disse. "E por que não há uma peça decorativa no centro da mesa?"

"Isso é um pouco colonialista de sua parte", Dan disse, complementando seu *coq au vin* com um copo de uísque.

"Ouça, esse é um ambiente árduo", Tony rebateu. "Vocês têm que manter as coisas organizadas, manter as coisas limpas, ter um plano. Preparação prévia previne performances pífias e patéticas. E também a morte."

Enquanto tentava engolir uma cebola com gosto de zinco, minha mente devaneou em direção a Kurtz. Será que o tempo todo havia método na loucura? Será que Tony queria provar o argumento de que – assim como em *Coração das trevas* e *Apocalypse Now* – nas profundezas da selva todo mundo fica um pouco louco? Que dentro de nós todos existe um Kurtz recôndito em algum lugar? Havíamos chegado ao Congo com boas intenções, e acabamos fazendo coisas muito vulgares, como brincar com nossa comida em um país de gente faminta... na TV.

Mais tarde, deitado na cama, enquanto contava os buracos do meu mosquiteiro, mais uma vez me vi pensando com meus botões em como e por que tinha ido parar em um lugar como o Congo. Meu método para lidar com isso foi o mesmo de sempre: foco no objetivo e na objetiva. Olhando através da lente da câmera ou mergulhando de cabeça no sucesso da gravação do programa, quase conseguia enganar a mim mesmo e acreditar no que eu estava vendo na TV em vez de na vida real, embaralhando e confundindo os limites entre a realidade e como a realidade seria mostrada na edição. A câmera funcionava ao mesmo tempo como um agente de proteção e uma estratégia de sobrevivência... Mas esse processo poderia me fazer perder a noção das coisas – e a empatia. As pessoas que filmávamos, as coisas que víamos, minha própria saúde e segurança só tinham valor no contexto do programa. Em última análise, eu estava disposto a fazer o que fosse necessário para assegurar que a experiência de Tony correspondesse à sua grandiosa narrativa, independentemente do custo.

Apesar de todo o sofrimento que os congoleses sentiam na pele, Horeb e tantos outros trabalhavam muito duro por aquilo em que acreditavam, e ali estava eu, apenas jogando um jogo idiota com uma câmera. Voltaríamos para casa com o material das filmagens e eu provavelmente encontraria uma maneira de consertar tudo na edição com a narração em *off* de Tony. O mais fácil era não pensar muito a respeito de como ficaria a situação de nossos novos amigos em seu país, e em como eles continuariam a lutar apenas para sobreviver.

Dois dias depois, estávamos no fim da filmagem em um calor escaldante, sujos e exaustos, paralisados durante outra prolongada rodada de negociações. Desta vez, os operadores de uma enorme balsa de metal que fazia a travessia de veículos se recusavam a nos levar para a outra margem enquanto não recebessem "pagamentos atrasados". Depois de duas horas, a situação não parecia estar progredindo. Eu me afastei a fim de encontrar um lugar para mijar. Sozinho na densa vegetação rasteira, ouvi um farfalhar. Virei a cabeça esperando ver Tony com uma cobra de borracha; em vez disso, fui confrontado por um soldado, com um fuzil AK-47 por cima do ombro. Parecia um adolescente, e tinha olhos tão vermelhos quanto sua boina. Ele ficou lá parado olhando para mim enquanto seu dedo roçava o gatilho da arma. Seu estado de espírito extasiado me lembrou dos tempos de faculdade, quando meu amigo porra-louca Waz ficou tão doidão e fodido das ideias que acreditou sinceramente que era uma margarida. Porém, diante daquele menino-soldado que me encarava com um enervante risinho de dentes arreganhados, não dava para imaginar que seus delírios tivessem qualquer coisa a ver com flores. Sorrindo, respirei fundo e me afastei. "Mantenha a calma, o pânico gera pânico", repeti para mim mesmo. Quando voltei para o grupo, instruí Moose a pagar aos operadores da balsa a quantia que quisessem; era hora de ir embora para casa.

Como muitos viajantes que se veem em um inferno moral, tínhamos começado em busca de uma aventura no coração das trevas da fantasia de infância de Tony. O que encontramos foi algo diferente... Talvez Tony ainda pudesse dizer algo que justificasse por qual motivo tínhamos arriscado nossa vida, nossa integridade e nossa sanidade em uma jornada nas entranhas do maldito Congo. Eu precisava saber se isso significava algo para ele. Que eu não era descartável. Queria saber se valera a pena. Ou até mesmo se o próprio Tony achava que não.

Felizmente, o *Travel Minute* – um vídeo promocional do canal em que Tony fazia um resumo de sua visita – muitas vezes servia ao propósito involuntário de fornecer uma rara janela de como ele realmente se sentia. O que quer que Tony estivesse prestes a dizer, seria o mais próximo que eu chegaria do desfecho pelo qual estava tão desesperado. Prendi a respiração enquanto um Tony bronzeado, de certa forma esgotado e completamente exausto, sentou-se na frente da câmera de Mo uma última vez.

"Há uma frase formidável no início de *Apocalypse Now*", ele disse. "Vocês sabem: 'Eu queria uma missão, e por meus pecados, eles me deram uma'. Desde que comecei a contar histórias ou fazer televisão, sempre quis vir ao Congo. Estudei a história do país. Ah, é um lugar que sempre me fascinou de uma maneira terrível e hipnotizante. E eu sabia que seria uma frustração filmar aqui, quer dizer, é um lugar perigoso. Aqui você está à mercê de muitas coisas imprevisíveis... eu queria vir aqui... e eu vim."

CAPÍTULO 5:
SINAIS DE QUE VOCÊ FAZ PARTE DE UMA SEITA

Após o suicídio de Tony, passei semanas em um estado de piloto automático. Por mais difícil que fosse, e era quase impossível me concentrar no trabalho, eu estava grato por estar ocupado e feliz por ter uma distração. Pareceu de mau gosto pensar em obrigações legais em um momento como esse; contudo, havia realidades com as quais lidar. Para começar, a produtora devia mais episódios para cumprir o contrato com a CNN. Chris e Lydia convocaram uma reunião, e ficou decidido que produziríamos dois novos episódios de *Lugares desconhecidos*: "O impacto de Tony" e um "Especial da equipe de produção".

"O nome tem que ser 'Especial da equipe de produção'", eu disse sem pensar. Não precisava pensar. Imaginei o "Especial da equipe de produção" como uma compilação de cenas de bastidores, um olhar mostrando um pouco da loucura, bem como uma homenagem a Tony, um tributo das pessoas que faziam o programa. Minha esperança era começar a processar um pouco do caos que acontecia dentro da minha cabeça, e instintivamente sabia que isso me daria a oportunidade de falar com todos os principais membros da equipe, me ajudaria a responder algumas das perguntas com as quais eu vinha lutando desde antes da morte de Tony. Sabia que não seria fácil, visto que todos nós ainda estávamos em estado de choque e tristeza.

Nesse meio-tempo, algo inesperado aconteceu. Tony estava sendo enaltecido como uma figura inspiradora, e passou a personificar respeito, compaixão, autenticidade, tolerância, empatia, aventura, humildade e humanismo. Porra, Tony estava praticamente sendo canonizado. Eu tinha a impressão de que era impossível abrir um e-mail ou página da internet sem ser exposto ao derramamento de luto. Como é que Tony chegou a ter um impacto tão profundo em um número tão grande de pessoas? Ao longo dos anos em que trabalhamos juntos, nossa audiência – público que assistia ao nosso programa ou não – se tornara uma espécie de conceito intangível. Verdade seja dita, eu tinha me esquecido de que era um programa de TV; Tony era a única audiência que importava.

No livro *Cozinha confidencial*, há um capítulo dedicado ao mentor de Tony, Bigfoot, que ele descreve como:

Esperto, manipulador, brilhante, volátil, fisicamente intimidador – assustador, até –, um valentão, um fofoqueiro, um sádico e um grande homem: Bigfoot é tudo isso. Também é o cara mais firmeza com quem já trabalhei na vida. Ele inspira uma estranha e profunda lealdade. Na minha cozinha, tento ser igualzinho a ele. Quero ficar impresso dentro da cabeça de meus cozinheiros do mesmo jeito como Bigfoot permanece na minha. Quero que eles pensem que, como Bigfoot, quando os encaro olho no olho, vejo até o fundo de sua alma.

Acho que seria justo dizer que Tony teve sucesso, e muito mais do que isso. Na minha última filmagem, na Indonésia, tive uma revelação.

"Precisamos conseguir um par de Persol para você. Esses óculos comprados em farmácia são inaceitáveis, não estão à altura do Tony", eu disse a Alex, um cinegrafista que não viajava conosco em todas as filmagens.

"Ai, meu Deus!", disse Alex. "Vocês são uma seita."

"Há-há, boa", eu disse. Nessa noite, porém, horas mais tarde, no meu quarto de hotel, entrei no Google para pesquisar sobre *sinais de que a pessoa talvez faça parte de uma seita*. "Fervoroso comprometimento com o líder, que é a autoridade suprema." Hum… confere. "Socializa-se apenas com outros membros da seita." Bem, sim. Confere. "O grupo foi condicionado a se comportar de maneira paranoica com o mundo exterior." Certo… confere. "O líder lança mão de ciclos de vergonha." Neste item, confere *duas vezes*. "Separação da unidade familiar." "Incentivados a se vestirem de maneira similar." "As opiniões divergentes são esmagadas." Confere. Confere. Confere. Merda. Alex estava certo.

Acho que os sinais estavam lá o tempo todo, e eu nem sequer percebi. Três anos antes da Indonésia, viajamos para a Coreia. As filmagens lá foram um tanto desastrosas, e durante os trabalhos contamos com a dádiva divina da presença de Helen – a fodona "diretora de operações especiais" de Tony. Começávamos cada dia cumprimentando uns aos outros com "história engraçada...", e fazíamos referência a algum absurdo com o qual estávamos lidando no momento – por exemplo, lembrar os facilitadores pela 14ª vez de que precisávamos filmar na cozinha, ou de que, assim como em todas as cenas, sim, era necessário que o equipamento da van estivesse acessível o dia inteiro.

Estávamos prontos para a cena da *hwe-shik*, uma tradição da cultura corporativa coreana que é essencialmente uma noite aprovada pela empresa em que os funcionários saem para se embebedar com o chefe. O único problema era que os executivos que tínhamos recrutado para participar mudaram de ideia e desistiram no último minuto. A cena era indiscutivelmente a pedra angular de todo o episódio, e não tínhamos ninguém com quem filmar. Faltavam cinquenta e cinco minutos para a chegada de Tony, supondo que ele não aparecesse mais cedo. Era oficialmente o momento de entrar em pânico. Em um desesperado esforço de última hora para encontrar funcionários dispostos a ficarem bêbados diante das câmeras, a equipe se espalhou pelo restaurante e pelo bairro, abordando toda e qualquer pessoa de terno e gravata e perguntando: "Você fala inglês e quer aparecer na TV?". Milagrosamente, no último momento Helen encontrou um grupo de gerentes, que já tinham consumido algumas rodadas de *soju*, a aguardente de arroz coreana e foram gentis o suficiente para salvar nossa pele e deixar uma equipe de câmeras da CNN se juntar a eles em uma farra de bebedeira. Os pobres coitados realmente se arrependeriam disso na manhã seguinte.

A noite foi muito bem até o fim. Tony sinalizou que havia terminado, mas precisávamos de mais uma tomada importante, então pedi a ele que colaborasse e tomasse mais um gole de *soju*. Do nada, Tony foi de 0 a 100, e na frente de todos, começou a disparar uma saraivada especialmente cáustica e cortante de insultos e impropérios em minha direção. Quando saiu de cena para voltar ao hotel, notei que a equipe coreana local cobrira o rosto com as mãos para me poupar do constrangimento.

No percurso de volta ao hotel, Zach foi o primeiro a falar e romper o silêncio traumático dentro da van. "Cara... o Tony pode ser um idiota às vezes."

"Não é culpa dele", eu disse após uma longa pausa. "O trabalho dele é muito estressante."

"Meu Deus. Vocês sofrem de Síndrome de Estocolmo", Helen retrucou do banco de trás da van.

Fui pesquisar no Google e vi que ela estava certa. No dia seguinte confrontei Tony sobre a maldade gratuita. Ele instantaneamente se tornou mais gentil. Colocando o braço em volta do meu ombro, ele disse: "Tom, você não é apenas muito bom no seu trabalho, você é uma boa pessoa. Se eu precisar de alguma coisa ou estiver com problemas, você é realmente uma das primeiras pessoas para quem eu ligaria. Conta comigo. Vou aparecer no seu funeral e, se houver enlutados fingidos lá, vou caçar e matar um por um". No dia seguinte, inesperadamente ele pegou no meu pé e me atacou de novo.

De uma maneira bizarra, fazer o programa parecia uma guerra, sem as armas de fogo. Bem, na maioria das vezes não havia armas, embora vez por outra elas dessem as caras. Existe algo como transtorno de estresse pós-traumático das melhores férias da sua vida, em que seu principal atormentador também é seu herói, mentor e chefe? Depois de vivenciar as intensas experiências de estar nas trincheiras junto com Tony e com a equipe, compartilhando aventuras estimulantes com altas doses de adrenalina e capazes de mudar para sempre a vida de uma pessoa, voltar à minha vida normal era o que parecia o verdadeiro trauma. Era tudo uma espécie de nó górdio de contradições irreconciliáveis, basicamente de foder com nossa cabeça.

Tudo girava em torno de querer agradar ao Tony. E não estou falando apenas de mim ou da equipe. Eram também os fãs e os restaurantes, e os hotéis e as companhias aéreas, a rede de TV e os anunciantes e as pessoas no site de comércio eletrônico Etsy que vendiam aquelas velas votivas com a imagem de Anthony Bourdain transformado em "Santo Antônio presunçoso".

"Você acha que fazia parte de uma seita?", perguntei a Todd, que trabalhava nas filmagens do programa desde o início do *Sem reservas*. Ele riu da minha pergunta.

"Bem, é difícil saber, porque acho que assinei um acordo de sigilo, então eu realmente não posso falar sobre as seitas além de dizer... esqueci o que ia dizer. Viu só? Sofri uma lavagem cerebral..."

Tony tornou-se extremamente próximo das pessoas que trabalhavam no programa havia mais tempo. Dava uma sensação de legitimação e pertencimento fazer parte de um pequeno grupo de elite, rodeado de pessoas a quem eu respeitava. Ele nos chamava de "Esquadrão Classe A" ou sua PRLA (Patrulha de Reconhecimento de Longo Alcance), comparando nossa atuação no campo de batalha à missão do capitão Willard em *Apocalypse Now*. "Ele era muito estressado e duro na queda pra ter um trabalho de escritório, cara."

A fim de manter a intensa lealdade entre os membros de seu clubinho, Tony nos dava licença para matar. Criativamente falando, é claro. Todos nós que trabalhávamos no programa admirávamos com adoração nosso "destemido líder", e operávamos mais como uma organização fraterna do que uma equipe padrão de produção de TV. Era muito difícil entrar; depois que alguém entrava, era muito difícil sair; e quem saía estava morto. Ou deveria estar.

As regras para trabalhar nos programas de Tony não constavam nas páginas de nenhum manual de recursos humanos. Havia comportamentos perfeitamente aceitáveis na sociedade educada que, para Tony, eram imperdoáveis. As pessoas que davam gorjetas mesquinhas, os veganos, os medíocres, os bebedores de chá, os impontuais ou os fãs da música de Jimmy Buffett estavam excluídos do programa. Por outro lado, atos horrivelmente constrangedores e autodestrutivos que, em qualquer outro local de trabalho, seriam razão mais do que suficiente para uma rescisão contratual eram mais do que permitidos entre o "bando de desajustados" de Tony. Bebedeira desenfreada, roubo de carros, perjúrio ou chantagem psicológica? Sem problemas. Ameaçar deixar como lembrancinha no banheiro de um produtor executivo do canal uma quantidade de fezes suficiente para entupir o vaso sanitário era uma atitude digna de promoção!

As técnicas de liderança de Tony eram do calibre da CIA: dissimuladas, imperdoáveis, possivelmente criminosas e, de maneira geral, eficientíssimas. Tony recrutava informantes, disseminava informações falsas e instigava rivalidades entre os membros da equipe, jogando diretor contra diretor, câmera contra câmera para motivar todos nós a fazermos o nosso melhor trabalho.

O dr. Tony tinha opiniões progressistas quanto à isenção de receitas médicas e era um ferrenho defensor de comprimidos para as viagens de avião. "Engula alguns desses meninos malvados com um pouco de uísque antes da decolagem e você vai acordar na Ásia. Sério, é a única maneira de viajar de avião." Certa manhã, em um aeroporto, Tony perguntou à equipe de que maneira planejávamos "administrar" o voo. Todo mundo abriu seus estoques de remédios para um jogo de "pôquer de pílulas", trocando entre nós uma imensa variedade de soníferos, analgésicos e ansiolíticos. "Quero um Xanax seu e aposto dois Diazepans por um Klonopin." Engolindo um punhado de comprimidos com cerveja logo no café da manhã, não pude deixar de notar que a saudável família na mesa ao lado nos fitava com um olhar de horror e nojo que era... inesquecível. Esses pequenos e deliciosos comprimidos faziam maravilhas em relação ao meu medo de voar, e foram um mar de rosas até o momento em que, por acidente, consumi o coquetel errado. Lembro-me vagamente de uma conversa erudita com a mulher sentada ao meu lado. Ela era uma bolsista Rhodes e parecia genuinamente interessada no que eu fazia para ganhar a vida. Minha lembrança seguinte foi do baque seco quando o avião aterrissou no JFK. A poltrona ao meu lado estava vazia. Mais tarde fui informado de que, entre outras indiscrições, aparentemente vasculhei *todos* os compartimentos superiores da cabine procurando minha mala despachada. Foi mais o medo de acordar amarrado no assento do que a vergonha e o constrangimento de sofrer insuficiência hepática a 10 mil metros de altitude que, por fim, me convenceu a desistir das pílulas mágicas.

Houve alguns apuros de que escapamos por um triz, como na ocasião em que, no Camboja, conhecemos um puxador de riquixá que nos arranjou maconha. Para não ficarmos chapados demais a ponto de acidentalmente praticarmos tráfico internacional de drogas, um diretor de fotografia amante de maconha que permanecerá anônimo mantinha sempre nosso estoque no mesmo compartimento da bolsa de sua câmera. Depois de pousarmos no JFK, enquanto esperávamos no carrossel de bagagem, um beagle usando um uniforme da Agência de Proteção Alfandegária e Fronteiriça, com crachá e tudo, se plantou bem na frente de nossa pilha de malas, onde estava a bolsa da câmera com a erva escondida. Que merda, tínhamos esquecido de jogar fora na privada o que restara da droga? Todos nós fomos saindo de fininho lentamente, deixando para trás nossa produtora, Marcy, que nada sabia das nossas transações com o puxador de riquixá. O policial federal responsável pelo beagle era um tiozinho que, vendo o olhar de Poliana no rosto de Marcy, deve ter descartado mentalmente a hipótese de contrabando de drogas, lavagem de dinheiro e terrorismo, porque perguntou: "Mocinha, você tem alguma comida na sua mala?". Marcy costumava trazer para os Estados Unidos todos os tipos de guloseimas, de pernas de rena defumadas a batatas fritas dos mais inusitados sabores. Tarimbada profissional de viagens que ela era, Marcy abriu seu sorriso mais doce, piscou os cílios e disse: "Boa noite, policial, que cachorrinho fofo você tem. Hum… comida? Não, acho que não tenho comida". Ignorando seu beagle, que farejava sem parar nossa bagagem, o agente da alfândega observou Marcy abrir timidamente sua mala pessoal. Eu me encaminhava a passos lentos na direção do nosso equipamento e estiquei o pescoço para ver o que Marcy estava contrabandeando dessa vez. O interior de sua mala parecia uma loja de conveniência. Havia um estoque de pimentas Kampot, vários sacos de nozes comprados em uma barraquinha de rua, bem como uma garrafa de refrigerante de dois litros reabastecida de aguardente caseira.

Com um sorriso de desculpas, o agente da alfândega confiscou o contrabando e deu a Marcy um aviso gentil: "Senhorita, da próxima vez, você precisa respeitar os regulamentos. Lembre-se de que eles são para a sua própria segurança, bem como a segurança das outras pessoas". Em seguida foi embora, lutando para arrastar graciosamente seu beagle para longe da bolsa da câmera enquanto Marcy se despedia com uma reverência e um aceno.

Alguns anos depois, não tive tanta sorte. Nas profundezas do interior da República Dominicana, meu veículo de produção foi parado em um posto de controle. Não tinha me dado conta de que no Caribe os policiais usavam fardas do exército e andavam em tanques. Eu também deveria saber que a República Dominicana era um dos países em que filmaram a série documental *Férias na prisão*. Lá, ser flagrado com drogas significava a probabilidade de passar um bom tempo na cadeia, bem como de um escândalo capaz de arruinar carreiras. Então, quando a polícia do exército encontrou maconha na bolsa da câmera, não importava que não fosse minha. Por fim, a situação foi resolvida graças ao pagamento de uma propina bastante generosa, mas não sem que antes eu fosse escolhido como garantia e mantido como refém enquanto o motorista pegava meu cartão do banco e ia ao caixa eletrônico para sacar vários milhares de dólares da minha conta corrente. Na manhã seguinte, vi Tony no café da manhã. Traumatizado e ávido para confessar, contei-lhe como na noite anterior eu fora levado para a selva e obrigado a me deitar de bruços em uma cova recém-cavada. Disse a ele que tinha notado uma pá e tentado desesperadamente não pensar em qual era a finalidade do buraco. Continuei a explicar para um Tony aparentemente indiferente o *pavor* que eu havia sentido quando o agitado rapaz com a metralhadora começou a tremer e chorar porque o motorista estava demorando muito a voltar com o suborno.

Tony finalmente ergueu os olhos de seu iPad e disse: "Ser roubado no Caribe é um rito de passagem". Em seguida retomou sua leitura.

"A propósito, era uma seita", Josh, que estava produzindo comigo o episódio "Especial da equipe de produção", disse quando o entrevistei. "Não, mas falando sério, estava muito mais pra uma seita, e eu não tenho medo de afirmar isso, porque era mais ou menos assim mesmo. Gosto de pensar que era um afeto cruel."

Afeto cruel era uma maneira poética de descrever o homem imprevisível que ano após ano lutava com unhas e dentes para me colocar na lista de indicados ao prêmio Emmy, bem como, no Vietnã, ameaçou dar choques nos meus testículos com cabos conectados a uma bateria de carro.

"Você está fora do programa" bem que poderia ser um dos bordões de Tony. Na maioria das vezes ele dizia essa frase de efeito como uma piada, mas é bem tênue a linha que separa uma verdade de uma brincadeira... É complicado. Entre nós predominava uma cultura de justiça selvagem de máfia do Velho Oeste, e uma vez que Tony era o juiz que se sentava na tribuna para julgar os casos, digamos apenas que não se tratava de uma corte na qual uma pessoa gostaria de estar.

Uma das coisas que tornavam evidente que fazer parte da equipe talvez fosse um pouco perigoso era a disposição de Tony de, para pagar uma ofensa, dar um tiro no próprio pé. As punições por "violações do código", como Tony chamava as transgressões, muitas vezes eram mais graves que o crime. Às vezes, ser demitido era receber o castigo mais leve. Em vez disso, Tony preferia punições criativas, que transmitissem tanto ao alvo pretendido quanto a todos os demais a mesma mensagem violenta.

Certa vez, Tony concebeu uma estratégia singular para resolver um problema de pessoal no departamento de edição. Concluiu-se que um dos quatro editores que trabalhavam no programa vivia criando empecilhos e não fazia sua parte. Então, Tony enviou a cada um dos editores uma caríssima cesta de carnes, com um bilhete de agradecimento por seu trabalho. Todos ganharam o presente, exceto o editor problemático. Tony sabia que as pessoas batiam papo perto do bebedouro do escritório, e era apenas uma questão de tempo até que a pergunta "Você ganhou a cesta de carnes do Tony?" viesse à tona. Digamos que a mensagem foi recebida em alto e bom som.

"Era uma seita da qual eu voltaria a fazer parte com alegria", Nari, amiga íntima e produtora de Tony desde os dias do *Sem reservas*, declarou. "Tipo, me dá o Ki-Suco. Cadê o Ki-Suco? Pode me dar que eu bebo. Vou beber litros. Você meio que tem que ter essa mentalidade. O programa era muito difícil, às vezes, por causa de certas circunstâncias, mas – para todos nós, e posso dizer sem sombra de dúvida – é a melhor coisa que já fizemos e que faremos. Foi uma grande honra e privilégio estar perto dele e trabalhar com ele e realmente fazer parte de sua família. Éramos uma família."

Acho que todos nós sentíamos o mesmo. Era uma grande família disfuncional, mas ainda assim uma família. Éramos um grupo de pessoas com afinidades que compartilhavam uma necessidade compulsiva de estímulo e um impulso implacável para produzir trabalhos de calibre cada vez mais elevado. Éramos pagos para viajar ao redor do mundo inteiro, participando de uma gama surpreendente de experiências, e tínhamos que fazer isso juntos, ano após ano. Era, de fato, o melhor emprego do mundo. Claro, fazer o programa dava uma trabalheira e tanto. Uma canseira em termos físicos, emocionais, psicológicos e de consumo de tempo. Não era divertido, por nenhum critério convencional. Mas nunca pareceu um emprego; era um estilo de vida, uma vocação. O melhor de tudo é que no centro disso estava Tony.

Enquanto continuava realizando entrevistas para o "Especial da equipe de produção", fiquei surpreso ao descobrir que Tony estava longe de ser um monólito. De maneira geral, todos falavam de traços de personalidade abrangentes, mas Tony parecia ter a extraordinária habilidade de se adaptar ao interlocutor com quem interagia. Bastavam uns cinco minutos de contato com alguém, e ele era capaz de sacar a pessoa e descobrir um jeito de manejá-la como um fantoche. Era, sem dúvida, um talento, e talvez essa fosse uma das características que explicava em parte como Tony conseguia se conectar aos seus amigos ocasionais da TV.

Meu relacionamento com Tony era nitidamente diferente de quase todas as pessoas com quem falei. Ele parecia saber de modo instintivo como fazer as pessoas realizarem o melhor trabalho possível – e incutir nelas a máxima lealdade. Para um membro da equipe, isso poderia significar cobri-lo de elogios; para outro, poderia significar ser discreto. Para mim, tomava a forma de uma completa experiência de imersão, uma combinação de adrenalina, estímulo e temor. Eu tinha um assento reservado na primeira fila para me juntar a ele em um psicodrama existencial, no qual as fronteiras entre trabalho e lazer eram, na melhor das hipóteses, confusas. Em qual momento acabava a realidade e começava a televisão? Nosso relacionamento com a câmera e um com o outro trazia à tona o melhor e o pior em ambos, e, às vezes, era difícil saber qual era qual.

Uma vez, enquanto corria de um lado para o outro com um olhar de aflita intensidade, um amigo de Tony, o chef Andy Ricker, disse: "Tom, você nunca consegue relaxar e se divertir? Cara, você está na Tailândia!". Tony respondeu por mim, dizendo: "Andy, cale a boca. Nós gostamos dele do jeito que ele é".

A filosofia de liderança de Tony – "Acaricie o bebê apenas quando ele estiver dormindo" – era uma postura calculada, uma estratégia que ele aprendera desde seus tempos nas trincheiras da cozinha, e que tinha como corolário o fato de que a coisa mais difícil do mundo era alguém ouvir um elogio dele por ter feito um bom trabalho. Se Tony parecia feliz depois de uma cena que eu havia dado um duro danado para montar e eu cometia o erro de perguntar: "E então, como foi, Tony?". Ele responderia algo do tipo: "Razoável. A maior parte. Nada de especial". Quanto mais duro ele era comigo, mais desesperado eu ficava por um feedback positivo ou por sua aprovação. Mas quando Tony dizia: "Você é como um filho pra mim", ou me chamava de membro do "Esquadrão Classe A", ou quando no fim de uma boa tomada ele dizia "Vou sentir saudade de você mais do que de tudo, Espantalho", eu me sentia pior do que antes. Sempre que tentava agradecer ao Tony, dizer o quanto suas palavras significavam para mim, ele reagia: "Meu Deus, Tom, tudo bem, eu entendi, entendi, você está feliz e emocionado e tal. Já chega. Você está estragando o clima".

O programa *Fazendo escala* colocou nosso relacionamento à prova. Durante o verão de 2011 e o de 2012 – entre as temporadas regulares de *Sem reservas* –, fui o companheiro de viagem constante de Tony por cerca de trinta dias seguidos. Série derivada para o Travel Channel, *Fazendo escala* enfocava o que um viajante realmente poderia fazer caso se visse preso em uma escala de vinte e quatro a quarenta e oito horas em uma determinada cidade. "Deus, se tivesse mesmo que aturar uma escala de vinte e quatro horas, a última coisa que eu faria é deixar o aeroporto. Eu dormiria!", Tony se queixava. Ele odiava ter que fazer um programa de conteúdo tão acessível, e o apelidou de uma "sacanagem de vinte e quatro horas de duração". Ele só concordou em fazer a série porque era basicamente um golpe para queimar o número de episódios que, por obrigação contratual, devia ao Travel Channel. Funcionava assim: pousávamos em uma cidade para encontrar uma equipe já montada e a postos, em seguida filmávamos por cerca de dois dias insanamente cheios e corridos por mais de dezesseis horas antes de partirmos para o local seguinte, em que o processo era reiniciado novamente. Depois que Tony e eu íamos embora, equipes alternadas permaneciam em cada cidade por mais uma semana para terminar o restante do episódio.

Cada episódio de *Fazendo escala* tinha um produtor que sabia como encaixar todas as peças e que cuidava da edição. Como diretor da série, eu era essencialmente o "cara que manejava o Tony", tarefa que, nessa época, havia se tornado minha especialidade. Isso não quer dizer uma experiência isenta de percalços. Refiro-me à segunda temporada, quando talvez eu tenha ido *um bocadinho* longe demais ao tirar proveito de uma das fobias de Tony para fins de entretenimento. Ele sempre mencionou um medo hilário e paralisante de mímicos, e por muito tempo presumi que isso era apenas uma peculiaridade que fazia parte de seu charme. Até que fomos para a França.

Tony estava em um perfeito cenário de cartão-postal. Folhas verde-pastel farfalhavam na brisa, crianças riam, um opulento chafariz estilo *beaux-arts* murmurava, e nesse instante surgiu de trás de uma árvore um mímico, vestindo uma camisa listrada vermelha e branca, carregando uma mala de vagabundo e um guarda-chuva, o rosto coberto de maquiagem. Estávamos em Paris, e Tony queria apenas caminhar pelo parque, o que, um mês antes, quando planejamos a viagem, parecia enfadonho. Achei que "surpreendê-lo" com um mímico seria uma ótima ideia. Mas agora tudo em que eu conseguia pensar era em quanto Tony *detestava* mímicos e palhaços, e que se ele descobrisse que era eu o autor da pegadinha não havia como prever sua reação.

"Você sabe... a primeira vez que vim a Paris, meu pai me trouxe a um parque como esse", Tony disse. Ele sorriu com um toque de nostalgia vendo as crianças brincarem. "É uma lembrança preciosa."

Porra! Tony estava entregando conteúdo sentimental raríssimo, diretamente para a câmera! *Cancelem o mímico, cancelem o mímico!*", sussurrei no walkie-talkie. Um de nossos assistentes de produção agarrou o mímico pelos suspensórios e o puxou para trás de um arbusto.

"Tá legal, vamos pegar a estrada", Tony disse.

Caralho. Típico. Tony tinha o hábito de mandar encerrar a filmagem quando sentia que a câmera estava ajustada para pegar um bom close-up. "Hum, tudo bem, Tony, fique por aqui só mais um minuto enquanto recuamos pra pegar um plano aberto", pedi. Então falei baixinho no walkie-talkie, rezando para que Tony não escutasse: *Mandem o mímico!*". Quase pude ouvir a trilha sonora do filme *Tubarão* enquanto o pantomimeiro se aproximava alegremente na ponta dos pés, cada vez mais perto. Eu estava brincando com fogo; toda a farsa exigia que Tony acreditasse que o mímico era um infeliz encontro fortuito.

"Meu pai me deu um barquinho de madeira pra eu brincar no chafariz", Tony disse. "Tenho pensado muito nele... eram bons tempos."

Cancelem o mímico! Cancelem o mímico!", ordenei. Bem a tempo, nosso heroico assistente de produção agarrou o duende listrado que estava à espreita no plano de fundo da cena. Porém, assim que as câmeras voltaram para Tony, sua inspiração se evaporou. "Pegou os planos abertos? Ótimo, vamos nessa", Tony disse, sem esperar por uma resposta.

Era agora ou nunca. *"Mandem o mímico, agora! Agora! AGORA!"*, ordenei. O mímico saltou de trás de um canteiro de flores e colocou Tony em uma caixa invisível. Nossos facilitadores parisienses não tinham arranjado um mímico qualquer; aquele artista era pupilo de Marcel Marceau, então a caixa invisível era inevitável. Foi hilário, e Tony levou na esportiva, até mesmo quando sua mão ficou "grudada" no mímico e ele não conseguiu se soltar. Não havia dúvida de que a interação tinha sido hilária e, o melhor de tudo, aparentemente escapei impune! Assim que se encerrou meu sórdido ato de traição televisiva, Tony se sentou na borda do chafariz. Estava com uma expressão estranha no rosto, e eu o observei por um momento antes de me aproximar. "Tudo certo?", perguntei.

"Cinquenta anos vindo a Paris", Tony disse, olhando fixamente para a frente. "E nunca um mímico interagiu comigo." Depois de uma longa pausa, ele se virou na minha direção; seu rosto estava lívido, as mãos trêmulas. "Eu fui estuprado por um palhaço quando criança", ele disse.

O cigarro caiu da minha mão enquanto Tony se levantou em silêncio e caminhou até o carro que o aguardava. Estuprado por um palhaço? Tony estava de sacanagem comigo; só podia estar brincando, certo? De alguma forma ele percebeu que o mímico tinha sido uma armadilha – era a única explicação lógica –, e estava pagando na mesma moeda...

Vinte e três dias depois, Tony e eu desembarcamos na Filadélfia. Foi um verão agitado. Depois de Paris tínhamos ido para São Paulo, Seattle, Toronto, Dublin, Taipei, Nova Orleans e Chicago. Sete cidades para lá e para cá mundo afora em pouco mais de três semanas, e estávamos exaustos.

Em Chicago, o plano era filmar em uma casa especializada em cachorro-quente, mas o restaurante violou nossa rígida política de proibição de mídia social ao postar no Twitter avisando da nossa presença. Depois de verificar novamente com o escritório para confirmar que o restaurante estava ciente das nossas regras, Tony respondeu ao tuíte: "É assim que você *não* vai aparecer na televisão. #cenacancelada". A afiliada da NBC em Chicago cobriu a história e fez uma matéria retratando Tony como um chef famoso e insensível importunando humildes donos de restaurantes, que – infelizmente para a opinião pública – por acaso eram refugiados norte-coreanos lutando para ganhar a vida nos Estados Unidos. Por fim, revelou-se que, na verdade, o pessoal do escritório se esqueceu de informar ao Budacki's para não tuitar, e, na atitude mais condenável de todas, mentiu de caso pensado para Tony.

Eu não tive nada a ver com o embuste do cachorro-quente, mas o *Budacki-gate*, como ficou conhecido, continuou a se agravar. Em pouco tempo, quase tudo o que Tony dizia parecia girar em torno dos temas da confiança e traição. Enquanto isso, eu estava ficando cada vez mais paranoico, e o episódio do mímico de Paris me corroeu durante semanas. "Todo mundo faz cagada", Tony disse. "É mentir a esse respeito que eu não posso perdoar. Cabeças vão rolar por isso." Ele estava falando sobre o *Budacki-gate* ou sobre o mímico? Ou ambos? Tive a terrível suspeita de que ele estava me dando todas as oportunidades de admitir que tinha sido o responsável pelo mímico. Mas eu simplesmente não conseguia.

Na nossa última noite na Filadélfia, jantamos no hotel, e, como costumava fazer no jantar, Tony pediu um imenso filé de costela com osso, ao ponto para malpassado. Quando a comida chegou, ele pareceu nem ter notado; apenas ficou lá sentado com o mesmo olhar fixo e perdido de Paris. Deslizando o dedo ao longo da lâmina de sua enorme faca, Tony disse: "Sabe, Tom, a confiança é uma coisa engraçada. Muito fácil de dar, muito fácil de perder e quase impossível de ganhar de volta". Porra. Ele sabia sobre o mímico, tinha que saber. Eu estava assustado e confuso demais para pensar com clareza, quanto mais admitir o que tinha feito. Felizmente, a temporada de *Fazendo escala* estava quase acabando. *Melhor deixar as coisas esfriarem*, eu pensei me tranquilizando.

Na manhã seguinte, verifiquei se a barra estava limpa, depois passei em disparada pelo saguão do hotel. Enquanto colocava minha mala em um táxi, ansioso para chegar à estação da 30th Street, Tony parou o carro e disse: "Tom, aí está você. Venha comigo, te dou uma carona até a cidade". Merda. Só eu e Tony no carro dele pelas próximas duas horas. Pensei em fugir, mas sabia que ele me pegaria. Passamos grande parte da viagem em silêncio taciturno, mas o tempo todo meu monólogo interno não parava de gritar.

Ele sabe, ele sabe, é por isso que você está no carro dele. A honestidade é a melhor política, é só confessar! Calma, eu me safei, ele não sabe de nada. É claro que Tony sabe, ele sabe de tudo! E se ele não souber? Não seja estúpido, as pessoas estão perdendo o emprego por causa da porra de um cachorro-quente, e eu escandalosamente usei um trauma de infância para fins de comédia! Não! Diga! Nada!

As Meadowlands – aquele vasto pântano insípido no norte de Nova Jersey em que a família Soprano estava sempre fazendo algo sinistro – sinalizaram que estávamos nos aproximando de Nova York. Era minha última chance. Eu tinha certeza de que de um jeito ou de outro cairia em desgraça, então era melhor afundar com o máximo de honra que fosse capaz de salvar. Depois do que tinha feito, abrir o jogo em um lugar em que fosse geograficamente mais conveniente para Tony desovar meu cadáver era o mínimo que eu podia fazer para facilitar a vida dele.

"Tony, eu preciso te contar uma coisa", falei, em tom emotivo. Se antes pensei que Tony parecia chateado, eu não estava preparado para a intensidade que consumiu seu rosto no instante em que ele tirou os olhos da estrada e olhou diretamente para mim. Engoli em seco e me preparei para o impacto. "É... lá em Paris... o mímico... foi ideia minha, eu armei tudo." Levou um momento para a expressão de Tony mudar. Primeiro ficou impassível, depois ele começou a rir.

"O que é tão engraçado?", perguntei, hesitante.

"Achei que você fosse me contar alguma coisa séria!", respondeu ele. "Isso me lembra meu afilhado. Você sabe, eu pensava que ele era apenas um adolescente misantropo que passava o tempo todo no quarto se masturbando e jogando videogame. Mas acontece que enquanto isso ele estava administrando uma sofisticadíssima rede de drogas que vendia maconha para todas as crianças ricas da escola." Tony fez uma pausa para esperar que eu me inteirasse do que ele estava me contando. "Sabe, eu realmente *deveriiia* ficar puto com o moleque, mas... pra ser sincero, eu meio que fiquei orgulhoso."

Demorei um pouco para entender o que Tony estava dizendo. Senti um tremendo alívio por me livrar de uma punição, mas por acaso ele estava sugerindo que pensava em mim como um misantropo juvenil e ficou impressionado por eu ter conseguido fazer algo tão sofisticado como instruir o facilitador a contratar um artista de rua? Tenho certeza de que era exatamente isso o que Tony estava dizendo, o que era uma notícia fantástica! Levando em consideração nosso relacionamento singular, para mim era vantajoso parecer um pouco mais burro do que eu de fato era. A menos, é claro, que isso fosse um estratagema para induzir em mim uma sensação de falsa segurança.

"Você foi mesmo estuprado por um palhaço?", perguntei assim que recuperei minha compostura.

"Parece que há muito tráfego na George Washington", Tony respondeu, dando uma guinada para sair abruptamente da rodovia, sem ligar a seta. "Vou te mostrar um atalho pra ponte, vamos passar direto pelo lugar onde eu cresci."

CAPÍTULO 6:
MATE SEUS QUERIDINHOS

"Algum dia esta guerra vai acabar", Jesse disse, repetindo uma das citações favoritas de Tony. Fiz força para sorrir. Por mais difícil que fosse acreditar, *Lugares desconhecidos* chegava ao fim. Dois meses após a morte de Tony, era o fim da linha – estando eu pronto para isso ou não. Além do "Especial da equipe de produção", eu estava terminando a edição do episódio da Indonésia. As gravações do episódio incompleto na França não seriam utilizadas, o que fez de nossa filmagem na Indonésia o último programa de Tony a ser levado ao ar. Seria a nossa última chance de deixar Tony orgulhoso.

Fiquei feliz por Jesse estar editando o episódio da Indonésia; eu e ele tínhamos uma história e tanto. Nós dois começamos a trabalhar juntos ao mesmo tempo lá atrás, em *A Cook's Tour*, quando eu ainda era registrador. Trabalhamos juntos com regularidade desde meus primeiros episódios de *Sem reservas* em 2005, e Jesse havia editado a filmagem da Romênia, impregnando-a do senso de humor que é sua marca registrada e praticamente garantindo meu emprego como diretor. Agora lá estávamos nós na surreal posição de dar o corte final a um episódio póstumo de *Lugares desconhecidos*. Era uma lição de humildade, depois de tudo que aprendi com Tony ao longo dos anos, e eu ainda estava tendo problemas para descobrir como encerrar o programa.

A ausência de Tony era descomunal; era sua visão criativa que impulsionava grande parte do processo de edição. Mais do que o tempo que passei com a mão na massa nas locações, senti que foi por meio de *nossas* colaborações e batalhas no trabalho de edição ao longo dos anos que conheci Tony de verdade. Essa era a parte do processo em que ele realmente brilhava e, sem dúvida, em que mais aprendi com ele durante nossa convivência.

"Seja cada vez mais surreal", Tony disse. "Faça deste episódio o mais alucinógeno possível. Quero imagens de arte haitiana, cruzes, caveiras, paus, bebês, braços e pernas, membros intercalados com a surrealidade onírica do ambiente real."

Em 2010, o programa estava começando a repetir locações, e Tony queria variar, contar algumas histórias diferentes. Por isso insistiu, e depois exigiu, que fôssemos para o Haiti; no fim das contas, o canal aprovou a viagem, ainda que a contragosto. Chegamos vários meses após o grande terremoto de sete graus de magnitude na Escala Richter que deixou 250 mil mortos. Seria a primeira vez que o programa *propositalmente* se aventurava em um verdadeiro "ambiente de alto risco". Creio que nenhum de nós sabia direito o que tínhamos planejado até pousarmos em Porto Príncipe. A cidade tinha sido varrida do mapa. Em seu lugar havia uma colcha de retalhos de luto, valas comuns, incontáveis campos de refugiados improvisados, concreto desmoronado e retorcido, tudo costurado por uma rede de estradas parcialmente bloqueadas. Milhares de vítimas ainda estavam desaparecidas, os sobreviventes lidavam com um surto de cólera, a ajuda e a atenção estrangeiras eram insuficientes. Dirigindo à noite, a única luz vinha dos faróis de um ou outro carro que passava ou de um tambor de gasolina em chamas, indicação de uma barreira improvisada na pista. Nosso chefe de segurança, Damien, nunca tirava a mão de perto de um revólver escondido no porta-luvas.

A filmagem foi emocionalmente intensa; porém, dois meses depois, já de volta a Nova York, a edição estava indo bem – muito bem –, até que o Travel Channel fez o que parecia ser o melhor que podia para arruiná-la: "Tirem as cenas de Tony comendo uma segunda porção. Não pega bem mostrar isso em um ambiente de escassez de comida" e "Ainda há turismo disponível?". Fato ainda mais preocupante: os caras do canal exigiram maior clareza na narração, mais explicação linear, um resumo no fim e, de maneira geral, uma narrativa menos artística. Eric, o editor, e eu ficamos horrorizados, temendo que o canal conseguisse destruir nosso programa. Mas Tony interveio e fez pressão, defendendo ferozmente o nosso trabalho de corte.

"Esse episódio é material pro Emmy. Não é um documentário investigativo do *Frontline*. Nós queremos uma coisa impressionista... estamos *mostrando – e não dizendo*. Não se trata de polêmica. Sem conclusões, porque *qualquer* tipo de conclusão, seja final feliz ou não, vai ficar desatualizada assim que o programa for levado ao ar."

Ao fim e ao cabo, a posição de Tony acabou prevalecendo, e ele estava certo: o episódio rendeu a Zach e Todd um merecido Emmy de fotografia. Também definiu um precedente de que elevar o nível de qualidade às vezes exigia viajar para locais mais desafiadores. Também exigia saber como e quando enfrentar os poderes constituídos.

Quando eu não estava em uma locação gravando um episódio, ou dormindo por uma semana direto depois de voltar para casa, você provavelmente poderia me encontrar trabalhando com os editores. Sempre me envolvi muito de perto com o processo de edição dos meus episódios; eu tinha que fazer isso. A meu ver, se o programa fosse abandonado na sala de edição, as coisas dariam errado, e de nada valeria todo o nosso árduo trabalho de filmagem. A montagem podia até não ser tão glamorosa quanto as filmagens *in loco*, mas era importantíssima e bem mais gratificante. De maneira estranha, era graças ao trabalho de edição que eu realmente adquiria a noção de que tinha estado lá e meio que curtia de maneira indireta a viagem, de um jeito que não era capaz de fazer enquanto estava filmando. Produzir televisão – sobretudo com Tony – era uma operação de "os fins justificam os meios". Mesmo que tivesse sido a filmagem mais horrível, dolorosa, perigosa, humilhante e medonha, uma edição espetacular – um ótimo produto final – fazia com que nos esquecêssemos de quase tudo de ruim que acontecia nas locações.

Comandar com sucesso o processo de edição de um programa requeria longos dias selecionando material bruto de filmagens, separando frases de efeito, fazendo pesquisas adicionais, além da colaboração criativa com o editor. A verdadeira história acontecia na sala de edição. Sempre me esforcei para acrescentar material extra, fazer algo que fosse bonito, emocionante, honesto ou apenas especial para mim pessoalmente. O objetivo final era, é lógico, fazer um bom programa, e Tony era o juiz derradeiro e definitivo do sucesso.

A edição era a parte do processo criativo de que Tony mais gostava. Ele era engenhoso e exigente em igual medida, e seus comentários podiam ser contundentes.

"Regra número um? Mostre, não conte! Isso é narrativa básica, puta que pariu!", Tony dizia. "Este corte tem muito blá-blá-blá, parece a porra de uma excursão pelo museu, quando deveria ser uma demonstração visual dinâmica e de tirar o fôlego. Por que não estamos mostrando o olhar do Zach? Eu sei que temos as imagens!"

Tony acreditava piamente no poder de ponto de vista. Encontrar pessoas com um bom ponto de vista para interagirem com Tony diante das câmeras nos permitia olhar para determinado lugar por meio da visão de outra pessoa. Esse enfoque dava a Tony e ao programa um acesso privilegiado e era parte da receita mágica. Normalmente, o auxiliar escolhido por Tony era um chef voltando pela primeira vez para sua terra natal ancestral, ou viajando para o Leste Europeu com Zamir. Mas desta vez estávamos visitando o sul da Espanha com Zach, nosso diretor de fotografia. Em uma estranha guinada estilo "quebra da quarta parede", Zach estava ao mesmo tempo atrás e na frente da câmera com Tony, e aparentemente Jesse e eu estávamos estragando tudo na edição.

"Sobre o que é esse episódio?", Tony continuou. "Estamos falando do ponto de vista de quem? Resposta: Estamos contando a história a partir do olhar do Zach – o ponto de vista de um cinegrafista. O que o Zach veria? Deixem a coisa bonita, do jeito que um diretor de fotografia veria o mundo. Deixem as imagens falarem. Façam o fim ser 'sobre algo', um lembrete, em termos visuais, de quem está olhando. Consertem essa merda e façam a edição excelente que pode e deve ser."

Tony estabelecia um altíssimo padrão de qualidade. Exigia muito de todas as pessoas que trabalhavam no programa e, sobretudo, dos editores. Eles formavam um grupo incrivelmente talentoso que se aferrava a um padrão que, em outros programas, provavelmente seria considerado inatingível ou até mesmo abusivo. Muitas vezes os editores arcavam com o trabalho mais difícil da equipe, pois recaía sobre os ombros deles grande parte da pressão para constantemente se reinventar e elevar o nível do programa.

Minha experiência profissional meio que se limitava a fazer programas com Tony, mas eu tinha uma vaga compreensão de que nosso fluxo de trabalho de pós-produção era um tanto incomum. Dispúnhamos de nove semanas para editar cada episódio, o que aparentemente era muito tempo em comparação com o padrão da indústria, que era de quatro semanas e meia. E o prazo de nove semanas se baseava em tudo sair de acordo com o planejado. Nada nunca saía de acordo com planejado. As edições seguiam em frente, ao custo de cerca de 10 mil dólares por semana, até que Tony se desse por satisfeito com o episódio, e dane-se o orçamento. Olhando para trás, eu sabia que tinha sorte, mas acho que não percebia o quanto estava mal-acostumado, trabalhando em um programa em que a qualidade não apenas vinha em primeiro lugar, mas também era praticamente a única preocupação.

Mas nada que é bom é mamão com açúcar, e contornar as armadilhas potenciais da ilha de edição era uma estrada longa e acidentada. Embora a voz e o estilo inconfundíveis de Tony permeassem cada cena, na maioria das vezes ele não era capaz de oferecer muita coisa em termos de uma direção específica enquanto não visse o importantíssimo primeiro corte (nossa tentativa inicial de dar sentido às muitas horas – de sessenta a oitenta – de filmagem bruta). A opinião de Tony sobre um episódio nunca se recuperaria de uma primeira impressão ruim – por isso, quanto mais caprichada e bem-acabada a edição, melhor. O editor basicamente precisava cortar uma primeira versão refinada de todo o episódio, que, no entanto, inevitavelmente seria refeito.

Se Tony não gostasse dos rumos da edição de um programa, ele se recusaria a escrever o roteiro da narração em *off*. Eu deveria dizer *reescrever* o roteiro, pois cabia aos editores ou a mim escrever o primeiro esboço. A narração em *off* de Tony constituía literalmente a espinha dorsal dos programas, e as reescritas de Tony serviam essencialmente como selo de aprovação. Porém, mesmo quando Tony gostava de um corte, muitas vezes não escrevia de acordo com o material que havia sido editado, ou nem sequer levava em conta a versão inicial do roteiro da narração em *off* que ele recebia. Tony escrevia o que ele queria escrever. Isso significava que era praticamente inescapável fazer engenharia reversa do corte para se encaixar ao texto que Tony fornecia.

Era um fluxo de trabalho reconhecidamente retrógrado e ineficaz, mas era o esquema de que Tony precisava e, portanto, a maneira como as coisas eram feitas. Também era desmoralizante para o estado de espírito do departamento de edição.

Tony, o tipo de sujeito que não brincava em serviço e costumava ir até as últimas consequências, muitas vezes parecia ter pouca ou nenhuma simpatia pela perspectiva dos editores. Com certeza, parte de questão derivava do fato de Tony ser naturalmente desconfiado de "sujeitos de rosto cadavérico de tão pálido que optam por ficar sentados sozinhos trancados dentro de uma sala escura em frente a um painel de edição o dia inteiro observando outras pessoas fazerem as coisas".

Uma vez que passei pelo mundo da produção e pelo mundo da pós--produção, julgava que entendia os dois lados, e aprendi que era melhor usar luvas de pelica ao apresentar minha avaliação sobre a edição. Mais importante ainda era, sempre que possível, suavizar a opinião de Tony. Ele não gostou da concepção e do desenrolar do corte, demonstrou pouco entusiasmo com o trabalho artístico da forma narrativa? Bem, digamos apenas que o parecer de Tony era uma forma de arte por si só. Minha caixa de entrada de e-mails contém inúmeras mensagens, enviadas às três da manhã, mais ou menos nos seguintes termos:

O final do episódio é túrgido, açucarado, sentimentaloide e piegas demais. É dolorosamente, pedantemente, MUITO MUITO MUITO exagerado. Do jeito que está, o programa é uma mistureba inútil e pomposa de metáforas confusas. Não reiterem com tanta insistência as referências/homenagens óbvias, puta que pariu! Por favor! Está encharcado de banalidade, e tão repetitivo que parece ter sido malhado com um batedor de carne. Então precisa de URGENTES cirurgias no ato seis. Está uma completa merda. Com cara de segunda temporada convencional, e a MÚSICA é abominável – ou totalmente inadequada. Soa como um filme com Tom Cruise dos anos 1980! POR FAVOR. Conserte esse programa.
Enviado do meu iPad

No entanto, apesar de toda a sua ruidosa fanfarronice, Tony era uma espécie de coração mole e não gostava de confronto. Infelizmente para todos, um destes e-mails inadvertidamente chegou a McIndio, o editor do programa com o qual Tony estava descontente. Ao constatar que sua reação levou McIndio à beira de um colapso mental, Tony o convidou para uma filmagem na Tailândia como forma de pedir desculpas.

"Caramba, esses editores do caralho", Tony disse. "Precisamos levá-los pra tomar sol, engrossar a pele, e isso também será bom pra criatividade."

Infelizmente, a "estratégia de fazer amizade com os editores" não saiu conforme o esperado. Já muito fora de sua zona de conforto quando aterrissou em Bangkok, no percurso de van para o hotel, McIndio dava espasmódicas pancadas no ar para espantar mosquitos imaginários enquanto ao mesmo tempo tabulava e fazia referências cruzadas dos números e letras nas placas dos carros, convencido de que estava detectando padrões. Infelizmente, a situação deteriorou a partir daí. "Ele parecia uma assombração", Tony disse. "No fim das filmagens, estava andando em círculos concêntricos, discutindo consigo mesmo sobre os números primos. Puta que pariu. Algumas pessoas a gente tem mais é que deixar na gaiola."

Tony encerrou a "estratégia de fazer amizade com os editores", bem como o contato mais direto com o staff da edição, deixando essa tarefa para pessoas como eu. No entanto, por mais que não simpatizasse com a mentalidade dos editores, Tony entendia que eles detinham as chaves das muitas "estranhas e terríveis ferramentas" da produção de filmes. Ele era fascinado pela idiossincrática química cerebral que tornava os editores especialistas em se comunicar por meio de cortes, design de som e música, em vez de palavras; Tony dependia deles e, por isso, tinha um imenso respeito pelo trabalho que eram capazes de fazer.

E era impressionante. A capacidade de trabalhar com a vasta quantidade de filmagens cruas e moldá-las na forma de uma narrativa coesa, além de aguentar Tony sem pirar feito o "McIndio", exigia habilidades quase sobre-humanas. Vejamos, por exemplo, o caso de Hunter, que se juntou ao nosso time pouco antes da mudança para a CNN. De alguma milagrosa maneira, os primeiros cortes de Hunter pareciam programas prontos e acabados, sempre cinematográficos, e ele tinha a habilidade mágica de apresentar com clareza e leveza os temas mais complicados e difíceis. Hunter era discreto, simples, não dava trabalho e era estranhamente normal para um editor. E era também um verdadeiro gênio.

Sabendo o quanto Tony odiava resumos e sínteses, Hunter teve uma ideia para terminar nosso episódio no Laos sem diálogos nem narração em *off*. Devo enfatizar o quanto essa ideia era radical. As redes de TV seguem com devoção quase religiosa a crença de que os espectadores precisam de uma voz constante e reconfortante para lembrá-los do que já viram, do que estavam vendo no momento e do que veriam no que ainda estava por vir na sequência. Essa era uma verdade onipresente sobretudo no fim de cada episódio, ocasião em que normalmente havia um irrefreável impulso para que Tony pronunciasse algum tipo de banalidade agradável.

Mas Hunter conseguiu. Nada de diálogo, nada de narração em *off* durante cinco minutos e meio, apenas som natural e música sobrepostos à filmagem de Tony em um festival local. Coloridas lanternas de papel em formato de dragão, com incontáveis velas flutuantes à deriva na água, transformando todo o rio Mekong em uma explosão etérea de luzes enquanto a trilha sonora aumenta de volume de maneira crescente. Um lindo espetáculo, e um tempo recorde sem falas, uma verdadeira marca de nível máximo, de apogeu.

"Meu Deus, ele é uma espécie de menino-prodígio", Tony declarou. "Ninguém é tão perfeito assim. Ele deve assassinar prostitutas no porão de casa pra extravasar a raiva, é a única explicação lógica. Dê um jeito de nunca pegarem o Hunter. Ele é valioso demais pra ir parar na cadeia."

Exagerado por natureza, com uma inerente e magnífica predileção pelo absurdo, Tony era o melhor contador de histórias. A maneira como ele olhava para o mundo, sua capacidade de transformar o dia a dia insosso em uma fantástica reinterpretação da realidade pareciam adicionar mais significado e verdade ao evento original.

"Ambas as versões da cena começarão com as mesmas tomadas do trem se aproximando da estação. Mantenha minha versão direta, sobre comida, com uma referência passageira às crianças famintas", Tony instruiu, falando a mil por hora, parando apenas para acender um cigarro. "Não queremos deixar quase nenhuma pista de como as coisas saíram de controle na minha versão, passar por cima da feiura e da culpabilidade e da vergonha e poupar o espectador do constrangimento que sentimos."

Tentando me concentrar por cima do barulho de tiros ao fundo, pelejei para acompanhar o que Tony dizia, rabiscando em uma caderneta suas instruções para a edição. Estávamos no quintal de uma casa modesta em Dahieh, subúrbio de Beirute controlado pelo Hezbollah, esperando que nossos câmeras concluíssem os preparativos para uma cena de refeição em família. Como sempre acontecia, enquanto gravávamos um episódio eu supervisionava o processo de pós-produção de outro. E, o que também era comum, a edição – neste caso o episódio de Madagascar – enfrentava uma dificuldade.

"Sinto muito, ainda estou tendo problemas pra entender a justificativa de várias versões do motim por comida", aleguei.

Tony revirou os olhos e suspirou. "Então, pra esclarecer, a ideia está no fim do episódio. Pergunto a Darren como *ele* contaria o que aconteceu no trem. Em seguida, cortamos de novo para o trem na versão de Darren, que dessa vez inclui as crianças famintas arrancando a comida das minhas mãos. Muito mais sombria. Muito menos lisonjeira. Impiedosa. Lúgubre. Brutal. Assustadora até. A versão de Darren mostra a realidade do lugar em todo o seu horror e sua negatividade estraga-prazeres."

O Darren a quem Tony se referia era Darren Aronofsky, diretor de filmes de Hollywood como *Réquiem para um sonho*, *Pi*, *Cisne negro* e *O lutador*. Ele havia nos acompanhado a Madagascar, a nação insular no extremo sudeste da África que a maioria das pessoas associa aos lêmures das animações

Madagascar. No entanto, o apocalipse ambiental, a pobreza esmagadora e o sofrimento humano eram mais representativos do que eu vi. O imbróglio quanto à edição do episódio girava em torno do que havíamos presumido que seria uma rotineira parada para uma refeição durante um passeio panorâmico de trem para o litoral.

Depois de algumas horas de viagem, nosso trem parou em uma isolada estação na selva. As câmeras rodaram quando Tony e Darren desembarcaram em busca de comida, e, para a surpresa de todos, a situação rapidamente começou a ficar fora de controle. Em pouco tempo, o que se iniciou com uma grande multidão de crianças da aldeia local gritando e brigando por restos de alimentos, dinheiro trocado e até mesmo recicláveis de plástico degringolou para um estado de anarquia. Com golpes dos punhos, as crianças bateram no trem no que parecia ser um ato de mendicância violenta. Temerosos, os poucos turistas a bordo jogaram garrafas vazias pela janela. Em meio à gritaria, ouvia-se o som de choro. As samosas que havíamos arranjado para Darren e Tony comer foram arrancadas de suas mãos pela aglomeração de crianças famintas, e tivemos que recuar para o trem. O desespero e a pobreza eram de partir o coração, a coisa toda um choque de realidade dramático e profundamente perturbador.

"A versão de Darren termina com nós dois atordoados e sentados em silêncio no trem depois disso", Tony disse. "O contraste entre nossas versões tem que ser chocante."

"Sim… mas o que me preocupa é a múltipla perspectiva nos tirar do momento", aleguei. "Isso não é uma desnecessária distração das questões muito sérias que abordamos no programa, e que, em vez disso, chama a atenção pra nós?"

"*Exatamente*", Tony exclamou. "O que nós incluímos, o que escolhemos deixar de fora? De qualquer forma, a escolha é nossa. Tem a ver com o dilema moral das viagens e do privilégio branco. A câmera é mentirosa. Chamar a atenção para isso questiona nossa própria confiabilidade e mostra que nossas mãos não estão limpas. Eu quero mostrar como até mesmo a TV 'honesta, que retrata a vida como ela é' pode ser manipuladora."

Essa era uma das coisas mais formidáveis a respeito de Tony. Ele nunca se esquivava de temas complicados e não tinha medo de se mostrar sob uma luz bem pouco lisonjeira. E Tony não era apenas honesto com relação a isso, ele volta e meia movia mundos e fundos para realçar o quanto a TV podia ser uma máquina de manipulação.

* * *

Tony era um escritor brilhante e talentoso, com uma imaginação excepcional, dotado da capacidade de escrever da maneira como falava. Apesar de ser a pessoa mais inteligente e mais letrada que já conheci – capaz de dominar a língua inglesa feito um travesseiro ou uma espada, às vezes na mesma frase –, Tony não tinha muita instrução formal. Ensino médio, um ano na faculdade Vassar – em que, segundo ele dizia, sua façanha acadêmica de maior sucesso foi conseguir receitas para Quaalude* e uma oficina de escrita criativa na Universidade Columbia. Ele sempre falava sobre seu professor de redação, que o ensinou a "matar seus queridinhos". Essa lição se tornou sua direção criativa mais recorrente. Tony repetia várias vezes: "O melhor conselho de escrita que posso oferecer é 'mate seus queridinhos'. Jogue fora os trechos que você achar que são as melhores linhas que já escreveu. Vai ser melhor".

Lembro-me de Tony sentado na cabine de gravação lendo o texto de uma locução em *off* quando parou no meio da frase. Tirando os olhos do papel, perguntou: "Que macaco maconheiro escreveu isto aqui? Por acaso você enxertou isso sorrateiramente no roteiro? É tão canhestro e pesado, com essa história de juntar as pessoas. Precisamos de um toque *muito* mais leve. Você está martelando todas as paradas no órgão feito Elton John em um funeral. Sutileza. É uma virtude, porra! Não me refiro apenas a essa linha específica, estou afirmando que, de maneira geral, estamos caindo em uma saída estereotipada e comovente. Daqui a pouco vai ser a cada segmento antes dos comerciais. Você sabe… vamos ter um abraço coletivo a cada episódio se continuarmos assim. É o que você quer?".

Ele franziu o cenho e lançou na minha direção um olhar carrancudo por cima dos óculos de leitura, uma das sobrancelhas levantada alto o suficiente para eu entender que a pergunta não era retórica. Apertei o botão de resposta e disse: "Bem, é que achei que deveria dizer *alguma coisa* legal, porque o programa tem sido um pouco sarcástico às vezes".

"Eu sei. Portanto, é especialmente falso, contraditório e incongruente mudar de rumo e ficar todo piegas no fim", ele sentenciou.

Tony via as conclusões de fim de episódio como uma traição do que era inevitavelmente uma questão muito maior e mais complexa. Sempre preferia deixar o público pensando, fazendo suposições, imaginando. Embora

---

* Medicamento sedativo e hipnótico. (N. T.)

entendesse as reações instintivas e irrefletidas de Tony contra finais felizes e agradáveis, com uma mensagem edificante muito limpinha e ordeira, e por mais que eu concordasse com isso, meu apetite pelo não resolvido era bem menor. A bem da verdade, secretamente eu era um pouco fanático por um final hollywoodiano tipo algodão-doce. Ao longo dos anos, isso resultou em muitas cabeçadas e muitos debates polêmicos, e no fim das contas Tony sempre levava a melhor. Mas, às vezes, ele me surpreendia, inesperadamente insistindo ele mesmo em um final feliz.

Sem medo de errar, posso afirmar que Tony era completamente imprevisível. Uma de suas regras mais importantes era que os programas sempre tinham que ser diferentes a cada semana. Diferentes de uma maneira maníaco-depressiva e esquizofrênica. Sempre em frente, fazendo a coisa difícil, até mesmo a coisa burra, contanto que fosse a coisa diferente. Tony acreditava piamente em fracassar de modo glorioso tentando fazer algo interessante em vez de alcançar o sucesso sendo medíocre. "Se não for interessante, é melhor a gente trabalhar em uma lanchonete", ele dizia.

Demorou anos, mas quando começamos a fazer *Lugares desconhecidos*, Tony basicamente montou sua equipe de produção dos sonhos. Era um laboratório empírico em que ele estimulava as pessoas a correrem riscos tresloucados e muitas vezes inapropriados, recompensava a experimentação, a criatividade e o pensamento inusitado, ao mesmo tempo que expunha à vergonha e à execração pública características como consistência e pensamento equilibrado. Tony aconselhava: "Assistam a filmes, leiam tudo que puderem. Inspirem-se no que outros fizeram e aprendam com os erros alheios. Roubar é bom, contanto que, no tribunal, você possa sugerir de maneira razoável que foi apenas um 'empréstimo'".

Ele desafiava os editores, operadores de câmera, diretores e produtores a inventar maluquices, a inovar, e defendia com unhas e dentes nossa liberdade de experimentarmos coisas novas e nos divertirmos nesse processo. A questão não era ser espetacular, era inovar ferrando o formato.

Pensando bem, isso era extraordinário. Tony capitaneava um programa que não tinha nada a ver com a CNN – pelo menos no papel –, mas junto com a equipe nós produzimos o programa de maior audiência do canal. Em uma semana podíamos levar ao ar um corajoso episódio sociopolítico filmado na Colômbia, e na semana seguinte uma sofisticada desconstrução do melhor restaurante do mundo em Copenhague, e em seguida um episódio em Tóquio investigando a subcultura da submissão sexual, ou uma viagem a Buenos Aires com inspiração visual tirada de algum obscuro filme de Wong Kar-Wai. Quem assistia aos programas nunca sabia o que esperar, e esse era o xis da questão.

Devemos dar crédito à CNN por nos permitir a liberdade criativa para experimentar, bem como por nos propiciar a plataforma e as ferramentas que possibilitaram ao programa tornar-se o que sempre quis ser. Às vezes o pessoal do canal devia ter a impressão que apresentávamos uma ideia ruim atrás da outra, maluquices capazes de arruinar o programa. Depois de duas semanas debruçados sobre o trabalho de edição das filmagens na Coreia, Jesse sugeriu que cortássemos o episódio de trás para a frente.

"Faça isso", disse Tony, abraçando imediatamente a ideia. "Enfatize a narrativa reversa. Vou apoiar você. Mas não deixe ninguém diluir a coisa. Começamos pelo final, sem explicação. Contamos a história ao contrário. O público que se vire pra acompanhar."

Assim como os editores, os diretores de fotografia, Zach e Todd, estavam sempre experimentando, sempre ultrapassando os limites do que era possível em termos criativos e técnicos. Livrando-se das nossas costumeiras filmadoras Sony F-55, eles conceberam e improvisaram um sistema de câmeras inteiramente novo, apenas para o episódio da Coreia. A gambiarra permitia movimento dinâmico durante a operação de minúsculas lentes manuais do tamanho de um batom, capazes de captar imagens com excelente qualidade. A desvantagem era que todo mundo ficava amarrado por cabos ao que parecia ser uma mochila de prótons do filme *Os caça-fantasmas*, um peso de 35 kg que comprimia vértebras e muitas vezes era preso às minhas costas. E assim zanzamos por Seul, um desajeitado polvo de cabos, operadores de câmera e um equipamento de gravação delicado e cheio de firulas. A verdade é que não deveria ter funcionado, mas de alguma forma funcionou. Na sala de edição, Jesse aproveitou ao máximo o frenético trabalho de câmera "na sua cara", dividindo a tela em duas ou três e mostrando as cenas do fim para o início. Exibimos na ordem contrária até mesmo a vinheta de abertura do programa. O episódio da Coreia foi simplesmente uma bagunça para lá de gloriosa. Que, como de costume, nossa produtora executiva, Sandy, teve que limpar.

"Eu tenho passado dias inteiros ao telefone com o pessoal do canal", disse ela. As bochechas encovadas e a tez pálida eram evidências da dificuldade de fazer a mediação entre o terrorismo criativo inspirado em Tony e as realidades da rede CNN. O trabalho de Sandy era ingrato e ridículo em igual medida. "A referência a comer vômito de cachorro ajudou bastante, obrigada", continuou ela. "Mas a CNN está batendo o pé com relação a exibir os créditos de encerramento de trás para a frente, na primeira cena do programa. Estão muito preocupados que, se fizermos isso, as pessoas vão automaticamente mudar de canal. Desculpem, é a única coisa que eles não vão aprovar."

Tony era o defensor dos incompreendidos, dos vagabundos, dos intransigentes e obstinados, dos pioneiros, dos bêbados adoráveis, dos marginalizados – o paladino dos que ficavam para trás, dos que eram deixados de fora ou de lado. Talvez porque soubesse por experiência própria o que era ser um outsider. Na juventude, Tony não se encaixava; ele sempre considerou que o tempo que tinha passado trabalhando em uma cozinha fora como integrar uma equipe pirata de desajustados. Embora fizéssemos um programa de TV, Tony promovia a ideia de que não éramos parte do mainstream. Sempre nos esforçávamos para mostrar vozes diversas, fazíamos o melhor que podíamos para lançar luz sobre as culturas sub-representadas e dar a elas a última palavra. Tony sempre defendeu o que ele acreditava ser o certo, e todas as pessoas que trabalhavam no programa se orgulhavam por essa responsabilidade. Essa talvez fosse uma das melhores coisas a respeito do programa, e podia ser uma das mais polêmicas.

"Então… a Sandy e eu acabamos de sair de uma longa conversa telefônica com a CNN", anunciei, a respeito do episódio do Irã. "Eles realmente o estão acusando de ser uma 'peça de propaganda antiamericana velada'".

"Você está brincando… certo?", Hunter perguntou, com expressão preocupada.

Eu não estava brincando. E não deveria ter ficado surpreso com o fato de que filmar um episódio no Irã era chafurdar em águas perigosas. Em vez da popular concepção de que os iranianos eram assassinos exportadores de terror, encontramos famílias hospitaleiras, pessoas curiosas e jovens saindo à noite para matar o tempo e bater papo com os amigos na rua na frente de sorveterias. Eles sorriam para as câmeras; todos eram acolhedores e gostavam de norte-americanos. Francamente, ficamos fascinados com o lugar e as pessoas que conhecemos.

Claro que o país tinha problemas. Entre outras questões, havia uma tensão justificada entre nossos governos, e os direitos e liberdades dos iranianos eram continuamente reprimidos. Mas nossa linha de trabalho nos ensinou que existia uma diferença entre o povo e seu governo. O Irã foi uma viagem singular, uma experiência única… tínhamos recebido uma oportunidade concreta de contar uma história diferente, e era de extrema importância que fizéssemos a coisa direito. Esse episódio tinha o potencial para fazermos o que Tony sempre almejou e o que mais me enchia de orgulho: questionar estereótipos, ao mesmo tempo que resistíamos à ideia de "alterizar" as pessoas; para tanto, em vez de estigmatizar os indivíduos que conhecíamos, nós os tratávamos com dignidade e respeito e abordávamos com mente aberta as situações complexas. O episódio do Irã serviu também como um lembrete do que poderia acontecer às pessoas que deixávamos para trás.

Pouco antes de concluirmos a edição, recebemos a notícia de que Jason Rezaian e Yeganeh Salehi, sua esposa, jornalistas que conversaram com Tony diante das câmeras, tinham sido detidos e levados para a cadeia sem acusações formais. Foram as pessoas mais gentis e otimistas que conhecemos no Irã, e não estava claro se sua prisão era resultado de terem filmado conosco, ou de que modo o programa poderia ter afetado sua situação. O que de fato sabíamos era que no Irã os limites do que se podia e do que não se podia dizer mudavam constantemente. Era necessário tomar cuidado para que nenhuma palavra mencionada no programa pudesse inadvertidamente piorar ainda mais a situação. Era uma preocupação não apenas para Jason e Yeganeh, mas também para todas as outras pessoas que nos ajudaram ou apareceram no programa. Era melindroso equilibrar-se na tênue corda bamba entre o governo iraniano, o canal de TV e a verdade. Felizmente, Hunter estava editando o episódio. Seu grande coração e seu estilo de edição matizado e intuitivo conferiram profundidade ao corte final.

"O programa está podcrosíssimo, Hunter", declarei quando vi a edição completa. "O episódio me fez rir, chorar e pensar. É impressionante o espectro de emoções em quarenta e dois minutos e meio de TV. Você nunca recorre a nenhum truque barato nem apela pra intrigas ou fofocas, e não há um único momento entediante ou oportunidade perdida. Em meio a um mundo que parece tão horrível e assustador hoje em dia – com divisões que podem parecer desesperadoras –, seu programa é a prova de que existe esperança. No fim das contas, talvez o mundo não acabe! Obrigado novamente por tudo."

Várias semanas depois, assisti à primeira transmissão do episódio, um exemplo pungente das contradições do Irã – que pareciam ser mutuamente exclusivas – e também das ambiguidades do nosso trabalho, um poderoso lembrete de por qual motivo me mantive nesse emprego e continuei aferrado ao significativo propósito por trás dele, um desígnio que, muitas vezes, se perdia em um turbilhão de adrenalina.

O episódio termina com Tony bebendo cerveja sem álcool e comendo pizza para viagem ao lado de um grupo de entusiastas de clássicos carros envenenados norte-americanos no norte de Teerã. Parecia uma cena filmada em Los Angeles. Hunter entremeou tomadas de possantes Mustangs e Camaros vintage dando fritadas no asfalto com risadas e retratos das várias pessoas que filmamos ao longo do episódio. Em *off*, a voz de Tony diz: "Depois de dez semanas, Yeganeh foi finalmente libertada, mas, enquanto leio essas linhas, Jason continua preso. Seu futuro e os motivos para sua prisão ainda são desconhecidos". O episódio me deixava em frangalhos toda vez que eu assistia a uma reprise.

Horas depois, na mesma noite, recebi um e-mail de Tony:

Que baita episódio! Você e Hunter devem ficar muito, muito orgulhosos. Realmente uma grande realização. Talvez o melhor que vocês já fizeram. Milhares de iranianos já assistiram e expressaram grande amor. Talvez nosso maior volume de reações no Twitter e no Facebook em todos os tempos – e audiência enorme. Obrigado por todo o trabalho árduo e cuidadoso.

Tony
Enviado do meu iPad

Nesse mundo de regras e regulamentos cada vez mais onipresentes, Tony era um rebelde que volta e meia ousava dizer "vá à merda". Todo herói precisa de um vilão, e, ironicamente para nós, os bandidos também eram os caras que pagavam as contas. Redes de televisão – em geral – se esforçam para permanecer inofensivas para os maiores grupos de espectadores em potencial e, portanto, para os anunciantes. É uma estratégia financeira sensata à qual Tony – que nasceu para correr riscos – atribuía a culpa pela onipresença de conteúdo insípido, derivativo, diluído e quase sempre medíocre. Era quase como se Tony fosse geneticamente programado para resistir aos costumes das redes de TV. Em Inukjuak, vilarejo inuíte no Ártico ao norte de Quebec, durante a filmagem de um episódio de *Sem reservas*, Tony fez força para enfiar a mão em uma imensa luva peluda, em seguida virou-se para a câmera e declarou: "A sensação é de introduzir o braço até o punho no fiofó de um cachorro samoieda".

Para nossa alegria, o comentário de Tony foi levado ao ar sem sofrer censura. A referência de Tony à inserção de um punho no ânus ou vagina de um cachorro só foi percebida pelo Travel Channel quando os espectadores escreveram para reclamar e chamar a atenção do canal. Depois disso, algum pobre estagiário foi incumbido de verificar o roteiro consultando dicionários de gírias on-line.

A CNN, por outro lado, era muito mais organizada e contava com um departamento inteiro encarregado apenas de defender os princípios – tipicamente conservadores – de decência da rede. Era chamado de Padrões e Práticas, ou P&P, na abreviação. Esses árbitros da moralidade corporativa decidiam o que era aceitável exibir, mantendo a transmissão livre de linguagem, imagens ou temas potencialmente ofensivos.

O P&P tinha um bocado de dificuldades para fazer seu trabalho quando se tratava de Tony. Em meio às incontáveis escaramuças, nosso episódio na Tailândia se destaca. Foi um passeio de bar em bar pela cidade de Chiang Mai, encharcado de uísque de arroz e pontuado por comportamento impróprio, consolos, animações em fundo verde, uma tigela de sopa picante de sangue cru bastante escabrosa que Tony tomou fazendo ruído, transexuais e uma enxurrada de palavrões.

"Eu quero sangue", Tony disse. "Muito e muito sangue. E palavrões. Peguem pesado. Dessa forma, quando a rede cortar, ainda vai sobrar bastante na versão final do episódio."

Via de regra, Tony ultrapassava os limites do que era permitido exibir na televisão, por uma razão provavelmente artística ou mesmo altruísta. Mas, às vezes, apenas achávamos que seria divertido jogar um balde de água fria nos planos do canal e ver se nossa sabotagem conseguiria escapar impune.

"Podemos discutir as anotações do P&P sobre a Tailândia?", Sandy perguntou, com olheiras fundas. Relendo-as rapidamente, fiz o melhor que pude para manter um ar de seriedade.

> 1:06:44 *A porra do uísque, puta que pariu! (Puta que pariu é uma expressão bastante ofensiva para algumas pessoas).*
>
> 1:10:16 *Prefiro comer uma porção de bolas de um saco bem grande.*
>
> 1:11:45 *Discussão sobre a sopa de sangue que contém fezes de vaca, muitas repetições da palavra "merda".*
>
> 1:12:30 *Uma coisa fedida com gosto de bunda!*
>
> 1:12:30 *Eu comeria direto da saqueira suada do Chris Christie* em um dia quente de verão.*

---

* James Christopher Christie, político e advogado norte-americano, membro do Partido Republicano e ex-governador de Nova Jersey. (N. T.)

1:12:56	*Se você comer muito desta merda, vai ficar cego.*
1:13:21	*Não dou a mínima se o Justin Bieber cagou naquela sopa, estava uma delícia.*
1:13:24	*Puta que pariu.*
1:13:35	*Se alguma vez você já enfiou a língua no cu de uma mulher muito bonita.*
1:13:44	*Na minha imaginação, o rabo da Angelina tem esse sabor.*
1:13:46	*Então, um brinde ao beijo grego. Esta é a* CNN.
1:15:52	*O intestino tem o mesmo gosto da filha daquele lavrador.*
1:16:26	*Porra de macarrão.*
1:19:17	*Aquela mulher está com um consolo na boca?*
1:20:21	*É uma ideia brilhante pra caralho.*
1:21:23	*O traveco coloca a cabeça entre as pernas do cara.*
1:22:00	*Prostitutas com seus gringos queimados de sol (imagens reconhecíveis).*
1:22:30	*Estamos andando feito uns bebuns em uma corrida contra o relógio.*
1:23:22	*É como o saco escrotal do Guy Fieri.**
1:24:36	*Comida de bebum.*
1:24:50	*É foda pra caralho.*
1:26:10	*Puta que pariu, isto é bom pra caralho!*
1:29:21	*Ooooo, mais ereções. Você sabe o que é mais estranho do que cagar sangue? Cagar sangue de outra pessoa.*
1:33:51	*Delicioso pra caralho.*
1:40:50	*Teoricamente, se alguém chupasse seu pau, isso poderia ser muito doloroso.*
1:40:54	*Conselho número um para jovens cozinheiros: não toquem no seu pipi depois de trabalharem com essas pimentas.*
1:41:23	*Amanhã é que eu vou pagar a conta: vou ficar com queimaduras na bunda (bunda ardendo).*
1:41:47	*Escolher do que eu quero me proteger – por exemplo, clamídia.*
1:45:45	*Tony descreve seu banheiro depois de fazer uma refeição. Muito nojento.*

---

* Famoso chef, dono de restaurantes e apresentador de programas culinários no Food Network. (N. T.)

"Esqueci de transcrever outra anotação do nosso advogado", Sandy disse, sentando-se à sua mesa de trabalho com um suspiro de desânimo. Eram quatro da tarde e ela ainda ia almoçar. "Há duas cenas em que aparecem mamilos. Essas tomadas de gente pagando peitinho têm que ser substituídas ou borradas."

"Ah, meu Deus! Os mamilos são visíveis apenas por cerca de três quadros!", protestei aos berros, dando um tapa histriônico na minha testa para esconder que eu estava tentando não cair na gargalhada. Eu considerava esse jogo absolutamente hilário, embora vencer exigisse uma fachada de genuína angústia.

Eu era o emissário de Tony e não tratava minha função de maneira leviana, eu não brincava em serviço. Iniciando as negociações, propus: "Podemos tirar o 'merda' de 'Se você comer muito desta merda, vai ficar cego', *mas* quero manter todos os quatro 'merdas' presentes durante a discussão sobre a sopa de sangue com fezes de vaca. Os caras estão literalmente comendo merda. É uma referência técnica. E em 'Uma coisa fedida com gosto de bunda!' e 'comida de bebum'? Sério? O que há de errado com isso? O mesmo vale para todas as vezes que Tony diz: 'Puta que pariu, isto é bom pra caralho!'".

Sandy suspirou enquanto, sem um pingo de alegria, comia sua salada de couve e nozes. "Vou forçar a barra para manter os 'puta que pariu', mas, por favor, tentem reduzir para apenas um ou dois usos", ela pediu.

"Se for preciso, podemos tirar 'queimaduras na bunda', respondi, indignado. O mesmo vale para 'não toquem no seu pipi depois de trabalharem com estas pimentas', 'se alguém chupasse seu pau, isso poderia ser muito doloroso', 'o saco escrotal do Guy Fieri', a referência a Justin Bieber dando uma cagada, o cara recebendo um boquete falso do traveco, dois dos três consolos, e todos os 'porra'."

Vi o rosto de Sandy se iluminar ligeiramente. Por um breve momento ela deve ter pensado que eu seria sensato. Assim que ela abaixou a guarda, foi hora de partir para a matança.

"No entanto, depois de discutir com o Tony, sentimos que é de vital importância manter 'prefiro comer uma porção de bolas de um saco bem grande', 'Eu comeria direto da saqueira suada do Chris Christie em um dia quente de verão', 'Na minha imaginação, o rabo da Angelina tem esse sabor', 'O intestino tem o mesmo gosto da filha daquele lavrador', e, o mais importante, Tony entornando doses de aguardente caseira e brindando: 'Então, um brinde ao beijo grego. Esta é a CNN."

Sandy tossiu baixinho e pousou o garfo.

***

Tony morreu antes de escrever ou gravar qualquer narração em *off* para o episódio da Indonésia. De uma forma perversa, isso significou que ele conseguiu o programa que sempre quis, sem locução em *off*. Mas o episódio simplesmente não parecia direito. Eu estava acostumado às definições de Tony sobre o que era certo ou errado. Nem sempre era o feedback mais fácil, mas era tudo que eu sabia.

Entorpecido, assisti à filmagem, tentando descobrir o que fazer. Embora Tony não estivesse lá, parecia que havia alguma pequena parte dele ainda viva na edição. De maneira subconsciente, talvez, pude sentir isso assim que terminamos. Tony realmente tinha partido para sempre. Era um beco sem saída: trabalhar no episódio era doloroso, mas pior ainda era pensar que o episódio estava concluído. Eu não me sentia pronto para seguir em frente.

Os finais sempre foram a parte mais difícil, e com a Indonésia não foi exceção. A última cena do episódio – a última cena que filmei com Tony – era um funeral, uma cerimônia de cremação com as cinzas do defunto espalhadas pela praia. Tony nunca teria escolhido usar o funeral no fim do episódio; levando-se em conta o que aconteceu, era "muito na cara". Em vez disso, ele nos teria aconselhado a pensar além do senso comum, além do óbvio. Jesse e eu fizemos experimentos com algumas opções, mas, sem a narração em *off* de Tony, tudo o que tentávamos apenas complicava ainda mais uma situação que já era complexa.

A melhor solução que encontrei foi incluir uma linha de narração em *off* que Tony gravara para o episódio das Ilhas Gregas alguns anos antes e que acabamos não aproveitando: "Todas as boas histórias terminam na praia. Por que esta deveria ser diferente?". Terminar assim não era o caminho que Tony teria escolhido, mas o desfecho mais convencional e reconfortante, com uma edificante e inspiradora sugestão de esperança narrada em *off* por Tony antes dos créditos, era o mais perto do fim que eu gostaria que Tony tivesse tido.

PARTE 2

CAPÍTULO 7:
AMBIENTE DE ALTO RISCO

"Bem-vindos à Líbia!", foi assim que Reda, nosso facilitador, recebeu a equipe quando saímos do aeroporto. Depois de várias queimadas na largada, becos sem saída e anos de tentativas, finalmente estávamos lá. Era janeiro de 2013, e após a inesperada e impressionante vitória da Primavera Árabe, pela primeira vez em 42 anos a Líbia estava livre.

"Parabéns pela nova série", veio uma voz conhecida. Era Damien, nosso consultor de segurança. "Tudo tranquilo no front ocidental até agora", ele disse, batendo os calcanhares em uma continência. A presença de Damien indicava que nossa seguradora considerava o episódio 104 de *Lugares desconhecidos* uma ameaça maior do que o normal ao nosso bem-estar. A queda de Muammar Gaddafi, o ditador megalomaníaco da Líbia, resultara em um vácuo de poder, o que permitiu que nos últimos meses surgissem várias milícias e grupos de elementos radicais islâmicos. Os noticiários estavam salpicados de cenas de decapitações e fuzilamentos de ocidentais. Ambientes de alto risco não eram de minha predileção, mas a filmagem na Líbia era importante para Tony, então é claro que me dediquei de corpo e alma. Apesar dos eventos recentes, Trípoli, a capital da Líbia, era muito parecida com qualquer outro lugar. Arranha-céus, ruas e estradas asfaltadas, trânsito congestionado. Pelo que pude ver, a única evidência de combate eram vários tanques queimados abandonados para enferrujar ao longo da estrada do aeroporto.

Enquanto dirigíamos rumo ao hotel, em vez de absorver a atmosfera ou me deleitar com a emoção de estar em um lugar novo, eu estava tentando compreender de maneira racional duas realidades mutuamente exclusivas. Havia as óbvias preocupações relativas à segurança, e havia o que Tony queria. De maneira geral nunca partíamos para uma sessão de filmagem com prejulgamentos rígidos, mas desta vez Tony deixou claro *com todas as letras* que não estava nem um pouco interessado em retratar o que havia de errado na Líbia. A questão da segurança naquele momento era uma realidade inconveniente que ameaçava atrapalhar a história que Tony queria contar – que ele estava querendo contar – sobre pessoas comuns, principalmente as crianças, lutando para conquistar sua liberdade. Era um ponto de vista excepcionalmente sentimental e otimista.

Chegando ao hotel Radisson, nossa van parou no portão do perímetro, ponto em que os guardas vasculhavam os veículos para verificar que não se tratava de carros-bomba. "CNN, CNN!", nosso motorista gritou. O rosto severo do guarda imediatamente se iluminou, e ele acenou para que passássemos sem inspeção.

"Estamos tendo problemas para comunicar o conceito de discrição", Damien explicou.

"Os líbios adoram a CNN", Reda disse. "Eram os únicos aqui com câmeras quando Trípoli caiu." No entanto, citar a CNN em nada ajudou para acelerar os procedimentos de segurança de estilo aeroporto na porta da frente do hotel. Demoramos mais de quarenta e cinco minutos para conseguir passar nosso equipamento pela máquina de raio-X.

"A Líbia é um *ambiente de alto risco*", Damien disse em um refinado sotaque britânico que podia ser ora charmoso, ora autoritário, enternecedor, sádico ou irreverente. "A situação continua fluida, blá-blá-blá, proliferação de armas após a insurreição de 2011, *et cetera, et cetera*. Bom, estou feliz por termos tirado isso do caminho."

Usando uma boina de tweed e calça jeans do tipo *flare* vagamente anacrônica, Damien não parecia um típico "consultor de segurança", tampouco falava como um. Quase não tinha cabelo, e os poucos fios que restavam – na verdade, apenas suas sobrancelhas – combinavam com sua tez clara, tornando-os quase invisíveis. O único contraste em seu rosto era a sugestão de verde nos olhos amarelados, que estavam sempre esquadrinhando o ambiente ou seu interlocutor. Depois de passar anos em ação no Afeganistão a serviço dos Fuzileiros Navais de Sua Majestade, Damien agora trabalhava em empregos "confortáveis", prestando consultoria para veículos de mídia como o nosso.

"Eventos recentes ao longo das fronteiras me deixaram de cabeça quente", Damien disse, delicadamente bebericando uma xícara de chá. "Há a preocupação com um efeito de 'transbordamento' aqui na Líbia."

Nas semanas anteriores à nossa chegada, todos vinham prestando atenção especial às tensões crescentes em toda a região. Uma intervenção militar francesa em curso em Mali, país quase vizinho, tinha aumentado a possibilidade de ataques a alvos ocidentais. Uma semana antes de chegarmos, do outro lado da fronteira com a Argélia, jihadistas invadiram uma usina de gás e fizeram centenas de trabalhadores reféns, o que resultou na morte de 37 estrangeiros. Motins mortíferos assolavam o Egito, e havia relatos de que células terroristas estavam atuando no sul da Líbia. Benghazi, a segunda maior cidade do país, vinha sofrendo uma recente onda de ataques a diplomatas ocidentais, incluindo o assassinato do embaixador dos Estados Unidos por extremistas ligados à Al-Qaeda. Os noticiários internacionais começavam a se referir à situação no norte da África como um "caldeirão do extremismo". Embora as locações em nosso itinerário fossem consideradas áreas seguras e estáveis, em termos regionais rumávamos para o que parecia ser um ambiente cuja segurança estava em processo de deterioração.

"Sim. É uma merda de cabo a rabo", Bowler disse. Também ex-fuzileiro britânico, Bowler era o braço-direito de Damien e tinha uma postura calma e equilibrada que inspirava confiança; acabei realmente gostando dele. O problema com Bowler era que, muitas vezes, eu não conseguia entender o que ele dizia, por causa de seu carregado sotaque de Glasgow. Se Bowler falasse rápido, podia esquecer.

Damien e Bowler recrutaram outros dois homens, Wally e Mick, para servirem como dois pares de olhos extras. Ao longo dos anos eu já havia trabalhado em meia dúzia de programas com Damien e Bowler, mas quatro seguranças era um novo recorde.

"É hora de vestir as calças de gente grande", Josh disse.

"De fato", Damien concordou.

Enquanto Josh tratava de alguns aspectos logísticos com Damien e Bowler, encontrei Reda no restaurante do hotel.

"Espere, preciso de uma caneta", Reda disse assim que desligou o telefone. Observei enquanto ele vasculhava sua mochila, e me diverti com sua falha em perceber que tinha uma caneta pendurada atrás da orelha, além de várias outras presas no cabelo. Eu gostava de Reda e tive a oportunidade de conhecê-lo muito bem ao longo dos dois meses em que planejamos via Skype as filmagens. Era um sujeito peculiar, que estava sempre rindo e sentia intenso orgulho de seu país, característica que eu valorizava bastante em um facilitador. Quando não desapareciam, seus óculos viviam perpetuamente sujos, a armação mutilada depois de Reda pisoteá-la ou se sentar em cima dela, ou talvez simplesmente vítima do caos e da desorganização que o rodeavam. Porém, o que faltava a Reda em organização ele compensava em termos de criatividade. Os facilitadores eram nossa tábua de salvação em cada um dos países que visitávamos. Quase tudo que aparecia nos programas chegava até nós por meio deles, era fruto de seus contatos, conhecimentos, preferências e preconceitos.

"Agradeço muito por vocês compreenderem profundamente o ambiente de boas vibrações, e não apenas os bombardeios e combates", disse ele. "Isso significa muito, a história que vocês querem contar sobre a Líbia."

Tony estava ansioso para ir à Líbia desde que a revolução estourara, e tínhamos planejado o que dava mostras de que seria um episódio muito bom. Reda me ajudou a recrutar um elenco impressionante, em sua maioria crianças-soldados que lutaram pela liberdade e derrubaram um brutal regime repressivo. Mas ainda tínhamos alguns entraves a resolver para finalizar a logística da filmagem.

"Alguma atualização sobre a cena de churrasco em Misrata?", perguntei.

"Juro pra você que duzentos dólares é a maior quantia em dinheiro que qualquer um já pagou por uma cabra na Líbia", Reda disse, revirando os olhos. "Estão cobrando de Hamid um preço extorsivo por uma cabra!"

"É melhor simplesmente pagar", eu disse. Reda e Hamid – um de nossos auxiliares mais importantes – não gostavam um do outro desde que se conheceram, e pelo visto o relacionamento dos dois não havia melhorado nem um pouco. "Não podemos deixar a produção inteira parar por causa de duzentos dólares. Todos nós trabalhamos muito duro para isso."

Líbia, primeiro dia de filmagens. Parei para saborear o momento. O dia estava lindo, sol forte, o cheiro fresco da brisa do mar. Observei a equipe de operadores de câmera carregar os equipamentos nas vans. Nessa manhã o itinerário era intencionalmente leve: primeiro as imagens de segunda câmera, depois uma cena noturna. Era a melhor maneira de fazer com que todos se sentissem confortáveis e tranquilos trabalhando juntos, antes que a merda começasse a atingir o ventilador. O que sempre acontecia assim que começávamos a filmar com Tony. Verifiquei meu celular e vi uma mensagem de Damien. "Peguei Tony no aeroporto. Ele está de bom humor, quer saber a que horas ele tem que entrar em ação hoje à tarde." *Que comece a contagem regressiva*, pensei.

Quando saí às ruas, o que me impressionou foi ver que as pessoas eram extremamente simpáticas. "Como você está? Muito bom Líbia! Bem-vindo à Líbia!", gritavam. A cidade velha de Trípoli era uma combinação da tradicional arquitetura líbia com esparsos edifícios italianos da era colonial. A bandeira do país estava pintada em todas as superfícies possíveis. Igualmente quase onipresentes eram os murais homenageando os mártires que perderam a vida na luta para libertar a Líbia, a maioria dos quais parecia ter mais ou menos quinze anos de idade.

"Pela primeira vez, a expressão artística na Líbia é livre!", Reda disse, referindo-se ao grafite cartunesco que representava Gaddafi levando ao mesmo tempo um soco na cara e um chute na bunda.

Nós nos encontramos com Tony às quatro da tarde para nossa primeira cena. Por sorte, nosso primeiro dia foi no Mulude, o aniversário do Profeta Maomé, e haveria um espetáculo de fogos de artifício na Praça dos Mártires.

"Vocês filmaram o grafite tirando sarro de Gaddafi?!", Tony quis saber, acendendo um cigarro. "Eu amo aqueles em que ele parece uma mulherzinha ou um bunda-mole. Vi um em que ele está vestindo um uniforme de presidiário e é brutalmente torturado em um cavalete tipo medieval. Um negócio pervertido pra caralho."

"Eu quero um daqueles na parede do meu apartamento", Damien disse.

"Anotei isso, vou adicionar à lista de takes suplementares da segunda câmera", falei, ansioso para nos manter em movimento e fazer valer cada minuto. "Tá legal, pessoal, escutem! O plano é caminhar pela medina e abrir caminho até a Praça dos Mártires, onde vão ocorrer as celebrações. Vamos ficar todos juntos e tomar cuidado pra não entrar no enquadramento. Vamos seguir Reda."

Começamos a serpear por ruas antigas, estreitas e labirínticas, povoadas principalmente por crianças. Algumas brincavam com armas de brinquedo assustadoramente realistas, outras lançavam rojões e bombinhas, esmagando-as com chinelos de dedo assim que caíam ou quando ameaçavam falhar.

"Tem um beco bem legal logo ali", eu disse a Tony. "Você pode contornar aquela esquina?"

"Não", respondeu ele. "Vamos continuar."

Como sempre, Tony detestava ser o centro das atenções, pelo menos em público. E, justiça seja feita, as cenas de caminhada eram um espetáculo. Reda encabeçava o pelotão, seguido pelas pessoas da segurança formando um V humano para abrir o tráfego. Depois vinham os assistentes de produção carregando os sacos de equipamento. Josh ia bem atrás deles, tirando fotografias de produção; mais atrás, eu tentava olhar simultaneamente para a frente, a fim de ver para onde estávamos indo, e para trás, observando Tony. Depois de mim, os dois assistentes de câmera auxiliavam Zach e Todd, que andavam de costas enquanto filmavam. Por último, Tony, que tinha que fingir que não estava sendo conduzido por um estouro de boiada de treze pessoas, metade das quais de tempos em tempos gritava "CNN!" toda vez que quase derrubávamos um dono de loja curioso ou atropelávamos uma senhorinha idosa. A discrição não era o nosso forte.

"Cuidado com as costas!", Tony alertou um instante antes de Todd trombar com uma parede.

"Porra!", Todd rosnou para seu assistente. "Quando eu estiver andando pra trás, você tem que me avisar se eu estiver prestes a bater em alguma coisa!"

Todd era forte, tinha o peito largo feito um barril e trabalhava no programa desde os primeiros tempos do *Sem reservas*. Era conhecido internacionalmente como "sr. Desajeitado" desde o dia em que acidentalmente acabou com todo o suprimento de comida de um restaurante de culinária indonésia. Nos anos seguintes, foi responsável por inúmeros percalços relacionados às câmeras. Assim de momento, eu me lembro muito bem de que Todd destruiu uma igreja que era patrimônio da Unesco em Moçambique, pôs abaixo um santuário de *santería* em Cuba, e levou um soco por pisar em um devoto em uma mesquita uzbeque. O pé dele atravessou o telhado de um barraco em uma favela em Medellín; ele pegou fogo no Havaí e destruiu um restaurante koto-roti no Sri Lanka. Uma geração de felpudos pintinhos amarelos foi encontrada em suas pegadas em uma aldeia nas montanhas do Laos, e ele esmagou um carrinho de criança em Bangkok – que, felizmente, estava vazio no momento. Todd quebrou o pulso de nosso produtor executivo e talvez tenha sido o responsável pela extinção de uma espécie de lêmures em Madagascar. Supostamente.

Animais grandes – sobretudo touros, bois e búfalos-d'água – pareciam ficar furiosos sempre que Todd estava por perto, mesmo que ele não tivesse quebrado nada. Nunca entendi por quê. Mas sempre dava para contar com Todd nas situações difíceis, e ele encarava com grande senso de humor o rastro de destruição que aparentemente o seguia mundo afora.

Zach, nosso outro diretor de fotografia, suspirou de desgosto com a parada e desceu da saliência de três metros em que tinha se empoleirado. Era um sujeito pequeno e meticuloso, em uma espécie de encontro entre um gênio do mal e o Inspetor Bugiganga, e no momento estava vestido como Lawrence da Arábia para proteger do sol sua pele clara. Antes que tivéssemos Steadicams* à nossa disposição, ele desenvolveu um dispositivo de giroscópio construído a partir de peças militares fora de uso. Zach era realmente brilhante e vez por outra sabia ser bem rígido. Trabalhava no programa havia quase tanto tempo quanto Todd, e um não poderia ser mais diferente do outro, o que às vezes causava atritos entre a dupla. Mas ambos se complementavam maravilhosamente bem. Tony os considerava seu "Esquadrão Classe A" original.

"Vamos em frente", eu disse. "Todd, eu te ajudo." Retomamos a caminhada e, momentaneamente distraído por uma criança de seis anos empunhando o que parecia ser um fuzil AK-47, conduzi Todd contra uma pilastra de pedra. O impacto fez com que parte de sua câmera caísse e atingisse o solo com um barulho nauseante.

À medida que nos aproximávamos da Praça dos Mártires, as estreitas ruelas se encheram com uma mixórdia de pessoas. Mulheres com *niqab*** completo, algumas com lenço na cabeça, homens de terno e gravata, outros com túnicas compridas e, claro, fardas militares. Nunca tinha visto tantas armas na vida; eram praticamente uma marca de estilo individual. A multidão serpenteou em meio às barracas de vendedores ambulantes de hortifrútis e bugigangas, na frente de murais solenes e de reluzentes anúncios publicitários de maquiagem.

Chegamos ao pôr do sol, no exato momento em que começava o chamado para a oração. A Praça dos Mártires era imensa, circundada por uma mistura de grandiosas e históricas estruturas abobadadas de meados do século XX e, para minha decepção, estava quase vazia. Luzes de Natal pisca-piscavam nos postes de iluminação pública e nas palmeiras. Havia alguns espectadores nos cantos, e aqui e ali algumas crianças soltavam rojões. Uma motocicleta solitária passou sacolejando pelos paralelepípedos e tocando música pop americana.

---

* Sistema em que a câmera é acoplada ao corpo do operador por meio de um colete no qual é instalado um braço dotado de molas que serve para estabilizar as imagens produzidas, dando a impressão de que a câmera flutua. (N. T.)

** Peça que cobre o rosto, deixando apenas os olhos visíveis. (N. T.)

"Acho que já chega disso", Zach disse após alguns minutos filmando parado, com ar entediado.

Sei que parece estranho, considerando que estávamos na Líbia, um lugar que trabalhamos com tanto afinco para conseguir visitar, mas manter todo mundo motivado, sobretudo Tony, era uma preocupação. Festivais e ajuntamentos de pessoas como aquele eram uma bem-vinda mudança nas tradicionais cenas de pessoas sentadas à mesa para uma refeição, mas também situações muito mais difíceis de filmar. Se não acertássemos o momento exato, ou se Tony decidisse que estávamos perdendo tempo, ele ficaria ansioso para voltar ao hotel.

"Talvez você tenha algum tipo de pensamento expositivo pra compartilhar com a câmera?", perguntei. Tony se limitou a me encarar. Minha esperança de salvar *qualquer coisa que fosse* daquele dia de filmagem parecia cada vez mais duvidosa.

"Tá legal, vamos fazer uma grande cena de Tony caminhando pela praça", anunciei, tentando ganhar algum tempo. Preparamos a tomada, e Tony caminhou pelo enquadramento até sair de cena, e continuou rumo ao infinito.

"Ele não vai voltar", Zach disse.

"Porra!", praguejei e corri para buscá-lo. Quando voltamos, o crepúsculo já havia tomado conta do céu inteiro e, aos poucos, uma multidão foi se formando. Meninos skatistas, líbios descolados, o pessoal do hip-hop, dançarinos de break e milicianos fardados com metralhadoras penduradas nos ombros não paravam de chegar. Todo mundo era amigável; as pessoas abriam largos sorrisos e faziam o V de vitória quando passavam na frente da câmera. Boa parte da multidão começou a disparar fogos de artifício, iluminando o céu noturno com um frenesi de faíscas coloridas. Mandei Todd, Josh e Damien buscarem uma segunda câmera e mantive Zach filmando Tony.

Os estouros se transformaram em explosões, que logo se converteram em uma bateria de fogos de artilharia capaz de destruir tímpanos! Carros e motos aceleraram seus motores, acrescentando borracha queimada ao ar fumegante, já pesado com o cheiro de cordite. Um potente rojão foi disparado em um ângulo de 45º, pousou no telhado de um prédio próximo e continuou explodindo. Outros foguetes de tiro falhavam e voaram para o lado, diretamente no meio da multidão. Todos aplaudiam e gritavam. O único problema era que Tony não estava falando nada. A essa altura, a saraivada cada vez maior de foguetes vinha de todos os lados. Os festeiros seguravam nas mãos caixas de candelas romanas que disparavam para o céu noturno. De dentro de carros que giravam dando cavalos de pau as pessoas disparavam rojões. Ouviu-se um *ca-BANG-fizzz!* quando uma candela romana foi lançada de algum lugar e explodiu bem perto de nossos pés. Todos saíram correndo, enquanto Zach e eu berramos de susto. Tony nem sequer piscou.

"Isso foi bom", ele disse, gargalhando.

Eu estava preocupado que os seguranças considerassem tamanha proximidade de projéteis explosivos uma violação de saúde e segurança, mas eles estavam se divertindo como todo mundo. Todos menos Zach, claro.

"Vamos tentar não explodir...", ele gritou. Estava ficando difícil escutar por cima da ininterrupta enxurrada de zumbidos, zunidos, explosões, estalos, estrépitos e estrondos que feriam os ouvidos. Caminhões de bombeiros e ambulâncias ficaram presos no trânsito engarrafado, o uivo estridente de suas sirenes misturando-se à algazarra dos alarmes de carros, risadas e gritos da multidão cada vez mais ruidosa, tudo contribuindo para a cacofonia. Decidi falar com Josh pelo walkie-talkie para confirmar que Todd estava filmando tudo.

"Afirmativo", Josh disse. "Coisas boas aqui. Damien quase foi atingido por um rojão, mas conseguiu usar Todd como um escudo humano."

"Continuem com o bom trabalho", eu disse.

Eu vi que Zach estava sorrindo e espiei por cima do ombro dele. No monitor havia uma criança nos ombros do pai; ambos estavam olhando para cima, e no céu explodiram fogos de artifício, iluminando momentaneamente uma expressão de espanto.

"É como assistir pela primeira vez à queima de fogos do Quatro de Julho sob o efeito de esteroides", Zach disse, mudando de ideia. Tony estava claramente se divertindo também, mas ainda assim não abria a boca. Minha linha de raciocínio foi interrompida por um forte *"blaaam!"* quando fui atingido nas costas por uma bola de fogo. Quando me virei, Reda e o restante da equipe local estavam rachando de rir. "Alguém fez isso de propósito!", gritei, irritado de verdade.

"Você pegou a cena?", ele perguntou a Zach. "Isso entra no episódio."

"Vendo pelo lado bom, agora que fui atingido, sei que não machucam", eu disse, verificando se minha jaqueta estava chamuscada.

"Sim, contanto que você não seja atingido nos olhos", Zach avisou.

A coisa foi ficando cada vez melhor. Uma caixa de candelas romanas tombou no chão, disparando foguetes que ricochetearam pelo asfalto, quicando, batendo nos degraus e acertando os espectadores. *Zuum, fizzz, whap, crac, bam*! Empoleiradas nas carrocerias de caminhonetes, as pessoas gritavam e agitavam a bandeira da Líbia. Cada uma dessas imagens seria totalmente ilegal nos Estados Unidos, e renderiam um ótimo programa de TV.

"Você filmou o carro dando cavalo de pau?", Tony perguntou, referindo-se a um BMW que se aproximava perigosamente da multidão. Antes que Zach pudesse responder, ouviu-se outra explosão, e um foguete vermelho e brilhante acertou Tony na nuca. "Ai!", ele reagiu, esfregando atrás da orelha. "Isso vai deixar uma marca."

"Qual é a sensação de finalmente estar na Líbia?", perguntei, mais uma vez tentando fazer Tony dizer algo útil.

"Por favor, pare", Tony protestou. "Não tenho nada a declarar, e você está estragando a curtição."

"É que a gente está captando uma porção de filmagens excelentes, e…"

"*Pare!*", Tony berrou. "Será que alguém poderia, por favor, matá-lo?"

"Isto aqui é fantástico!", Reda exclamou, rindo. "Na época do Gaddafi havia fogos de artifício, mas nunca uma festança como esta! Isto aqui é a liberdade pela primeira vez em 42 anos!"

Reda tinha razão. A energia era incrível, e captamos a sensação histórica. Mesmo que Tony não quisesse falar, ainda era uma grande primeira noite de filmagens. Alguém acendeu um baseado e passou para Tony. Ele deu uma tragada e disse: "Como é que vocês dizem… *chakran*?"

"Você sabe o que é *chakran*?", Reda perguntou, empolgadíssimo.

"*Mastool*", Tony disse. Nesse momento, Reda se dobrou de tanto rir.

"O que significa *mastool*?", perguntei.

"Significa 'estou totalmente chapado!'", ele respondeu. "*Mastool!*"

No segundo dia de filmagens, captamos uma cena em uma tradicional casa de chá, uma conversa entre Tony e um jornalista expatriado que cresceu na Líbia e voltou ao país após a revolução. Eles se mostraram maravilhados com a vitória "contra todas as probabilidades", com a gentileza e o otimismo da população, bem como com a exuberância das celebrações dos fogos de artifício da noite anterior. Discutiram também os imensos desafios que o país enfrentava. Um dos maiores problemas dizia respeito às milícias que combateram Gaddafi e agora não aceitavam ordens do novo governo central. Um detalhe em especial chamou minha atenção. Nos últimos tempos circulavam relatos de que as milícias estavam prendendo e torturando homens gays. Enquanto fazia pesquisas sobre a Líbia antes da viagem, li que no país a política social oficial em relação à homossexualidade – e a coisas como álcool – era praticamente de tolerância zero. Em vários lugares para onde íamos havia alguma espécie de indicação de que era proibido ser gay; então, nas sessões de filmagem, com a maior tranquilidade do mundo eu deixava de lado minha homossexualidade, como se fosse possível uma pessoa se revezar entre ser gay e hétero como quem troca de suéter.

Nessa noite, voltamos à Praça dos Mártires para o segundo dia das celebrações do aniversário de Maomé, na expectativa de uma repetição da noite anterior. Foi uma surpresa constatar que não havia praticamente ninguém ali, apenas algumas solitárias bombinhas ao longe. O estado de ânimo tinha mudado. Não era propriamente hostil, mas certamente não era mais a atmosfera acolhedora, exuberante, amigável e frenética da véspera. Pelo visto o segundo dia de filmagem seria muito menos memorável do que o primeiro. Pelo menos até eu ir para a cama.

Por volta das três da manhã, fui acordado por uma batida na minha porta. "Tom, é o Damien. Precisamos conversar." Ao entrar no quarto de hotel de Damien, encontrei Zach, Josh e os seguranças, todos com expressões muito preocupadas.

"O ministério britânico de Relações Exteriores emitiu uma declaração de que tomou conhecimento de uma ameaça iminente em Benghazi", Damien disse. "Ao que parece, houve um ataque de jihadistas que ainda não está sendo noticiado, e recomenda-se que os ocidentais partam imediatamente. Há agora uma ameaça de sequestro muito direta que se estende da Argélia e da Libéria até o sul da Líbia, incluindo os arredores de Trípoli. O clima na Praça dos Mártires era claramente sinistro, e vários auxiliares desistiram. Tenho a sensação de que a população local sabe que algo está acontecendo e não quer ser associada a nós. Ouvimos rumores e, embora ainda não esteja confirmado, nosso serviço de inteligência nos informou que duas jornalistas ocidentais foram sequestradas aqui em Trípoli."

"Puta merda! O que vamos fazer?", Zach perguntou.

"Bowler vai ficar de guarda hoje à noite. Caso alguma coisa aconteça, há um plano de fuga. Tony já foi avisado", continuou Damien. "Lembrem-se do que praticamos no nosso curso de treinamento de sobrevivência em ambientes hostis: em uma situação de sequestro, controlem suas emoções. É provável que seus raptores fiquem nervosos, instáveis e ansiosos. Sigam as instruções deles... se estiverem conscientes."

Puta merda, por essa eu não esperava. Ao longo dos anos, já tínhamos ido a alguns lugares difíceis com Damien, mas era a primeira vez que éramos acordados no meio da noite e avisados de que nossa vida poderia estar em perigo. Depois de terminar de fazer as malas, apenas por precaução, eu me sentei na cama, minha mente a mil por hora com uma gama de emoções, do terror mortal a planos de contingência para o episódio. Obviamente não conseguiria dormir, e presumi que Josh também não. Fui até o quarto dele.

"Fiquei lá durante o que deve ter sido uma hora e meia, com as luzes apagadas, a meio caminho entre o banheiro e a cama", Josh disse. "Eu estava com medo de fazer a porra de um único movimento que fosse, porque achei que tinha escutado alguma coisa do lado de fora."

"Josh, vai ficar tudo bem", eu o tranquilizei. "O Tony é invencível, lembra?"

"Eu sei. Mas isso não significa que personagens secundários como nós não se deem mal."

Porra, Josh estava certo… era o pior momento para ficar preso em um país em que vigorava a lei seca.

Várias horas depois, um descansado Todd desceu para o café da manhã e viu o restante da equipe, cheia de olheiras, bebendo café em silêncio.

"Hum… perdi alguma coisa?", Todd perguntou.

"Ninguém te acordou?", Tony perguntou, surpreso. "Puxa, Todd, esquecer de você está começando a ser uma coisa normal."

Algumas semanas antes, enquanto Josh e eu nos preparávamos para as filmagens na Líbia, Zach, Todd e Tony foram às entranhas da selva colombiana. Enquanto estavam lá, Damien acidentalmente deixou Todd em uma parada de descanso, em pleno território das FARC. Pelo menos foi a história que contaram. Algo semelhante aconteceu no Haiti, quando trocamos de hotel. Só percebemos que Todd não estava conosco depois que fizemos o check-in no novo hotel. Com razão, Todd estava começando a desenvolver um complexo por ser deixado para trás em ambientes perigosos.

"Mil perdões, Todd. Prometo sinceramente fazer o meu melhor para que isso não se repita", Damien disse. Eu não tinha certeza se ele estava sendo sarcástico ou não; às vezes era difícil saber. "A menos que você prefira uma chupeta, mamadeira e um cochilo, permita-me colocá-lo a par da situação", Damien continuou. Sim. Ele estava sendo sarcástico.

Apesar dos recorrentes lapsos de Todd, àquela altura tínhamos uma longa relação de confiança recíproca. Desde nossa primeira filmagem juntos no Haiti, quando todos decidimos resistir até o fim e enfrentar motins por comida e um furacão que desabou sobre nós, Damien havia nos acompanhado ao México no auge dos sequestros a mando de cartéis de drogas, e a pior coisa que aconteceu foi Tony perder as estribeiras quando "fiz uma surpresa" para ele com uma comprida limusine cor-de-rosa para servir como nosso meio de transporte em Tijuana. Na última temporada de *Sem reservas*, Tony convenceu a rede de TV a aprovar uma filmagem no Iraque. Por conta do risco maior do que o normal, além dos seguranças que nos acompanhariam nas locações, a seguradora exigiu que fizéssemos o que é chamado de curso de treinamento de sobrevivência em ambientes hostis. Uma vez que Damien tinha pendor para o dramático, seu curso não seria nada menos do que uma experiência de imersão total. Damien optara por realizar o treinamento na área rural da Virgínia, devido às leis mais brandas do estado em relação a armas e munições explosivas.

"Bem-vindos ao Virginistão", ele anunciou quando chegamos de Nova York.

Damien nos presenteou com crachás de imprensa laminados e informações escritas, incluindo uma impressão falsificada de uma página da Wikipédia, bem como fez um severo aviso para que levássemos o curso de treinamento tão a sério quanto nossa vindoura viagem. Ele inventou uma história de fundo completa sobre a desordem civil e o golpe político que depuseram o governo. O Virginistão tinha até mesmo sua própria moeda, que devíamos tratar como dinheiro de verdade. Basicamente, Damien tinha se esforçado muito para nos proporcionar uma experiência realista, cujo propósito era nos preparar para o Iraque... e matar a gente de medo no processo.

Entre os pontos altos do Virginistão incluíram-se as queimaduras de sol que sofri enquanto usava uma agulha de tricô para abrir caminho por meio de um suposto campo minado, e um ator vomitando ensopado para simular os efeitos do choque. Conforme o curso avançava, tivemos palestras sobre treinamento médico, manejo de munição real, exercícios de negociação em postos de controle de fronteiras, situações de sequestro e sangue falso. Apesar do que me disseram, infelizmente as manchas de sangue falso não saíram da roupa depois da lavagem. A despeito disso, tive que admitir: Damien organizou um baita espetáculo.

Quando finalmente rumamos para o Iraque, estávamos sem dúvida mais bem preparados. Todos sobrevivemos, mas houve alguns momentos intensos – como quando, sem querer, paramos para mijar em Mosul, uma notória zona de combates. E a ocasião em que o fato de o motorista de Tony não falar inglês o suficiente para seguir as instruções resultou em um falso alarme de sequestro. Alguém da equipe de Damien interpretou mal as coisas e, temendo uma situação com reféns, quase deu ao motorista "as boas-novas" (expressão que, no idioma de Tony, significava "quase quebrou o pescoço do motorista"). Quando vi Tony depois do pequeno "mal-entendido", como o incidente ficou conhecido, ele estava visivelmente abalado. "Foi igualzinho à porra do Virginistão!", ele disse entre tragadas de seu cigarro.

Agora, lá estávamos nós de novo. Mas não era uma simulação.

"Se soubéssemos antes qual era a situação da Líbia, teríamos dito a vocês para não virem para cá", Damien declarou.

"Precisamos ir embora? A coisa está tão ruim assim?", perguntei.

"O lamentável para você é que não estou aqui para lhe dizer o que fazer. Em última análise, você, como diretor do programa, é responsável por sua equipe", Damien disse em uma voz sinistra de tão pausada. "Estou dando a você as melhores informações que posso dar. Você terá que tomar a decisão."

"Não posso tomar essa decisão por todos", aleguei, lançando um olhar preocupado na direção de Josh, que parecia tão nervoso quanto eu. "Melhor fazer uma votação a cada dia e decidir como um grupo."

"Tá legal", Tony quebrou o silêncio. "A Líbia era um ambiente de alto risco, todos nós sabíamos disso quando aceitamos vir. Quem está dentro? Quem quer continuar por mais um dia?" Todd e eu erguemos a mão. Um momento depois, Josh e Zach seguiram nosso exemplo.

"Muito bem", Damien disse. "Nesse caso, terei que insistir em algumas mudanças na forma como operamos. A produção precisará se deslocar com mais velocidade, entrar e sair com mais rapidez de cada local."

"O que exatamente você quer dizer com 'mais rapidez'?", perguntei.

"Vamos avaliar caso a caso. Mas eu estimo em torno de uma hora no máximo", Damien respondeu.

"Uma hora?!", eu indaguei, praticamente engasgando. Em um dia normal, montar e ajustar apenas a iluminação geralmente levava cerca de duas horas, depois mais uma ou duas horas com Tony, e algum tempo a mais para filmar a preparação da comida. Em média, uma cena com comida exigia aproximadamente mais de cinco horas. Naquela época, levávamos uma hora apenas para sair da van. Literalmente. Por isso, era inimaginável entrar e sair naquele curto intervalo de tempo.

"Eu entendo que esse estilo de trabalhar apresenta alguns empecilhos para o seu fluxo de trabalho", Damien disse. "Mas, para mitigar o risco, julgo que é uma precaução necessária se quisermos continuar operando. Hoje vou cronometrar as coisas para ver como funcionam. Além disso, para reduzir nossa exposição a ameaças, vamos alterar a programação e não vamos mais permitir que as locações saibam de antemão que estamos chegando."

"Os restaurantes vão ficar furiosos!", argumentei.

"Vocês são um grupo de pessoas muito engenhosas", Damien disse. "Tenho certeza de que vão dar um jeito."

Seria uma verdadeira façanha coordenar auxiliares, locações e horários. De uma coisa ele tinha razão: éramos muito engenhosos.

"Não sei por que seus caras estão falando isso", Jomana, a especialista em Líbia da CNN, me disse. Apesar de não achar correto obrigar a equipe a ficar, eu tinha o poder de botar um ponto-final na história e decidir levar todo mundo embora se isso parecesse prudente, e para tanto eu queria ouvir outra opinião. "As autoridades do governo estão alegando que os alertas do Reino Unido são infundados. Sim... ouvi falar sobre o sequestro de jornalistas ocidentais, mas não é verdade. São rumores com o intuito de causar tensões e medo, a fim de minar a estabilidade da Líbia. A mesma coisa com o suposto ataque em Benghazi. Não aconteceu nada lá."

Na noite anterior, quando atualizei o escritório acerca de nossa situação, eles imediatamente entraram em contato com o departamento da CNN International. A rede CNN estava ciente dos alertas, mas ainda assim considerava que Trípoli se mantinha estável. As informações que eu estava recebendo do canal e agora de Jomana pintavam um quadro muito diferente. Eu precisava encontrar Damien, mas antes que conseguisse fazer isso, Zach saiu detrás de um grande vaso de samambaia.

"Porra, cara, a gente tem que dar o fora daqui. Isso não estava nos planos! Você viu como o Damien está assustado? Nunca o vi desse jeito antes!"

"Eu sei", respondi. "Nem de longe estou feliz com o que está acontecendo. Mas acabei de falar com nosso contato da CNN e ouvi uma história bem diferente. Eu não sei, mas parece que o Damien pode estar se precipitando..."

Meu instinto me dizia para confiar em Jomana em vez de Damien, mas eu não era exatamente imparcial. Tínhamos um programa de TV a fazer, e desistir no segundo dia de filmagem não pegava bem. Era apenas o quarto episódio de *Lugares desconhecidos*. Se no final ficasse claro que tínhamos abandonado o barco por causa de um motivo fajuto... bem, não havia como voltar atrás agora. Pelo menos não sem uma ameaça crível. Quando encontrei Damien, ele estava olhando para a tela de seu celular e rindo.

"O que é tão engraçado?", perguntei.

"Ah, só estou vendo algumas fotos", Damien respondeu, sorrindo. "Da minha peregrinação anual ao deserto de Nevada." Damien se referia às suas viagens ao festival Burning Man. Aparentemente, as raves do deserto eram sua maneira de extravasar entre uma filmagem e outra.

"Aqui estou encurralando os pôneis", ele disse e me mostrou a foto. Infelizmente, não havia como desver a cena. Indelevelmente impressa em minha mente ficou a imagem de uma orgia de pessoas de meia-idade em uma barraca, todos os participantes nus, de quatro, todos amordaçados e ostentando o que pareciam ser reluzentes bastões prateados com borlas extralongas. Os bastões, idênticos, tinham sido inseridos em algum lugar que, creio eu, não era o que o fabricante tinha em mente. A menos que não fossem bastões... em contraste com os pôneis, Damien estava de pé, um chicote em cada mão. Coberto de tinta prateada da cabeça aos pés, e nada além de tinta prateada. "Os pôneis foram desobedientes", ele continuou em tom de censura. "Não me deixaram outra escolha a não ser lhes ensinar uma lição muito dura."

"Certo. Há, falei com a Jomana, da CNN", eu disse, mudando de assunto e indo direto ao ponto. "Ela está em contato com as fontes dela, e tem uma opinião diferente sobre a situação..." Quando terminei de explicar a Damien o que sabia, pude ver que ele não ficou feliz por ter sua autoridade questionada.

"Com todo o respeito por Jomana, ela está na Tunísia", ele disse em tom glacial. Eu não sabia em quem acreditar. Era como se Jomana e Damien tivessem recebido a mesma informação e cada um a manipulasse em uma direção completamente oposta. Mas a meu ver não havia a possibilidade de ambos estarem mentindo. Eu não conseguia descobrir com exatidão o que estava acontecendo, e não me restava outra opção a não ser especular.

No trajeto de van rumo à nossa cena do almoço – a primeira tentativa de "*Lugares desconhecidos*, edição de guerrilha" –, pensei em todas as coisas que poderiam dar errado. Os operadores de câmera não funcionavam bem sob esse tipo de pressão de tempo. O restaurante não sabia que estávamos chegando. E se dissessem "hoje não, voltem amanhã"? E se o auxiliar não desse as caras devido à mudança de última hora na programação? Teríamos que pegar tudo de uma tacada só – nada de voltar mais tarde para filmar exteriores, a preparação dos alimentos ou closes e planos-detalhes –, porque a qualquer momento Damien poderia gritar: "Entrem de volta nas vans!". E se Damien estivesse certo sobre a ameaça à nossa segurança? Porém, o mais assustador de tudo era que Tony estava sentado ao meu lado. Fazia sete anos que ele não acompanhava a equipe até a locação, e eu não sabia direito o que aconteceria se ele tivesse que nos ver preparar as coisas e montar o equipamento. Era fato público e notório que os lembretes dos artifícios de fazer TV desconcentravam Tony, e isso poderia ter implicações criativas bastante negativas.

"Estou acionando o cronômetro", Damien disse assim que chegamos. Era hora do show. Ao saltar para fora da van, fui recebido por uma forte brisa que soprava do Mediterrâneo e pelo cheiro de peixe fresco. Reda entrou para confirmar a permissão, o pessoal das câmeras começou a descarregar o equipamento, e fui encontrar Omar, o nosso auxiliar. Imediatamente senti boas vibrações. Ele tinha sido agente de viagens antes da revolução, quando pegou em armas para lutar contra Gaddafi.

"Você e Tony ficam na frente do restaurante, escolhem seu peixe, depois vão pra dentro e comem", eu disse ao auxiliar, abreviando drasticamente meu usual bate-papo motivacional pré-filmagem. "Seja você mesmo enquanto nós filmamos, é simples!"

"É a melhor maneira de fazer isso!", Omar disse.

"O restaurante disse que sim!", Reda informou. Até ali tudo estava indo de acordo com o plano. Surpreendentemente.

"O que eles fazem? Apenas grelham?", Tony perguntou, caminhando até a ampla variedade de criaturas marinhas espalhadas sobre o gelo na entrada do restaurante.

"Sim, eles abrem e grelham", Omar disse. "Um pouco de alho, um pouco de molho. É realmente incrível. Uma das melhores comidas da Líbia."

Certo, não restava dúvida de que a cena já havia começado, nós estando prontos ou não. Zach e Todd começaram a filmar, mas um estava aparecendo na tomada do outro, e os dois discutiram aos gritos sobre quem deveria se deslocar. Ao fundo, viam-se as vans de transporte da equipe e as pilhas de equipamento, e nosso motorista conversava no ponto de táxi, provavelmente explicando que trabalhávamos para a CNN. Obviamente não estávamos sendo nem um pouco discretos. Damien observava, com olhar de desaprovação.

"Vamos pegar alguns peixes! Alguns camarões. Lulas também", Omar disse.

"Tá legal, alguns pargos, que tal quatro desses?", Tony sugeriu com os olhos arregalados de fome, apontando para vários peixes. "Alguns dourados--selvagens, um desses no molho, harime e, oh, polvo, gosto disso também. E a lula. Não como nada desde que cheguei."

Eu nunca tinha visto Tony pedir tanta comida. O banquete levaria uma eternidade para ser preparado e filmado; o simples ato de escolher havia consumido quase vinte e cinco minutos, um quarto de todo tempo de que dispúnhamos – e era apenas o pedido!

"Tá legal, Tony, por que você não vai fumar um cigarro enquanto arrumamos a mesa?", sugeri, na esperança de mantê-lo separado de Omar antes da gravação da cena.

"Posso te fazer companhia?", Omar perguntou a Tony.

Porra! Eu sabia por experiência própria que Tony soltaria todo o conteúdo bom antes de começarmos. Era sempre assim, com a precisão de um relógio. Se eu parecesse muito preocupado – "dirigindo além da conta", como Tony dizia –, isso talvez apenas piorasse a situação.

"Humm, por favor, tentem não falar sobre coisas que podemos querer discutir na frente das câmeras", pedi.

"Relaxa", Tony disse. "Se dissermos algo bom, trago à tona de novo quando estivermos filmando!"

Até parece, chance zero, pensei. Mas, se pretendíamos seguir o cronograma, eu não tinha tempo para bancar a babá.

"Reda, diga ao restaurante que vamos precisar reduzir o pedido", avisei, entrando na cozinha, momento em que imediatamente pisei em uma pilha de vísceras de peixe.

"Tá bom, mas o que eles vão comer?", Reda perguntou.

"Qualquer coisa. Nada que demore muito tempo", eu disse, e fui verificar o andamento do trabalho dos diretores de fotografia na composição da mesa.

"Qual é o problema?", perguntei, vendo que Zach e Todd estavam discutindo sobre a disposição das cadeiras.

"Mesmo se colocarmos todos os motoristas em segundo plano, será difícil fazer o lugar parecer cheio", Zach disse.

"É a Líbia do pós-guerra, não importa se o restaurante parece vazio", argumentei. "Todd, assim que você puder, por favor, vá à cozinha e tente aproveitar alguma imagem da preparação da comida. Não teremos condições de voltar aqui ou fazer isso depois."

Olhei para cima e vi que Damien, parado no vão da porta, estava me encarando. Ele balançou a cabeça, bateu no relógio de pulso e disse: "Tique-taque, tique-taque, tique-taque". Consultei as horas; já estávamos ali havia vinte e cinco minutos! Ai! Ainda nem tínhamos começado! Eu precisava de uma atualização sobre a preparação da comida e conferir se Josh estava trabalhando na sincronia do material, mas primeiro decidi verificar Tony e Omar.

"O regime de Gaddafi pegou todos os restaurantes e os transferiu para cá", Omar disse. "Até mesmo os restaurantes foram oprimidos pela ditadura de Gaddafi."

"Não!", gritei. "Vamos esperar pra falar sobre os restaurantes quando estivermos filmando!"

"Ah, sim, sinto muito!", Omar desculpou-se.

Por fim me avisaram que a comida estava quase pronta e as câmeras tinham sido ajustadas e configuradas. Acionei meu confiável IFB, dispositivo que permitia que eu me conectasse ao microfone de Tony. Chegamos à mesa quando faltavam apenas vinte minutos para se esgotar nosso prazo – isso se Damien se mantivesse irredutível e firmemente apegado às suas convicções. Quando a comida chegou, relaxei um pouco.

"Uau, isso é delicioso", Tony disse, dando uma mordida na lula recheada com arroz. "Então, com que rapidez sua vida mudou quando a guerra começou?"

"Nossa, mudou drasticamente. Quando a guerra vem e vai… você valoriza mais a vida. Até mesmo os pratos que estou provando agora têm um sabor melhor", Omar respondeu.

Enquanto Omar relatava sua experiência de combate na revolução, Zach me dizia para tirar do caminho o canudo que estava bloqueando sua visão da comida. E Todd me avisou de que não tinha conseguido pegar Tony fazendo a pergunta, três perguntas atrás; precisaríamos gravar de novo. Eu também avistei Damien, que sabia que eu podia vê-lo e mais uma vez deu batidinhas no visor do relógio de pulso. Minha atenção se voltou para a mesa. Oh, meu Deus, Tony estava me fazendo uma pergunta?

"Hum… sim", concordei, sem fazer ideia do que havia falado.

"São cerca de dois anos, eu acho", Omar disse.

Tony disse: "Certo… então uns dois anos, apenas dois anos depois. Esse é um país em que por quatro décadas todo o poder emanava de um único homem. Aí ele se vai, e era de se pensar que reinaria o completo caos. Mas o aeroporto está funcionando, estão carimbando passaportes. Os semáforos funcionam, tudo bem, o trânsito não é uma maravilha, mas tudo bem. Há um monte de problemas... sobretudo na semana passada, e um tempo atrás em Benghazi, mas, de modo geral, parece ser uma sociedade em funcionamento. Depois de tanto tempo em que o país foi fodido por um líder tão monstruoso como Gaddafi, devo dizer que estou um pouco surpreso com o fato de que, até agora, as coisas estejam indo tão bem. Estou louco?".

"Existe um sistema agora. Mais ou menos", respondeu Omar. "É feito pelas pessoas. Ninguém mais fez isso. Nem o governo. Nem ninguém. As pessoas querem algo para os filhos. Querem algo para elas mesmas no futuro."

"E você acha que nos próximos cinco anos isso vai acontecer?', Tony perguntou.

"Acho que vai ser incrível", Omar respondeu, sorrindo com orgulho. "Todos são livres para fazer suas próprias coisas."

"Cara, esta comida é boa, você me trouxe a um bom lugar", Tony comentou. Em seguida, olhando para mim: "Você quer reconfigurar para fazer uns planos gerais?".

"Hã... sim", respondi, surpreso de ver que a cena tinha corrido tão bem.

"Ultrapassamos de maneira significativa nosso tempo combinado", a voz de Damien no walkie-talkie anunciou.

"Entendido, já acabamos de comer", respondi. "Zach, você pode ir pra fora e fazer uma tomada externa? Todd, termine todos os planos-detalhes que ainda estiverem faltando. Josh e Reda, verifiquem de novo a sincronia. Vamos seguir pra próxima locação daqui a cinco minutos." Acendi um cigarro e relaxei, só um pouco, pela primeira vez depois do que pareceu uma eternidade.

"Como estava a comida?", perguntei.

"Fantástica", Tony respondeu.

"CNN, CNN!", nosso motorista anunciou, aos gritos, quando chegamos de volta ao hotel nessa noite. Damien permaneceu em silêncio durante todo o trajeto, e agora eu podia ver que sua pálpebra esquerda estava se contraindo.

"Esta tarde deixou bem claro que nosso grupo é pequeno demais e que estávamos completamente encaixotados lá dentro", ele disse assim que entramos.

Tínhamos acabado de retornar das filmagens no Bab al-Aziziya, o ultraluxuoso palácio de Gaddafi e antiga sede do poder, agora convertido em uma irreconhecível pilha de escombros. No meio da cena, milicianos chegaram em várias picapes brancas e nos cercaram, alegando que não tínhamos a papelada certa para estar lá; a situação ficou muito tensa, a ponto de termos que fugir antes que destruíssem o material que havíamos filmado. A coisa ficou um pouco dramática. Os ligeiros espasmos na pálpebra esquerda de Damien não eram nada animadores. "Se precisássemos de uma saída rápida, nossas vans não teriam tido a menor chance. Nossos veículos atuais não servem para essa finalidade, e os motoristas são incompetentes. A situação poderia facilmente ter sido mais grave, e estaríamos completamente indefesos. Precisamos de uma melhoria, caso contrário será necessário abandonar as filmagens."

"O que você está sugerindo?", perguntei.

"Um de seus auxiliares, Hamid, da milícia de Misrata. Bowler o encontrou em uma inspeção de território e não pôde evitar de observar a impressionante variedade de brinquedos que ele carregava consigo. Eles conversaram sobre a possibilidade de nos prestar assistência caso a situação se agrave, e caso consideremos necessário. Falamos com eles hoje, e Hamid reiterou seu desejo de dar uma mãozinha."

Josh e eu sabíamos que a milícia de Misrata poderia, de fato, nos fornecer um aparato de segurança. E veículos, nada menos que Toyotas Land Cruisers novinhos em folha. Nossos novos amigos estariam armados até os dentes para garantir nossa proteção. Poderiam chegar pela manhã. Havia apenas um pequeno detalhe a acertar: isso custaria algo próximo de 30 mil dólares. Colocando na balança todas as possíveis variáveis incógnitas, Damien sugeriu que, por precaução, precisávamos de pelo menos 50 mil dólares *em dinheiro vivo* na mão para manter de pé a produção do episódio.

Tudo o que dizia respeito ao episódio na Líbia estava saindo de controle, incluindo o orçamento. Devido aos atrasos na emissão dos vistos, fomos forçados a reagendar as filmagens. Isso significou novas passagens de avião, custos adicionais de segurança e aluguel de veículos, e perda dos depósitos das reservas não reembolsáveis do hotel, entre outras incontáveis taxas de desistência. Tivemos que cancelar uma viagem complementar a Benghazi. Incluindo Reda, contratamos quatro facilitadores para trabalhar na produção do episódio. Antes de chegarmos, precisamos dobrar o número de consultores de segurança. Mas seria muito constrangedor, e, pensando bem, um prejuízo financeiro muito maior, se fôssemos obrigados a ir embora do país sem uma filmagem debaixo do braço. Claro, custaria muito mais dinheiro do que jamais tínhamos gastado em um episódio. Por outo lado, estávamos em um lugar muito mais perigoso do que todos os outros em que já havíamos filmado. Josh ligou para Sandy, nossa produtora executiva na Zero Point Zero, para dar as boas notícias. Enquanto Josh e Damien falavam com Sandy, fui atualizar Reda e informá-lo de que a milícia de Hamid poderia ser juntar à equipe de filmagem.

"Oh, meu Deus!", Reda exclamou. "Seus seguranças são muito paranoicos! O que aconteceu hoje não foi grande coisa. Em momento nenhum estivemos em perigo, é assim que as pessoas na Líbia falam."

"Se isso vai fazer o Damien relaxar, a milícia valerá seu peso em ouro", argumentei. "Assim, todos podemos voltar a nos concentrar em realmente fazer o programa."

"Não confio nesses caras", Reda continuou. "Eles não serão bons para a representação da Líbia. Arranjei o Omar e o Johar para aparecerem no programa. Ambos já são revolucionários. Por que precisamos do Hamid?"

"Reda, estamos conversando sobre liberdade durante toda a viagem", aleguei. "Os revolucionários como Hamid e sua milícia, que não querem abaixar as armas, representam o outro lado da luta da Líbia pela liberdade. Além disso, eu não tenho escolha."

"Bem… A verba pra pagar a milícia foi aprovada", Josh anunciou no café da manhã. "Você não vai acreditar nessa parte: o escritório queria saber se a milícia líbia tem um número de registro nos Estados Unidos!"

Além de não ter qualquer número de identificação tributária, a milícia não aceitava cartões de crédito nem cheques de viagem. E a Líbia sendo a Líbia, uma transferência eletrônica padrão no valor de 50 mil dólares não era uma opção viável. Então, naquela manhã, um homem com a testa suada, sotaque britânico e terno azul engomado chegou ao quarto de hotel de Josh carregando uma mochila abarrotada de dinares líbios. Estávamos oficialmente de volta à jogada.

Quando encontrei Tony, ele estava do lado de fora, fumando. Antes que eu pudesse colocá-lo a par dos detalhes, fui interrompido por uma voz atrás de nós.

"Você deveria cozinhar para nós… ouvi dizer que você é o melhor cozinheiro francês ou algo assim… eu sou Hamid, seu novo chefe de segurança."

Então aquele era o famoso Hamid de quem eu tanto tinha ouvido falar. E "chefe de segurança", hein? Damien não ia gostar nem um pouco, pensei com uma risada. Hamid era jovem, provavelmente na casa dos vinte e poucos anos, e falava com um monótono sotaque líbio-canadense. A cabeça raspada e as olheiras sob seus olhos vidrados lhe davam uma aparência vagamente semelhante ao Marlon Brando gordo de *Apocalypse Now*. Hamid voltou ao país quando eclodiu a revolução e optou por permanecer na Líbia em vez de retornar para sua família em Montreal. Usava uma imaculada farda verde-oliva com um quepe combinando e um lenço verde-abacate no pescoço. Ele sacou uma granada e a usou para acender um cigarro.

"Você já experimentou o álcool da Líbia?", Hamid perguntou.

"Não", Tony respondeu com uma risada ligeiramente desconfortável. "Ouvi dizer que é brutal."

"Sim, destrói a pessoa", Hamid comentou.

"Ainda não tivemos a chance de nos conhecer. Eu sou Tom. Muito obrigado por toda a sua ajuda, realmente fico muito grato."

"Sem problemas", Hamid disse.

"Sim, estamos entusiasmados com o pessoal de Misrata", Tony disse.

"Cadê o Todd?", perguntei. "Precisamos esperar por ele antes de começarmos."

"Bem, *fizemos o nosso melhor*", Tony disse, verificando seu Rolex. "Temos que ir em frente."

"Então vamos começar, e quando o Todd chegar, passamos as coordenadas pra ele", Damien disse, dirigindo-se à equipe. "Grande deslocamento hoje, as estradas aqui têm fama de serem traiçoeiras, e vamos encontrar muitos postos de controle. Com sorte, a maioria deles será legítima. Se nos depararmos com qualquer coisa desagradável, vamos passar direto com os carros. Se por algum motivo o veículo tiver que ser parado, saiam do veículo e se afastem se ele começar a ser alvejado. Certo?"

"Sim, e de preferência do lado que…", Tony disse.

"Correto, não do lado que está sendo baleado", Damien emendou. "Como eu ensinei a vocês no Virginistão, tentem ficar de fora da *zona de matança*."

Isso era uma referência a um dos inesquecíveis treinamentos de Damien. No segundo dia do curso de treinamento de sobrevivência em ambientes hostis, topamos com um bloqueio na estrada, e nosso carro começou a pegar fogo. Enquanto todos nós corríamos em busca de abrigo, Damien, que desempenhava o papel de nosso facilitador local, levou um tiro e desabou no chão, sangue arterial jorrando em erupção de seu peito. Em meio a uma trilha sonora bastante realista de gritos e rajadas de metralhadora, ficou claro que o exercício se transformou em um dilema moral sobre o que fazer caso um membro da equipe se ferisse. Ajudar o colega e se arriscar a morrer, ou fugir e procurar proteção?

"Temos que ir, temos que ir agora!", Zach berrou.

"Por favor! Por favor, não me deixem!", Damien gritou.

"Nenhum homem fica pra trás!", urrei.

"Deixem a porra do facilitador!", Tony entrou na conversa. "O que ele vai fazer, recomendar um bom restaurante?"

"*Parem*!", Damien vociferou. E assim, em um piscar de olhos, a simulação acabou. "Vocês estão todos mortos", ele sentenciou. "Enquanto discutiam o que fazer, todos vocês foram fuzilados feito queijo suíço... eu posso ensinar a vocês qual foi a decisão errada que tomaram hoje: deveriam ter corrido para encontrar abrigo antes. Não posso dizer a decisão certa que deve ser tomada no futuro. Cada situação é diferente. O que posso assegurar a vocês é que deixar um amigo ou colega para trás é uma decisão com a qual vocês vão ter que conviver para sempre. Aquele de vocês que escolher fazer isso – para sua própria paz de espírito –, vai querer ser capaz de contar à família dessa pessoa que você fez o seu melhor."

Foi um momento que nos levou a refletir e avaliar com sensatez o caminho que havíamos escolhido tomar. Desse dia em diante, "fizemos o nosso melhor" tornou-se imediatamente uma recorrente piada interna da equipe.

"Além disso, temos um probleminha em Misrata. Acabamos de receber a notícia de que um membro do conselho municipal foi assassinado hoje", Damien disse, trazendo-me de volta ao presente de supetão. "Mas os caras de lá disseram que isso aparentemente não vai resultar em uma grande rixa de sangue na cidade. Vamos ficar de olho na situação."

"Espere, como é que é?", Zach perguntou.

"É aqui que eu viro um apresentador de telebarracos tipo Geraldo Rivera e essas merdas?", Tony emendou. "É melhor eu voltar pra dentro e vestir a calça cáqui."

"Eu perdi alguma coisa?", Todd perguntou ao chegar.

"Temos algumas medidas de mitigação muito melhores do que calças cáqui", Damien disse. "Nossos colegas de Misrata chegaram para cuidar de nós. Eles vão nos acompanhar pelo resto das filmagens, o que é realmente uma boa notícia. E trouxeram algumas ferramentas para fazer o serviço."

Além de nossas três vans de produção, agora tínhamos quatro reluzentes Land Cruisers abarrotados de armas semiautomáticas e alguns seguranças durões e mal-encarados. Eu precisava apresentar narrativamente todos esses elementos e decidi que uma tomada de transporte seria perfeita. Então incumbi Todd de filmar em plano subjetivo e segunda câmera e instruí Zach a filmar

Tony. Foi uma cena caótica que pegou todos entrando em veículos aleatórios. Eu estaria a bordo de um dos Land Cruisers com Damien que, em sua infinita sabedoria, decidiu que seria melhor para Tony viajar com Bowler no "utilitário das armas". Mas assim que entrei em nosso Land Cruiser, percebi que "utilitário das armas" era um termo inadequado. Todos os SUVs estavam cheios de armas.

A rodovia entre Misrata e Trípoli corria ao longo da costa. Por uma janela eu via a água azul-turquesa do Mediterrâneo, por outra as areias amarelas do deserto. Assim que nos libertamos da atração gravitacional de Trípoli, nosso comboio acelerou.

"Você está ciente de que há um rifle atrás de você, certo?", Damien disse.

"Sim, está bem aqui", respondi, dando um tapinha na arma ao lado da minha perna.

"Também há outro atrás de você", Damien continuou.

Apesar da mudança para a CNN e das locações de mais "alto risco", no fim ainda era supostamente um programa sobre comida e viagens. *Tudo muito surreal*, pensei. Dali a alguns meses eu estaria filmando em Copenhague no melhor restaurante do mundo, mas no momento eu estava cercado por um arsenal de fuzis AK-47.

"Hum… essas armas não podem disparar com um solavanco se passarmos por um buraco grande ou algo assim?", perguntei.

"Isso depende da posição da trava da segurança", Damien respondeu. "No entanto, eu consideraria como maiores preocupações a caixa de granadas e colisões de tráfego rodoviário."

Dirigir era perigoso em toda parte, mas no material impresso sobre segurança que recebemos constava que a Líbia era o país número um do mundo quando se tratava de mortes no trânsito *per capita*. O relatório citava como principais causas de acidentes "obstrução causada por camelos nas estradas, outros veículos e tráfego pesado". Quando testemunhei as brigas dos carros por espaço e os feios bate-bocas dos motoristas nas rodovias sem lei, essas preocupações não me pareceram infundadas. Não era nada reconfortante o fato de termos saído tarde e estarmos acelerando para recuperar o tempo perdido; dirigir à noite na Líbia era extremamente desaconselhável.

"Isso é Aerosmith?", perguntei, ouvindo no rádio uma música conhecida. "Aumente o volume." Damien obedeceu, e era mesmo "Sweet Emotion" tocando na estação local.

"Normalmente não sou um grande fã do Aerosmith", eu disse, contemplando pela janela o deserto passar voando por nós. "Mas neste momento é perfeito."

"É natural, em um momento como esse, agarrar-se desesperadamente a qualquer lembrança de casa", Damien filosofou.

Um caminhão-plataforma cheio de camelos passou zunindo, talvez a uns 160 km/h. "Todd! Caminhão de camelos chegando pela via expressa!", avisei pelo walkie-talkie. "Filma isso!"

Já estava escuro quando finalmente chegamos a Misrata. A cidade tinha sido palco de algumas das batalhas mais ferozes durante a revolução, e isso era evidente em seu aspecto geral. Passamos por pilhas de escombros e metal retorcido e derretido do que um dia foram veículos. Por toda parte, edifícios bombardeados e abandonados, perfurados com buracos de balas e morteiros. Algumas lojas de móveis novas e bem iluminadas e um restaurante em funcionamento chamado "Stalingrado" compunham um estranho contraponto ao cheiro de gasolina e queimado.

"Atenção", Damien chamou pelo walkie-talkie. "Quando chegarmos ao hotel, saiam do carro e entrem rapidamente, depois permaneçam do lado de dentro."

Na manhã seguinte, Damien nos observou carregar os veículos, ambas as mãos descontraidamente agarradas às costas, em uma pose que Tony chamava de "sou apenas um espectador inocente".

"Hamid nos informou que há um protesto em grande escala sendo planejado para essa tarde", Damien disse. "A população local está meio puta da vida com o assassinato de ontem, o que não é nenhuma surpresa. Teremos que estar longe do Museu da Guerra e do centro da cidade antes de a manifestação começar. Isso nos dará aproximadamente uma hora para filmar."

Porra. Eu tinha a esperança de que Misrata fosse um ambiente mais relaxado para que pudéssemos recuperar o fôlego. Havia duas importantes cenas agendadas para o dia, e eu não queria fazê-las às pressas. Percorri o trajeto até a locação no caminhão com Hamid.

"E aí, o que vocês fazem quando não estão ajudando equipes de filmagem?", perguntei, para puxar assunto.

"Nós caçamos os ex-apoiadores de Gaddafi", Hamid respondeu. "Torturamos e matamos os filhos da puta."

"Ah… certo… legal", eu disse. Nota mental: faça de tudo para ser amigo de Hamid.

O Museu da Guerra de Misrata foi criado para homenagear a revolução e as pessoas que perderam a vida lutando pela liberdade. Na frente havia uma coleção de tanques, morteiros, lança-granadas, estilingues improvisados, um iate encalhado, bem como a famosa escultura de Gaddafi de um punho dourado esmagando um avião de combate norte-americano. No interior havia um grande salão, fotografias dos mártires estampadas em todas as paredes, do piso ao teto. Pareciam pessoas comuns de todas as idades, incluindo crianças. Sob cada rosto, uma legenda informava o nome e a data de morte. Várias famílias com crianças passeavam pelo museu, olhando os objetos expostos e tirando fotos. Hamid levou Tony ao redor da sala contando-lhe histórias sobre os que tombaram em combate. Conhecia pessoalmente pelo menos uma dúzia deles. Além dos mártires, estavam em exibição diversas armas improvisadas que os revolucionários utilizaram na luta contra Gaddafi, a exemplo de um periscópio construído com tubos de PVC e um estojo de maquiagem, bem como uma gambiarra feita de peças velhas que quebrou o galho como lançador de foguetes.

"Isto é um rifle caseiro", Hamid apontou para uma arma de fogo com uma alça de 5 cm de espessura por 10 cm de largura em uma extremidade e um cano montado na outra.

"Inacreditável", Tony disse, genuinamente impressionado. "A pessoa tem que ter muita coragem pra usar isso como uma arma."

"Não tínhamos outra saída", Hamid disse.

Entre os troféus de guerra havia uma coleção de itens pessoais outrora pertencentes a Gaddafi, muitos trazidos de seu complexo residencial de Bab al-Aziziya, em Trípoli. Lá estavam o AK-47 banhado em ouro e prata, sua porcelana com bordas de ouro, um sabre de ouro e até mesmo o que pareciam ser as cadeiras do cenário da série de TV *Supergatas*.

"Parece que, toda vez que matam um déspota, descobrem que suas coisas eram cafonas", Tony disse. "Tipo um cafetão."

"Este era o kit de barbear de Gaddafi", Hamid apontou, chutando o que restava de uma mala Louis Vuitton de tamanho médio. "Ele usava tintura de cabelo e máscaras de beleza facial." Entre os itens, um conjunto de pentes e escovas folheadas a ouro, vários cosméticos e produtos de higiene e cuidados pessoais, e, como era de se esperar, uma máscara facial detox de argila pura para limpeza profunda.

Em um canto do museu, um televisor exibia uma filmagem feita com celular, imagens sem edição de Gadaffi ensanguentado e cercado por uma enfurecida multidão de revolucionários. O vídeo de violência explícita e escabrosa era reproduzido sem som e em loop.

"O dia de sorte de Gaddafi", Hamid disse com uma risada.

"Foi quando ele recebeu as boas-novas", Tony disse.

"Tique-taque. Tique-taque. Tique-taque", Damien chamou pelo walkie-talkie.

A caminho da saída, Tony parou para assinar o livro de visitas: "É legal uma vez na vida ver os mocinhos vencerem. Respeito. Anthony Bourdain", ele escreveu.

"Obrigado, Hamid", eu disse. "Foi uma cena poderosa. Odeio sair correndo, mas temos que cair fora antes do protesto."

"Que protesto?", Hamid perguntou.

"Achei que haveria um grande protesto aqui essa tarde", expliquei.

"Você está falando do funeral?", Hamid perguntou.

Aos sacolejos, nosso comboio percorreu uma estrada de terra batida, levantando uma nuvem de poeira, antes de finalmente pararmos em uma estrutura de blocos de concreto. Era um lugar lindo, empoleirado em um pequeno promontório com vista para o Mediterrâneo. "Na Líbia, o costume das pessoas é fazer a maior parte das refeições em casa, mas não é incomum reunir-se com amigos para um churrasco à beira-mar no fim de semana." Pelo menos foi o que escrevi no meu primeiro tratamento de roteiro.

"Eu te disse que aquela cabra não valia duzentos dólares", Reda insistiu. "Aliás, nem cabra era; é uma ovelha."

Reda estava certo, havia uma ovelha balindo, amarrada na carroceria de uma caminhonete. Francamente, eu não me importava com o tipo de animal que tínhamos adquirido ou quanto tinha custado, contanto que não fosse uma espécie em extinção. Fiquei impressionado com a disposição de Reda de enfrentar uma milícia armada até os dentes para garantir que não nos fôssemos explorados em seu país. Enquanto a equipe descarregava o equipamento da van, dei uma olhada ao redor para verificar a locação. A sotavento da cabana, encontrei Hamid e alguns de seus amigos milicianos. Ele não parecia nada feliz.

"Está tudo bem?", perguntei.

"Isso é uma merda", Hamid respondeu, jogando com força um jornal em cima da mesa. Na capa, pude ver a foto de um grupo de políticos do Congresso Geral Nacional (GNC, na sigla em inglês), o primeiro governo democraticamente eleito na Líbia em mais de quarenta anos. "Todos eles estavam em Londres, só vieram pra cá depois que *nós* lutamos pra fazer a revolução!", Hamid disse. "Não são líbios de verdade…"

"Hum… enquanto ainda temos um minuto, podemos revisar o plano pro churrasco?", perguntei, querendo mudar de assunto o mais rápido possível.

"Sim, segure isso primeiro", Hamid disse ao jogar uma granada na minha direção. Recuei para me esquivar do explosivo, que atingiu o solo com um baque surdo. Além do zumbido em meus ouvidos, escutei gargalhadas. Hamid e seus amigos estavam rolando de rir. "Você deveria ter visto a cara que você fez!", Hamid ofegou. "Relaxa, cara, é só um isqueiro!"

Tentei sorrir, mas não sei se consegui.

"Sem ressentimentos, tome uma bebida." Hamid abriu uma garrafa de refrigerante de plástico reciclável e encheu um copo pela metade. "Este é o nosso famoso *boha* líbio", ele disse, entregando-me a bebida. "É tipo uma vodca caseira."

Como as bebidas alcoólicas eram estritamente proibidas na Líbia, já fazia dias que não provávamos uma birita, e com avidez eu entornei o *boha* em um único gole. Uma sensação de calor e conforto irradiou instantaneamente por todo o meu corpo. "Oh, uau, isso é bom", eu disse.

"É porque você é um alcoólatra", Damien declarou.

Todd e Zach começaram a fazer filmagens de segunda câmera, imagens de fundo para mostrar a paisagem reluzindo no sol suave do fim de tarde. Do mar soprava uma brisa constante, encrespando as ondas ao longo de uma praia vazia que se estendia até o infinito. Tony e os homens da milícia bebiam cerveja sem álcool quando as câmeras estavam por perto – e *boha* quando não estavam –, todo mundo se divertindo. Um manobrista de oito anos de idade estacionava carros para os hóspedes que chegavam tarde. Fiz questão de que filmássemos isso. No fim das contas, a cena estava ficando bastante boa, apesar dos pesares.

Todos se reuniram para orar, o que significava que era hora de conseguir a obrigatória tomada do abate. Eu me escondi atrás de Zach para não ter que assistir enquanto um dos membros da milícia segurou a ovelha – que se debatia e se contorcia – e cortou sua garganta.

"Estilo Halal", Damien disse, impassível. "É exatamente assim que a Al-Qaeda faz".

"Isso não é engraçado", eu disse, minha voz um pouco trêmula.

Quando terminamos as filmagens do dia, um baseado passou de mão em mão, mas recusei. Observei Tony às gargalhadas com Hamid. Ele estava realmente apaixonado pela milícia. Ele até os apelidou de "os meninos de Misrata".

"Tá legal, galera", eu disse pelo walkie-talkie. "Temos que voltar pro hotel antes do pôr do sol."

"Você soube o que está acontecendo no Mali?", Zach perguntou, com expressão muito preocupada. "O Damien me contou que os jihadistas podem estar vindo pra cá, e estão dizendo que os primeiros a queimar serão os ocidentais!"

Meu olhar passou por cima de Zach e se dirigiu ao saguão do hotel, onde Damien e Josh estavam assistindo a um canal de notícias local que transmitia imagens do desembarque de tropas francesas em Timbuktu. Josh colocou a cabeça entre as mãos.

"O Mali fica a milhares de quilômetros daqui", argumentei, devolvendo minha atenção para Zach. "Você realmente acha que uma perua cheia de jihadistas vai percorrer todo esse caminho, por meio de inúmeros postos de controle, apenas pra matar a gente? Isso não é racional. Dá um tempo, segura a sua onda!"

Zach estava apavorado, eu deveria ter sido mais solidário. Ele não era louco; estar lá era assustador, e "pra começo de conversa, por que estamos aqui?" era uma pergunta totalmente legítima de se fazer. Além disso, fazia dias que Damien vinha enchendo nossa cabeça com imagens de atentados suicidas e de jihadistas decapitando jornalistas. Se as ameaças eram tão graves como ele dizia aos quatro ventos, por que então não decretava o encerramento dos nossos trabalhos? Com um estalar dos dedos ele tinha o poder de pôr um ponto-final nas filmagens. Mas se ele tomasse a decisão de encerrar as filmagens e despachar todos nós de volta para casa e depois ficasse claro que não havia nenhuma ameaça concreta… bem, isso seria péssimo para Damien. Em vez disso, se fosse eu o cara a jogar a toalha – ou porque estava morrendo de medo ou porque tive que me curvar à pressão da equipe –, então não faria diferença para Damien, cuja reputação sairia incólume. Era a única explicação lógica. Será mesmo? A essa altura, eu já não fazia ideia. Damien era capaz de jogar jogos mentais tão intensos? Era possível que Damien estivesse certo? O trabalho de Damien não era nos assustar. Ele nunca tinha feito isso antes. O que havia de diferente dessa vez?

"Pessoal, falando sério… o que a gente está fazendo aqui?", Zach disse, andando de um lado para o outro. "Não é isso que a gente faz. Isso aqui é território da revista *Vice*."

156

"Olha, eu entendo, eu entendo, a Líbia mete medo", Tony disse. "Francamente, também estou com medo. Mas estamos contando uma história que é muito, muito especial. E os meninos de Misrata estão cuidando muito bem da gente."

"O Damien está falando sobre um monte de merdas assustadoras, mas não é nada diferente do que já estava acontecendo antes de a gente chegar aqui. Acho que ele está querendo foder a nossa cabeça", eu disse. Vendo-me na situação verdadeiramente aterrorizante de não confiar nas pessoas contratadas para nos proteger, convoquei uma reunião reservada no quarto de hotel de Tony, sem a presença dos guarda-costas. Eu estava preocupado com a nossa segurança, mas tinha que manter a cabeça fria; e, de acordo com todo mundo, exceto nossa equipe de segurança, a situação era estável.

"Eu também não acredito nisso", Todd entrou na conversa. "Alguma coisa está acontecendo. Já ouvi o que o Damien diz, e notei como ele muda de tom dependendo de quem está por perto." Ah! Graças a Deus! Outra voz da razão. Em algum lugar no espectro entre obstinado e teimoso, Todd não era muito suscetível à manipulação.

"Resumindo, o importante é que a incerteza que existe é mais do que compensada pela certeza de que estamos obtendo imagens realmente boas", Tony argumentou. "Ninguém nunca viu esse lado da Líbia. Vamos terminar o que começamos. Quem está comigo?"

"Eu estou", respondi.

"Eu também", Todd disse.

"São apenas mais alguns dias", Josh argumentou.

"Argh. Foda-se", Zach concordou.

"Tom, fique aqui um minuto", Tony pediu. Depois de esperar todos os outros saírem, ele fechou a porta. "Você está fazendo um bom trabalho pra segurar as pontas", ele disse, dando um tapinha nas minhas costas. "Sua dedicação não passou despercebida."

"Obrigado", agradeci, genuinamente abalado pelo raro elogio. "Você sabe, se dois…"

"Se for necessário, vamos nos livrar do Damien também", Tony me interrompeu. "Agora que temos nossa própria milícia. Quer dizer, não que a gente esteja no meio de uma porra de zona de guerra, com balas voando por cima da nossa cabeça ou pessoas jogando granadas em nós."

* * *

Na manhã seguinte, à mesa do café, Damien nos informou que o ministério britânico de Relações Exteriores havia emitido outra declaração, algo referente à ameaça iminente contra a embaixada em Trípoli que, por acaso, era o lugar para onde estávamos indo. No meio do trabalho de carregamento dos equipamentos nas vans, Reda apareceu.

"Podemos conversar?", ele perguntou. "É importante."

"Sim, claro", respondi, feliz em vê-lo. "O que foi?"

"É sobre a milí…", Reda foi interrompido pelo toque do meu celular.

"Porra, é o Tony", eu disse. "Podemos conversar no caminho?"

A viagem acabou sendo preenchida com detalhes logísticos de última hora; por isso, chegamos a Trípoli sem ter tido a oportunidade de conversar.

Em Trípoli, enviei Todd ao telhado do hotel para filmar algumas imagens em *time-lapse*. Enquanto isso, Zach e eu descemos para a estrada em espiral a fim de filmar uma tomada de Tony caminhando. O sol do fim de tarde refletia no Mediterrâneo. Instalamos os equipamentos junto a um parque de diversões à sombra de grandes edifícios cuja construção fora interrompida na metade quando eclodiu a guerra civil. O chamamento para a oração competia com "Do You Think I'm Sexy?", de Rod Stewart, que estrondeava nos alto-falantes no parque, e os gritos de gaivotas se mesclavam ao som de crianças rindo e gritando nos brinquedos. Fui pego de surpresa quando, sem que eu pedisse, Tony começou a falar para a câmera:

"É o momento perfeito, sabe? Crianças sorridentes, felizes, a mesquita… Rod Stewart tocando ao fundo… e, fora do enquadramento, uma picape cheia de milicianos. Olhando para nós. Sorrindo, mas falando em seus celulares. Quem são os mocinhos? Nós somos os mocinhos? A questão aqui é muito complicada, a propósito. Quem são os mocinhos da história… alguém aceita algodão-doce?"

Finalmente, um pouco de boa sorte. Era para ser apenas uma cena de caminhada, mas Tony estava fornecendo abundantes porções de conteúdo. Ele andou até a beira da água e continuou falando.

"Olha, o que eu sei? Estou aqui há uma semana. Há uma porção de coisas acontecendo. Muitas delas boas, outras bem ruins… Mas, apesar do fato de que as filmagens têm sido muito difíceis, para mim este é um episódio feliz. O que quer que você pense sobre a Líbia – e o que quer que aconteça aqui –, eu tenho a nítida sensação de que os mocinhos venceram. Não sou um cara otimista, mas em geral sinto – e minha experiência reafirma isto – que o mundo é povoado principalmente por pessoas muito legais, fazendo o melhor que podem…" Tony sorriu e fitou o sol poente. "Tudo bem, de volta ao rancho?"

* * *

"Precisamos conversar", Damien disse quando cheguei de volta ao hotel.

"Tá legal", respondi, preparando-me para a tortura mental que ele devia estar tramando. "O que é que manda"?

"Temos um probleminha nas mãos", ele disse. Eu sabia. Damien provavelmente estava prestes a me relatar que a informação sigilosa mais recente que ele recebera sugeria que Trípoli estava assentada sobre um vulcão ativo. Ele bebericou um gole de chá, seus olhos cravados em mim, sem piscar. "Hamid me informou que Adnan, um dos assistentes de produção, acusou Reda de estuprá-lo."

"Como é que é?", indaguei.

"Tomei a liberdade de mandar Adnan embora para casa", Damien explicou.

"Espere, espere, espere. O que aconteceu, porra?"

"Enquanto vocês estavam filmando, entrevistei Adnan sozinho. A história dele parece crível. Hamid e o restante da milícia estão extremamente chateados. Queriam prender Reda na mesma hora. Consegui convencê-los a esperar vinte e quatro horas, até todos estarmos a bordo de um avião para fora do país."

Afundei no sofá, a cabeça girando. Era sobre isso que Reda queria falar comigo? Eu não queria acreditar que Reda tinha feito aquilo de que estava sendo acusado. Eu também não queria descartar logo de cara a acusação de Adnan, mas certas palavras continuavam se repetindo em minha cabeça. Como "milícia extremamente chateada" e "prender Reda". Eu sabia o que isso significava. Na Líbia a homossexualidade era crime, mas, neste caso específico, minha preocupação era que resolvessem o caso apelando para o justiçamento. "Ai, meu Deus, porra do caralho!", gaguejei: "Temos que avisar o Reda!".

"Eu entendo que você esteja aborrecido, mas nosso objetivo é proteger todos vocês, que nos contrataram para fazer isso", Damien alegou.

Analisei o rosto de Damien, desesperado para descobrir se aquilo era apenas alguma piada horrível e inadequada. A não ser pelas contrações em sua pálpebra esquerda, ele parecia calmo como sempre. "Sinto muito, mas esse é o país de Reda, e por mais que nossas *sensibilidades ocidentais mais delicadas* possam se ofender por tais práticas, é assim que se faz justiça na Líbia."

"Mas eles podem matá-lo!", aleguei, tentando controlar minha voz.

"Talvez sim, mas também pode ser que não. Aqui as milícias *são* a autoridade: polícia, juiz e júri. Não cabe a nós interferir na maneira como eles lidam com as coisas. Não temos outra opção a não ser deixar a natureza seguir seu curso. Em última análise, não é da nossa alçada, não é problema nosso."

"Isso é loucura!", rebati, perdendo as estribeiras. Como estávamos na Líbia, claro que eu não faria um protesto público, mas nem a pau ia ficar de braços cruzados e deixar uma injustiça como aquela ocorrer. "Mesmo que Reda seja culpado, ele não merece ser torturado nem assassinado. E, ainda por cima, se não estivéssemos aqui, ele nunca teria conhecido a milícia, e nada disso estaria acontecendo. Então, eu acho que é problema nosso, sim, porra!"

"Creio que você não está conseguindo entender a gravidade da situação", Damien reiterou. Ele tinha razão. Eu estava com dificuldade para entender os fatos. Parecia que estávamos falando sobre uma situação típica dos programas do *National Geographic* de "leão caçando a zebra". Até aquele momento eu tinha me segurado, mas cheguei a meu ponto de ruptura. As sessões de filmagem estavam definitivamente encerradas.

"Nós temos pelo menos que fazer uma reunião", insisti. "Como estávamos fazendo até agora, pra deixar o resto da equipe opinar. Sei que concordarão comigo, temos que deixar o Reda de sobreaviso!"

"Você precisa fazer o que é melhor, não o que é certo", Damien retrucou. "Envolver-se de qualquer maneira representa um perigo *extremo* para você, assim como para o restante da equipe. O mero ato de contar a eles sobre a situação colocará todos em risco. Você não tem que dizer nada. Vá fazer as malas."

Parecia que uma chaleira estava fervendo perto dos meus ouvidos, e comecei a sentir na boca aquele gosto metálico esquisito. Alguma coisa não fazia sentido. Por outro lado, pensando bem, raramente as coisas neste mundo faziam sentido. E, dadas as circunstâncias, o risco de um passo em falso poderia ser catastrófico. Talvez eu não estivesse pensando com clareza, talvez Damien estivesse certo. Fui para meu quarto, liguei para Sandy e expliquei toda a situação, até onde eu tinha sido capaz de entender.

"Acho que você está absolutamente certo", ela disse. "Não importa se o Reda fez ou não fez aquilo de que está sendo acusado. A punição é descomunal em comparação com o crime. E nós *estamos* envolvidos. Sei que Damien tem em mente o melhor interesse de todos, mas acho que convocar uma reunião e deixar que todos decidam por si próprios é a coisa certa a fazer."

"Estou tão feliz por ouvir você dizer isso", respondi, começando a recuperar minha compostura. Sempre vi Sandy como uma mão sóbria no leme, por isso suas palavras tranquilizadoras e encorajadoras significavam muito. Eu era o único gay da equipe, e todos sabiam, mas isso quase nunca vinha à tona. Eu jamais tinha tomado posição, mas estava na hora. Convoquei uma reunião, e trinta minutos depois, todos, exceto Todd e Damien, estavam impacientes, esperando para ouvir o que eu tinha a dizer.

"Quanto tempo mais vamos esperar?", Tony perguntou. "Vamos acabar com isso logo de uma vez. Depois o Josh pode compartilhar os detalhes com quem não estiver aqui."

"Tenho certeza de que eles estarão aqui em breve", eu disse.

Pouco depois, ouvimos uma batida na porta. Pelo olho mágico vi Damien e Todd, e eles pareciam estar rindo sobre alguma coisa, o que considerei um bom sinal. Ao passar por mim, Todd me cumprimentou com um jovial "Boa noite, Tommy".

Damien fez uma pausa e disse: "A gente pode trocar uma palavrinha no reservado?" Ele fechou a porta do banheiro e, mais afirmando do que perguntando, disse: "Presumo que você levou a sério o que eu te contei e que não vamos discutir nada que seja relacionado a Reda".

Respirei fundo. "Me desculpe, mas eu preciso. Conversei com a San…"

Antes mesmo que conseguisse entender o que estava acontecendo, Damien deu um salto e transpôs a distância de um metro entre nós, me empurrando com força para o assento da privada. Ergui os olhos e vi sua figura imponente à minha frente, as veias na testa e no pescoço inchadas e vermelhas, um olhar cortante. Desapareceu o Damien irônico, jovial e capaz de manter a frieza sob pressão que eu conhecia havia tantos anos, e em seu lugar estava um Damien que me fez lembrar que ele não era apenas um velho soldado, mas um soldado especialmente treinado para matar.

"Seu viadinho de merda!", Damien estava de alguma forma gritando e sussurrando ao mesmo tempo. "Porra, você não tem ideia do que está fazendo. Estamos falando sobre a segurança de toda a sua equipe! Você não tem direito de permitir que suas ações coloquem os outros em perigo!" Enquanto ele sibilava, ia ficando cada vez mais vermelho: "Se você disser alguma coisa, *qualquer palavra* que seja a respeito de Reda, prometo que vou fazer você se arrepender… estou sendo claro?". Acho que o nariz de Damien começou a sangrar. Nunca senti tanto pavor na minha vida, a ponto de nem sequer ser capaz de falar ou menear a cabeça. "Que bom", ele disse.

Endireitando sua postura, Damien abriu a porta e agarrou um lenço de papel ao sair do banheiro. Saí um momento depois, tentando esconder minhas mãos trêmulas. Era como estar em um sonho. O quarto de hotel e todas as pessoas nele pareciam normais, mas o que estava acontecendo não era

161

normal. Foi um daqueles momentos cruciais que provavelmente definiriam meu caráter; o que eu estava prestes a dizer teria implicações de longa duração, talvez, como Damien dissera, para o resto da minha vida. "Eu queria que todos vocês soubessem…", comecei a anunciar, pigarreando, "que estamos indo embora pra casa. Temos material suficiente para completar o episódio".

"Aleluia, porra!", Zach disse.

"Pelo menos acabamos com essas malditas reuniões", Tony disse, levantando-se para sair.

"Mais alguma coisa?", Damien perguntou, desafiando-me a desafiá-lo. Eu não abri a boca. "Certo, então… os carros vão sair amanhã de manhã às nove em ponto. Nossos amigos de Misrata vão nos acompanhar durante o processo de check-in para garantir que a gente não tenha nenhum problema. Se tudo correr conforme o planejado, estaremos em Istambul a tempo para tomar uns drinks."

Eu mal podia acreditar que tinha me acovardado. Ao longo dos anos, filmamos com pessoas escancaradamente homofóbicas. Sem saber que eu era gay, faziam piadas e diziam "bicha" a cada quatro palavras. Eu queria dizer alguma coisa, mas nunca disse. Dessa vez foi muito pior.

"Tive uma ideia", Sandy sugeriu depois que eu a coloquei a par da situação. "Vou esperar até que vocês estejam a bordo do avião, aí vou ligar pro Reda e explicar o que está acontecendo. Talvez ele ainda consiga ganhar tempo e aproveitar essa vantagem."

"Tom, Tom, você está aí?", ouvi uma batida persistente na porta.

"Ai, meu Deus, ele está aqui fora", eu disse, minha voz se transformando em um sussurro.

"Tom! É o Reda. Preciso falar com você. Você está aí dentro?"

"Eu tenho que desligar", avisei Sandy e deixei o receptor deslizar devagarinho de volta para a base.

Toc, toc, toc, toc, toc. "Tom, o que está acontecendo?! Você não atende minhas ligações nem responde minhas mensagens de texto, acho que você está aí dentro!"

Limpei as lágrimas dos olhos e mal senti que meus passos caminharam até a porta para abri-la.

"Tenho uma coisa importante pra te contar", Reda disse. "Descobri o quanto você estava pagando ao Hamid. Na Líbia, a lei determina que, se um jornalista pede proteção, as milícias têm que providenciar. Sem custo. Hamid estava roubando de você. Eu o confrontei e ele…"

"Reda, preciso que você me escute com muita atenção", eu disse, enquanto meu coração acelerado contrastava com a enunciação lenta e cuidadosa de cada sílaba. "Não posso explicar o porquê, mas preciso que você vá pra casa, pegue algumas coisas e saia de Trípoli por algum tempo; não fale com quem quer seja nem avise pra onde você está indo. Sei que parece loucura, mas, por favor, você tem que fazer o que eu estou dizendo."

Eu não sabia se Reda estava lá para tentar me ajudar a economizar 30 mil dólares, ou para provar que era inocente, ou se sabia que tinha sido acusado. Não havia tempo a perder, e nada disso importava. Acho que foi mais a expressão desvairada no meu rosto do que as palavras que eu disse que fizeram Reda dar vários passos para trás, seus olhos se arregalando.

"Tá bom", ele disse em voz baixa. "Isto é pra você e Josh."

Ele se curvou ligeiramente, deixando cair no chão um saco plástico, depois se virou e saiu. Esperei até ouvir o som das portas do elevador se fechando antes de pegar o saco e trancar minha porta. Dentro do saco havia alguns suvenires e bugigangas, bem como um prato de metal decorativo com uma cena tradicional gravada e uma inscrição em delicada letra cursiva: "Tom ama a Líbia".

Uma grande tempestade se erguia no Mediterrâneo. Repetidas rajadas de vento fustigavam as portas de vidro deslizantes da minha varanda, o ruído percussivo me lembrava morteiros ou disparos de artilharia. Eu mal podia esperar para chegar na porra da minha casa.

CAPÍTULO 8:
OBJETOS RELUZENTES

Três meses após a morte de Tony, minha mala ainda permanecia intocada. Eu sonhava muito com Tony, e muitas vezes tinha a estranha sensação de enxergar um vislumbre dele pelo canto do olho. Tarefas simples, como pagar contas e lavar roupas, estavam ficando mais difíceis. Nem mesmo quando minhas cuecas limpas acabaram eu ousei abrir aquela mala. Verdade seja dita, minha intenção era nunca mais abrir a tal mala. Caí numa superstição piegas de que, no instante em que tocasse aquele zíper, talvez tivesse que admitir para mim mesmo que Tony realmente se fora para sempre. Mas não tive forças para comprar uma mala nova, e tinha uma passagem marcada para um voo com destino a Los Angeles saindo pela manhã. De qualquer maneira, agora eu já não precisava muito de uma mala nova.

Em algum lugar nos céus do Meio-Oeste, a cabine começou a estremecer. Passageiro aéreo nervoso que sou, minha mente disparou com imagens de rajadas de vento espatifando a asa ou o horizonte se invertendo enquanto o avião despencava em uma espiral mortal, resultado de um leme emperrado. O tremor aumentou enquanto os motores se alternavam entre potência máxima e um mísero resfôlego. Minha frequência cardíaca alcançou minha imaginação quando o sinal luminoso de "apertem o cinto de segurança" se acendeu e ouvi a voz do piloto pelo intercomunicador de bordo:

"Estamos enfrentando um pouco de turbulência, não vai durar muito. Enquanto isso, pedimos que permaneçam sentados com os cintos de segurança bem apertados."

Ouvir que isso vinha da cabine de voo era um bom sinal, lembrei a mim mesmo. Em uma emergência, eles estão ocupados demais para se preocupar em falar com o gado. Tony gostava de turbulências severas; ele dizia que isso quebrava a monotonia de um voo. Quando olhava para mim e via o pânico estampado em meu rosto, ele sorria e dizia algo do tipo: "Relaxa, Tom. Você não vai morrer em algo tão glamoroso quanto um desastre de avião. O que vai fazer você bater as botas será um escorregão na banheira". Eu sempre me sentia muito melhor, pelo menos até a hora de tomar banho. Mas na minha própria voz as palavras dele não soaram tão reconfortantes. Enquanto as asas do avião se distorciam em meio aos bolsões de ar, tentei imaginar Tony em uma das poltronas vazias do outro lado do corredor.

Pelo oitavo ano consecutivo, eu passaria alguns dias de meados de setembro no lendário Chateau Marmont. Fiz o check-in e fui para o quarto 55, meu aposento habitual. Fumei um cigarro no terraço com vista para a Sunset Boulevard e, no fim do dia, observei a iluminada mistura de fumaça e nevoeiro do centro de Los Angeles. Tudo parecia estar igual, mas é claro que não estava. Eu não sabia quem é que estava hospedado no quarto ao lado, o 54, se é que havia algum hóspede lá, mas sei que não era Tony. Mesmo com a sensação de que ele estava por perto, como quem sente a formigante presença de um membro amputado, seria meu primeiro evento do Emmy sem ele. Tive dúvidas sobre se deveria ou não me hospedar no Chateau, ou até mesmo se deveria comparecer à cerimônia de premiação. Esse ritual transformava em recordações dolorosas um punhado de boas lembranças, mas no final das contas cedi à força do hábito.

"Em que você vai gastar seu dinheiro, afinal? Da vida nada se leva, Tom", Tony disse, bebendo um negroni na colunata do terraço-jardim do hotel. A bebida dele, vermelho-rubi, reluzia nos raios de sol do entardecer da Califórnia. "Você ficaria bem em um smoking Tom Ford. Na verdade, você *pode* partir dessa pra melhor levando um smoking com você." E imitou a pose de uma pessoa deitada de braços cruzados em um caixão. "Todo mundo vai dizer: 'Ele está tão bonito aí dentro, magro, de bochechas rosadas e elegante. Eu gostaria de tê-lo conhecido quando era vivo'".

"Não vou gastar 10 mil dólares em um smoking", protestei. Para alguém que viveu a maior parte de seus anos de salário em salário, Tony parecia não ter noção de dinheiro.

"Então, alguém mais vai se hospedar no campus, ou o resto do rebanho vai ficar no hotel dos pobres?", Tony perguntou. "Campus", é claro, referia-se ao Chateau. Era o hotel favorito de Tony no mundo inteiro, e por um bom motivo.

"Você pode conseguir *qualquer coisa* que quiser", Tony dizia, com os olhos arregalados de assombro de uma criança na manhã de Natal. "Você pode ligar pra recepção às três da matina e pedir cocaína, um punhado de motoqueiros Hells Angels e um jumento. Se precisar, eles te ajudam até a se livrar do cadáver de um palhaço de rodeio. Contanto que você seja discreto e não incomode os outros hóspedes."

Embora não tivesse condições financeiras de pagar as diárias, ficar lá com Tony valia cada centavo da assustadora conta. Ao longo dos anos e passando pelos continentes, nós nos hospedamos em uma grande variedade de hotéis, mas o Chateau era incomparável. Durante quase um século, o lugar tinha sido um paraíso para a elite de Hollywood, famoso tanto por sua excêntrica elegância quanto pela discrição do staff com relação aos comportamentos escandalosos. As histórias sórdidas faziam parte da aura do lugar, e sem dúvida a arquitetura gótica francesa incrementava ainda mais o charme. Mas havia algo além… algo paradoxalmente requintado.

O hotel era antiquado de um jeito glorioso e tinha uma atmosfera um tanto fantasmagórica, em uma espécie de mistura de butique, *O iluminado* e a realeza de Hollywood. Inaugurado em 1929 como prédio de apartamentos, foi imediatamente à falência com a quebra do mercado de ações. Cada quarto era uma suíte e conservava os equipamentos de cozinha antigos, bem como pelo menos dez cinzeiros. Apesar de setembro ser a alta temporada, sempre dava a sensação de que você era o único hóspede no hotel inteiro, o dono do lugar. Nos espaços comuns predominava uma eterna semiescuridão, o que tornava fácil tropeçar em grossos e ancestrais tapetes persas, sobretudo depois de alguns negronis. Arandelas e castiçais de parede de ferro fundido estilo *revival* medieval e lustres colossais pouco ajudavam a iluminar os azulejos espanhóis e as delicadas estampas do papel de parede no teto em caixotões do lounge rebaixado. Sofás exageradamente grandes um pouco surrados e abajures marroquinos com borlas circundavam um piano de cauda que havia sido tocado por todo mundo, de Jimi Hendrix a Judy Garland. Depois de mais alguns negronis você quase esperava dar de cara com James Dean na escada ou F. Scott Fitzgerald na piscina em formato de rim.

Pairavam no ar o aroma de gardênias e um toque sobrenatural de baunilha mesclado à fumaça de cigarro. Não existiam quartos para não fumantes, nem corredores, tampouco elevadores. Nem todos os interruptores funcionavam, e no meu banheiro havia um número matematicamente perfeito de azulejos descombinados. O hotel era caótico *na medida certa* e dava a impressão de que tanto os estragos quanto os consertos eram a consequência do design cósmico e não de excessos orgíacos. Uma atenção excêntrica aos detalhes teve continuidade ao longo da existência da propriedade.

"O prêmio de fotografia é mamão com açúcar, já está no papo", Tony disse. "Mas nunca vamos ganhar como melhor série."

Era 2013; os episódios da Birmânia e da Líbia receberam indicações ao Emmy em cinco categorias; a primeira temporada de *Lugares desconhecidos* surpreendeu a todos, inclusive a CNN, superando as expectativas de audiência. O programa era um sucesso. As críticas foram universalmente positivas, embora um comentário veemente tenha questionado a sensatez de filmar regimes despóticos como um comercial da Pfizer. Zach não achou isso nada engraçado. Mas ele, Todd e Mo foram indicados pelo episódio, então estavam nas nuvens.

"Tem uma gaiola de Faraday", Tony explicou com orgulho ao me entregar um Rolex novinho em folha. "O Milgauss foi originalmente projetado para cientistas que trabalhavam em usinas nucleares, e depois foi adotado pelos caras da indústria da TV, quando viviam cercados por toda aquelas merdas de parafernália magnética da transmissão."

Como forma de agradecimento, Tony comprou para si mesmo e para mim, Zach, Todd e Mo relógios idênticos com a inscrição "Velha guarda de *Lugares desconhecidos*" gravada no verso. Tony era meio louco por relógios. Talvez seu bem mais precioso fosse um Rolex clássico da década de 1960 que ele herdou do pai, de quem sentia muita falta. Ele costumava usar o relógio do pai nas gravações; podia ser a maneira de Tony levá-lo consigo nas viagens. Para mim, de qualquer maneira, o presente de Tony teve um significado especial muito além do relógio em si. Nunca na vida eu havia ganhado algo tão caro. Tentei recusar, sem muita convicção, mas Tony apenas riu.

Meu relógio novo era lindo e tinha um ponteiro dos segundos muito legal em formato de raio, mas alguma coisa não parecia certa. Sempre tive problemas em acreditar no lance de "Esquadrão Classe A", e mesmo que o presente fosse uma prova irrefutável, ainda assim eu achava difícil acreditar. Some-se a isso a indicação ao Emmy, e passei mal a ponto de ter ânsia de vômito. Como é que a filmagem mais complicada e traumática que fizemos tinha levado a tudo isso?

Lugares desconhecidos teve um começo estrondoso. Filmei os episódios da Birmânia, da Líbia e do Congo em rápida sucessão ao longo de três meses. Esse nosso itinerário me fez parar para pensar – de verdade, mais ou menos pela primeira vez – sobre seguir Tony cegamente em um número crescente de viagens para "ambientes de alto risco". Estava ficando cada vez mais claro que no mundo de extrema competitividade e de alto nível dos programas televisivos sobre viagens, era bastante fácil tropeçar nos perigos e nos atoleiros éticos, sem nem sequer precisar tentar muito. Eu realmente queria fazer parte de um ramo de atividade que flertava ativamente com os tipos de risco – para mim e para outras pessoas – com os quais tínhamos dado de cara naquelas filmagens?

Ao contrário dos velhos tempos, quando o pior resultado poderia ser a repercussão negativa por conta de algumas piadas de mau gosto sobre o Drácula, ficou claro que tínhamos o poder de arruinar vidas. Quase nove meses depois, Reda ainda não conseguira voltar para casa por causa do programa, e eu sentia que não merecíamos a indicação ao Emmy.

Quando mencionei o assunto para Tony e expressei minha frustração sobre não contar a história completa na Líbia, constatei que ele não sentia a mesma ambivalência.

"Esse programa não é sobre sentir medo", disse Tony. "Esse tipo de merda pode ter funcionado no Travel Channel, mas agora é a CNN, e muitos dos jornalistas do canal enfrentam situações muito mais perigosas o tempo todo. Quais eram nossas opções? Realisticamente falando? Era um beco sem saída. Se contássemos a verdade, isso serviria apenas pra jogar mais lenha na fogueira lá. Não estamos buscando as soluções mais fáceis. A visão mais ampla é a mensagem." Fui capaz de entender o que ele queria dizer: tínhamos feito algumas concessões, salvamos nossa própria pele, e, como resultado, obtivemos um excelente programa.

"O churrasco pode não ser a resposta para a paz mundial, mas é um começo", Tony disse no episódio, que era poderoso, edificante e inspirador, mesmo que estivesse longe de refletir a realidade de nossa experiência. Tony também estava certo sobre o fato de que, amiúde, muitos jornalistas da CNN se viam em situações muito mais perigosas. A diferença era que eles eram correspondentes estrangeiros, ao passo que a nós cabia fazer, em tese, algum tipo de programa sobre comida. Tecnicamente tive êxito, pelo menos na medida em que segurei as pontas e voltamos para casa com um programa que nos levou à cerimônia de premiação do Emmy. Mas a que custo? Qual era o maior desserviço: colocar panos quentes e tratar o assunto de maneira superficial ou perpetuar a imagem que os espectadores já tinham?

Horas mais tarde, quando chamaram nossos nomes, Tony saltou em direção ao palco. Fui atrás dele no piloto automático, meio desnorteado. Ganhamos nosso primeiro Emmy. Não me lembro de muita coisa além das luzes brilhantes quando estávamos no palco, tampouco do que Tony disse. Foi tudo um borrão. Nos bastidores, eles nos deixaram fumar cigarros antes de posarmos para fotos em grupo. Depois disso, Tony conversou com um repórter.

"É uma sensação muito boa", ele declarou, com uma pitada de agitação maníaca. "Ah, quero dizer, estraguei minha vida de todas as maneiras possíveis que um ser humano pode estragar, tomei todas as decisões mais terríveis que uma pessoa poderia tomar. Lá estava eu, mergulhando batatas fritas no óleo fervente aos 44 anos de idade, sem futuro nenhum... e parece ter dado certo... fracassar em direção ao topo, acredito piamente nisso."

Não poderia ter imaginado qual era a sensação de segurar na minha mão aquela estatueta de ouro galvanizado, inacreditavelmente pesada, fria e gloriosa. O dilema moral com o qual eu estava lidando parecia ter evaporado. Dizem que todo mundo tem um preço, e acho que esse era o meu preço. Vendi minha alma por duas peças de metal incrivelmente reluzentes.

CAPÍTULO 9:
FAMA

Tony sempre disse que não queria um funeral, e, em cumprimento aos seus desejos, não se realizou nenhum evento formal desse tipo. Mas funerais não são para os mortos, são para os que ficaram para trás. O irmão de Tony, Chris, providenciou uma cerimônia fúnebre no vasto salão de um restaurante cantonês estilo *dim sum* localizado em um dos andares mais altos de um prédio de escritórios em Chinatown.

O salão de banquetes abrigava um bar, um pequeno palco e cerca de vinte mesas decoradas em vermelho e dourado. Ao longo de uma das paredes havia um bufê de bolinhos de massa branca e translúcida com recheio de carne de porco cozidos no vapor, rolinhos primavera, *gyozas*, *lo mein* pegajoso, bem como uma série de outras iguarias, incluindo frango frito do Popeye's, um dos prazeres inconfessáveis de Tony. Muitas das cartas que haviam sido colocadas na porta do Les Halles estavam em exibição por todos os cantos no salão. Afixada ao pódio, uma fotografia ampliada de Tony no formato de pôster de 1,20 m de altura, ostentando um meio sorriso apatetado. A música de uma estridente festa de casamento um andar acima entrava pelo poço do elevador e se misturava às conversas descontraídas.

Entre os convidados incluía-se um bom número de pessoas que participaram dos programas ao longo dos anos, a nata de nomes de peso do mundo da culinária, do cinema e das viagens. O Tony do pôster observava tudo, talvez perplexo por ver todos juntos. A noite inteira foi banhada pelo brilho fluorescente da irrealidade, e eu tinha que balançar minha cabeça repetidamente, como se estivesse redefinindo minha configuração mental, cada vez que os pensamentos se acumulavam e ameaçavam me esmagar. Ver todas aquelas pessoas trouxe de volta muitas lembranças, e vieram à tona muitas conversas que tive com Tony.

Em uma de nossas viagens para a Holanda, eu estava instigando Tony para que me desse algum conteúdo e, como de costume, ele resistia.

"Por que eu tenho que dizer alguma coisa?", perguntou Tony, bebericando um gole de café. "Você não me disse que era uma cena em que eu abro a boca."

"Ah, vamos lá, o que poderia ser melhor? Estamos aqui em Amsterdã em uma bela manhã de sol sentados na beira de um canal", aleguei. "Como você se sente por estar aqui?"

"Tá legal, você quer mesmo saber como estou me sentindo?" Endireitando-se na cadeira, Tony disse: "Eu sou um fumante de 56 anos. Realisticamente, quantos anos ainda tenho? Viajo o tempo todo, e a única coisa que queria agora era estar em casa com minha filha, mas em vez disso estou empacado aqui, sendo importunado pra entregar algum conteúdo fútil a pessoas que são pagas para serem meus amigos".

"Plano geral", avisei pelo walkie-talkie.

Tony sempre sabia o que dizer para conseguir o que queria. Com um comentário, era capaz de escapar da necessidade de falar para a câmera e, no processo, me fazer sentir cúmplice e mesquinho.

Chris fez um poderoso discurso fúnebre que conseguiu ser ora comovente, ora engraçado. Tony deu ao mundo muita alegria e também muita dor. Embora eu não ache que ele fizesse de propósito, os demônios que Tony continha dentro de si o tornavam uma pessoa difícil e, por vezes, temível de se estar por perto. Anthony Bourdain foi um grande homem, embora, às vezes, pudesse deixar a desejar como ser humano.

Cerca de quinze pessoas falaram, e, cada vez que alguém terminava, a plateia aplaudia. Até mesmo o serviço fúnebre de Tony foi de alguma forma, um evento de entretenimento. Uma das últimas pessoas a pegar o microfone foi o infatigável chef José Andrés, com quem viajei em alguns episódios.

"Eu fazia muitas perguntas a Tony o tempo todo", José disse. "Um dia ele respondeu: 'Quem você pensa que eu sou, o Mágico de Oz?'. Mas Tony deu a todos nós o coração para fazer com que pessoas distantes se sentissem mais próximas, para entender que as pessoas que são diferentes não são nossos inimigos, e nos deu a coragem para fazer as coisas que queríamos. E embora

Tony não tenha respondido minha pergunta, ele me deu o poder para encontrar minha própria resposta. Acho que, no frigir dos ovos, Tony realmente era meu Mágico de Oz."

Olhando para os amigos famosos de Tony, me ocorreu que provavelmente não tinham passado muito tempo com ele, a menos que houvesse uma câmera envolvida. O mesmo acontecia com quase todos os outros presentes naquele salão. Fiquei surpreso ao constatar que pouquíssimas pessoas ali não estavam associadas nem à fama nem à televisão. Depois de um ou dois instantes, foi um golpe duro quando me dei conta de que essa incriminação pouco benevolente incluía a mim também.

Em vez de propiciar qualquer tipo de desfecho, a cerimônia memorial serviu para tornar a impossibilidade da morte de Tony muito mais impossível. Como é que a pessoa mais brilhante e incrível que eu já conheci, alguém cujas palavras tinham o poder de tocar milhões de fãs, tinha se saído tão mal quando se tratava de sua vida pessoal? Isso simplesmente não estava certo. Tony era capaz de fazer melhor. Por mais que eu tentasse, não consegui enxotar a imagem de enlutados pagos.

Do interior rural de Minnesota ao coração urbano da Manchúria, Tony era reconhecido e abordado em todos os lugares. Com o passar dos anos, conhecemos muitos fãs durante as filmagens, no jantar longe das câmeras, durante os intervalos para o cigarro, ou o momento favorito de Tony: no meio da corrida até o banheiro do aeroporto, entre um voo e outro.

"Eu sinto muito", a maître se desculpou, decepcionada ao ver que a refeição de Tony e do meu operador de câmera havia sido interrompida pela quarta vez. "Não sei o que está acontecendo. Michael Jordan esteve aqui ontem à noite, e ninguém incomodou a mesa dele!"

Quando ela disse isso, a ficha caiu. Eu já tinha testemunhado esse tipo de cena infinitas vezes no mundo inteiro. Tony era capaz de puxar conversa com alguém que ele nunca tinha visto, e vinte minutos depois os dois estariam conversando como velhos amigos. Seu carisma o tornava singularmente acessível, familiar até. Sua magia irradiava pela televisão para tocar pessoas que ele nunca conheceu de perto. Desconhecidos cumprimentavam Tony com uma sensação de intimidade, como se já tivessem dividido uma cerveja com ele – se alguém lhe oferecesse uma cerveja agora, Tony simplesmente se sentaria e, com toda a tranquilidade do mundo, retomaria o bate-papo onde tinham parado. Esse era um dos superpoderes de Tony, e, como condizia com um homem de sua complexidade e contradições, era uma bênção e uma maldição.

A capacidade de Tony de se conectar com qualquer pessoa de qualquer parte do planeta estava estranhamente em desacordo com o homem tímido e muitas vezes inseguro que eu conhecia. Tony admitia com todas as letras que não podia reclamar, que ninguém se solidarizaria com o fardo de ser popular. Ele via as coisas da seguinte maneira: se você vai tirar proveito das vantagens e regalias de ser famoso, tem que ser atencioso com as pessoas que tornam sua fama possível. Tony dava o máximo de si para ser gentil com qualquer um que quisesse um autógrafo seu em um livro ou quisesse posar com ele para uma foto, incapaz de suportar a expressão de decepção no rosto de alguém se ele recusasse. Era uma armadilha existencial para um homem acanhado que viveu grande parte de sua vida na TV.

Muitas vezes, quando uma pessoa lhe pedia uma foto, de repente se formava uma fila, o que Tony chamava de "cabine do beijo", e isso poderia arruinar não só seu humor, mas também um dia inteiro de filmagens. Portanto, representava um incentivo e tanto para que eu tomasse a iniciativa de delicadamente proteger Tony de seu público. Contudo, se eu exagerasse, parecesse "chato" ou fosse mais severo do que o necessário ao rechaçar um caçador de selfies, Tony ficava furioso. Em uma inesquecível ocasião, fui longe demais.

Estávamos filmando uma cena de caminhada com Tony no fim de um longo dia de filmagens em Hong Kong. Todo nós estávamos desidratados, meio grogues por causa da mudança de fuso horário e quase esgotados quando avistei o olhar nada sutil: os olhos estufados de tão arregalados, em uma expressão que misturava incredulidade e adrenalina.

"Meu Deus, é o Anthony Bourdain?", ouvi o homem dizer.

Estava rezando para que ele esperasse pelo menos as câmeras serem desligadas, mas é claro que o sujeito correu diretamente para cima de Tony, arruinando a tomada.

"Uau! Eu sou seu fã número um! O que você está fazendo em Hong Kong? Posso tirar uma foto com você?"

Solícito, Tony aceitou posar para a foto, mas, em vez de seguir em frente, seu fã número um continuou falando, apesar do fato de que estávamos obviamente no meio da uma filmagem. Pude ver no olhar de Tony que ele estava perdendo a paciência e a qualquer momento poderia decidir voltar para o hotel.

"Com licença", eu disse em um tom experiente, com a intenção de ser educado, mas firme. "Nós estamos filmando agora…"

"Hum, *você* se importa de dar licença?", o homem disse, me fuzilando com os olhos, claramente chateado por eu ter interrompido sua conversa com Anthony Bourdain. Foi aí que a fadiga do *jet lag*, o estresse e a falta de comida me pegaram.

"Se eu me importo? Se eu me importo? *Sim*, eu me importo, caralho!", respondi, elevando a voz. "Esse é o meu programa de TV, porra, e nesse exato momento você está estragando tudo, puta que pariu!"

"Uau. Acalme-se, cara", ele disse, e desapareceu.

"Bom trabalho, Tom. É assim que começa", Tony disse, balançando a cabeça. "Irrite um fã, a notícia se espalha, e em um piscar de olhos sou o inimigo público número um, batendo punheta pra caminhoneiros em um posto de beira de estrada."

Como parte do nosso episódio de Buenos Aires em 2016, apresentei a ideia de filmarmos uma cena de terapia e, surpreendentemente, Tony concordou. Ainda mais surpreendente, ele apareceu preparado, com anotações. Reclinado em um sofá-cama em frente a um terapeuta local que concordou em participar da filmagem, Tony se abriu.

"Desconfio que é por estar na televisão e por escrever livros que tenho transtorno de personalidade borderline", disse ele. "É extremamente solitário. Eu viajo mais de duzentos dias por ano… eu me sinto como, ahn, Quasimodo, você sabe? Se Quasimodo se hospedasse em suítes de hotel agradáveis com lençóis de mil fios de algodão egípcio, seria eu."

Fiquei surpreso com a honestidade de Tony diante da câmera, embora ele costumasse falar com frequência sobre o assunto. O bizarro relacionamento de Tony com a câmera estava, de alguma forma, relacionado ao seu mórbido medo de palhaços. Talvez à fobia de *ser* um palhaço. Ele comparava a TV a um parque de diversões de pesadelo em que ele era a aberração do show de horrores secundário.

"Não é natural", Tony disse ao terapeuta. "A câmera pendurada lá esperando que você faça algo divertido. Enfiar uma coxa de frango na boca, dizer algo engraçado, dar cambalhotas e plantar bananeira… antes eles costumavam contratar pessoas em situação de penúria, pobres coitados que viviam em circunstâncias terríveis, e os vestiam como o 'selvagem de Bornéu', gente que mordia cabeça de galinha e comia coisas nojentas para o entretenimento dos espectadores do circo – e dos donos. Eu me sinto assim às vezes."

Embora parecesse extremamente aventureiro, na realidade Tony estava se tornando agorafóbico – cada vez mais, sobretudo nos últimos anos. Por mais que soubesse que isso nunca aconteceria, ele dizia: "Em um mundo perfeito, esse programa não teria minha presença. Você veria o que eu vejo e eu escreveria tudo... gosto de fazer televisão; eu simplesmente não quero estar na televisão".

Estranhamente, além de palhaços, sapatos de enfermeiro e paisagens alpinas, Tony desenvolveu uma fobia de pedir serviço de quarto, e muitas vezes passava fome em vez de pedir alguma coisa. Quando percebi isso, passei a me oferecer para ligar para a recepção do hotel de onde quer que eu estivesse, e eles enviavam ao quarto de Tony um prato de espaguete à bolonhesa, que ele alegremente aceitava. Talvez porque ficasse constrangido ou tivesse medo de me incomodar, Tony nunca tomou a iniciativa de solicitar que eu pedisse comida para ele, mas sempre ficava muito agradecido quando eu o fazia.

Somando-se à complicação de uma pessoa como Tony ter de lidar com as inseguranças e desconfianças acerca de si mesmo, ele era dono de um talento nato para atrair os fãs mais extremados do mundo. No Paraguai, um grupo de malucos ficou acampado durante dias a fio no saguão de nosso hotel, esperando por Tony como se ele fosse John Lennon, ou como se estivesse acontecendo ali o lançamento de um novo modelo de iPhone. Uma vez trabalhamos com um expatriado norte-americano chamado Jasper, que agiu com razoável normalidade até, por fim, conhecer Tony pessoalmente. E então ele sacou de seu sobretudo um exemplar todo surrado e dobrado de *Cozinha confidencial* – feito John Hinckley puxando uma arma para atirar em Reagan – e começou a disparar uma metralhadora verbal: "Eu sinto muito, muito, muito por ofegar feito uma menininha do ensino médio; quando estava me recuperando de uma cirurgia, foi seu livro que me deu força. Você é tão brilhante, e agora estou te conhecendo ao vivo... Esse é ponto alto da minha vida, é sério! Eu me sinto como Inigo Montoya no fim de *A princesa prometida*, quer dizer, o que vou fazer agora, depois de chegar ao topo da montanha?!".

Lidando com muita elegância com esse elogio bizarro e um tanto assustador, Tony disse: "Sim, recebemos muitas correspondências de hospitais e prisões, aparentemente sou muito popular com esse setor da população".

Minha favorita pessoal era Karen, da página catsworking.wordpress.com. Em seu blog ela se dedicava – em tempo integral – a escrever sobre política, gatos e Tony. As habilidades investigativas de Karen deixariam o FBI envergonhado. As meticulosas e perspicazes postagens de Karen sobre Tony costumavam ser assustadoramente precisas. Tony falava dela com frequência e passava um bom tempo planejando maneiras de manter uma boa relação com ela.

Via de regra, era a equipe da estrada que interagia com os fãs de Tony, mas Pam, nossa coordenadora do escritório de produção, que não trabalhava nas locações e, por isso, não conhecia Tony pessoalmente, sentiu um gostinho. Pam era ruiva, pontualíssima e usava muita maquiagem, mas sua característica mais marcante era seu crônico azedume. Até que, um dia, tudo mudou da água para o vinho. Do nada, Pam tornou-se uma pessoa alegre, cheia de energia, a todo vapor, deliciosamente solícita. Um grande mistério, mas não tivemos que esperar muito para descobrir o que estava acontecendo.

Pam arranjou um novo amigo, que foi visitá-la no escritório na tarde seguinte. Era um chef bonito, vários anos mais velho do que ela, que chegou trazendo uma enorme bandeja de deliciosos cupcakes que ele assou especialmente para o pessoal do escritório. Dia após dia, Pam irradiava felicidade, e de tempos em tempos éramos agraciados pela visita do chef, agora namorado dela, sempre com algum tipo de iguaria a tiracolo. Pouco depois, uma Pam luminosa comunicou que o chef – sem dúvida um partidão, um daqueles homens para se casar – a levaria em um cruzeiro no feriado.

"Está ficando sério", ela contou, enquanto abria caixas de roupas confortáveis que ela havia comprado para a viagem.

Três dias antes do cruzeiro, Pam chegou atrasada ao trabalho, limpando lágrimas do rosto manchado de rímel.

"O babaca me largou", anunciou ela, soluçando de tanto chorar.

No fim das contas, descobriu-se que o chef babaca estava namorando Pam apenas na esperança de conhecer seu ídolo, Anthony Bourdain. Porém, depois de duas semanas e nenhum avistamento de Tony no escritório, o horripilante chef stalker percebeu que Pam não era o caminho para o coração de Tony.

O prêmio máximo e definitivo de *super ultramega fã* vai para uma viciada em metanfetamina que, quando não estava na prisão, enviava a Tony uma enxurrada de cartas manuscritas. Vamos chamá-la de Tammy. Às vezes, ela amava Tony e escrevia poemas para ele, outras vezes ficava enfurecida e ameaçava acabar com a vida dele. Essas cartas eram invariavelmente rabiscadas em batom ou giz de cera no verso em branco de um jogo americano do restaurante Denny's ou em um saco de papel manchado de gordura da lanchonete

Arby's. Tammy parecia acreditar que era filha ilegítima de Tony, e em várias ocasiões ameaçou ir a público, a menos que ele lhe desse as "joias Bourdain", das quais ela era a herdeira legítima. Tony realmente gostava das cartas de Tammy, sobretudo as intimidadoras. Se ela fizesse mais algumas ameaças, o Departamento de Polícia de Nova York aprovaria a licença para porte de arma de fogo de Tony.

Com o passar dos anos, à medida que a notoriedade de Tony aumentou, pessoas famosas começaram a aparecer no programa. Para mim, isso era, de maneira geral, um pé no saco. Eu gostaria de poder dizer que achava isso porque a meu ver as verdadeiras estrelas do programa eram as pessoas comuns dos lugares que visitávamos – elas, afinal, é que faziam o programa ser o que era. E as celebridades têm uma agenda apertada, o que exigia atenção especial. E celebridades não me impressionam. Embora todas essas coisas sejam meio que verdadeiras, o maior motivo é que, se eu já sentia ansiedade social em torno de todas as pessoas que filmávamos, todas elas desconhecidas, mais aflito ainda ficava com pessoas famosas. Da mesma forma, Tony, quando estava na presença dos famosos, muitas vezes parecia um pouco fora de forma, habitualmente perplexo com o fato de que as celebridades convidadas tinham concordado em participar. Elas não recebiam cachê. Eu percebia que, sofrendo do que o próprio Tony chamava de "síndrome de fázoca", ele dizia coisas "não Tony", sua voz ficava um pouco aguda e estridente.

Um dos primeiros famosos a participar foi o ator Christopher Walken, que só podia ser contatado via fax. Billy Joel cancelou no último minuto, e Iggy Pop só aceitou participar porque não considerava que Tony fosse "muito otário". No Haiti, filmamos com Sean Penn. Ele era um cara autêntico, genuinamente se esforçando ao máximo para ajudar as vítimas do terremoto, sem querer dar as caras apenas pela oportunidade de uma jogada de marketing pessoal.

Atrasados para a filmagem de uma cena do nosso episódio no sul da Itália com Francis Ford Coppola, o diretor de *Apocalypse Now* e da trilogia *O poderoso chefão* – uma lenda entre os homens e um dos heróis pessoais de Tony –, a única coisa que acalmou os nervos de Tony foi quando lhe contei que o atraso era resultado do nervosismo de Francis em aparecer diante das câmeras. O que era verdade.

Com uma compreensão interna de como se faziam filmes e programas de TV, os diretores de cinema eram, a meu ver, o tipo de celebridade mais intimidante. Aterrorizava-me a ideia de que descobrissem o quanto éramos desorganizados, ou pior ainda, que nos julgassem imbecis. Mas Darren Aronofsky acompanhou toda a filmagem em Madagascar, e, no fim, ficou claro que era um cara fantástico. No fim de um longo dia filmando em um trem, sentei-me com Darren no nariz da locomotiva enquanto serpeávamos por meio da montanhosa região rural em direção à costa. Depois de cinco dias juntos, finalmente criei coragem para perguntar por que ele quis participar do programa.

"Eu queria uma aventura, e o Tony é incrível", Darren respondeu, tomando um gole de sua cerveja. "Eu realmente não o conhecia, mas minha namorada era uma grande fã. Ela me mostrou o episódio do Irã, e achei que é uma das obras televisivas mais inteligentes que já vi. Tony tem essa facilidade de falar com todo mundo, da esquerda e da direita. Isso é realmente raro."

Espere aí: um diretor de cinema que eu admirava desde a faculdade acabou de dizer que algo que eu fiz era uma das obras televisivas mais inteligentes que ele já tinha visto?! Apesar de um baita elogio, isso me deixou ainda mais nervoso com relação ao episódio de Madagascar corresponder às expectativas. Eu não precisava ter me preocupado. Darren se divertiu tanto que nos acompanhou em uma segunda filmagem, dessa vez ao Butão.

Eu sentia uma profunda gratidão por todas essas experiências, pelo menos em retrospecto. Mas a triste realidade é que, no momento em que as vivenciei, eu estava tão estressado que raramente gostava das viagens o suficiente para ser grato por elas enquanto estavam acontecendo. Isso se devia em grande parte ao fato de que o tempo todo eu me sentia uma fraude. Mesmo depois de dezesseis anos, cem episódios e vários Emmys, essa sensação nunca sumiu. À medida que os elogios e o reconhecimento externos cresciam, a voz autodepreciativa dentro da minha cabeça só ficava mais alta.

Creio que, em alguma medida, Tony sofria da mesma sensação de síndrome do impostor que eu achava tão paralisante. Sempre que um herói pessoal, quanto mais alguém tão poderoso e respeitado como o presidente Obama, pedia para aparecer no programa, Tony ficava confuso. A meu ver, o progressivo aumento de sua ansiedade social e de sua agorafobia estava ligado a esse medo incisivo de ser desmascarado como uma fraude.

Tony ficava mais à vontade quando não havia uma câmera em seu rosto, e é provavelmente por isso que a maioria das minhas lembranças favoritas é de coisas que aconteceram entre uma cena e outra. Uma das experiências mais inesquecíveis da minha vida não foi a oportunidade de filmar com o ator Bill Murray para o episódio do vale do rio Hudson, foi o que aconteceu depois de desligarmos as câmeras. Bill estava atrasado para um compromisso em Nova York, e Tony – pensando rapidamente – lhe ofereceu uma carona enquanto eu pegava as chaves do Chevrolet Tahoe, um utilitário tamanho GG. No momento em que parei no segundo semáforo amarelo consecutivo, Bill já estava visivelmente irrequieto.

"Tudo bem, já chega", disse Bill, pulando do banco de trás e abrindo minha porta. "Saia, eu dirijo."

Mais do que um pouco surpreso, olhei de relance para Tony, que me devolveu um olhar que dizia "apenas faça o que ele manda". Assim que o sinal ficou verde, Bill pisou fundo e, com uma abrupta guinada, entrou na rodovia.

"Este é um carro alugado, certo?" perguntou ele. "Deixe-me mostrar como dirigir um destes monstrengos." Já na velocidade da rodovia, Bill reduziu para a segunda marcha e pisou fundo no acelerador. Quando o motor chegou ao limite máximo, ouviu-se um estranho rugido, um lamento estridente, e o SUV balançou para a frente feito um enorme carro esporte com tração nas quatro rodas. "Para obter o desempenho ideal, você precisa manter as rotações por minuto lá em cima."

Manejando com perfeita tranquilidade o câmbio manual ao longo da rodovia Henry Hudson no que deve ter sido algo perto de 140 km/h, Bill se alternava entre contar a Tony sobre a cidade de Charleston – "Você ia adorar aquele lugar, as pessoas são muito pé no chão, e a comida é boa também" – e me dar conselhos sobre como dirigir – "Não dê seta, os motoristas de Nova York nunca deixam você entrar" –, cortando um táxi para demonstrar. Toda vez que Bill virava bruscamente o volante, o SUV não se deslocava de uma faixa para outra – ele saltava. Tony parecia uma criança no Natal, mas eu fiquei apavorado, convencido de que íamos morrer. Porém, pensando bem, existem maneiras piores de morrer.

"Não tem 'Sem Parar'?", Bill disse quando nos aproximamos da cabine de pedágio em Spuyten Duyvil. "Manobra de amador." Ele parou abruptamente atrás de uma van branca que parecia estar pedindo orientação. Bill soltou um sonoro suspiro e, depois de cerca de quinze segundos de espera, começou a apertar a buzina. Por fim a van partiu, e paramos ao lado da atendente do pedágio, claramente prestes a gritar com o idiota que insistia em martelar a buzina. Até que ela viu que era Bill Murray, momento em que congelou com a boca escancarada. Bill largou o dinheiro na mão dela e, com toda a educação, disse: "Obrigado", antes de sair em disparada.

Depois de continuar descendo a West Side Highway em uma velocidade vertiginosa e arriscada, o SUV entrou na 96th Street tão rápido que não sei como não capotamos. "Alguns anos atrás, investi em um time de beisebol de uma liga secundária, o Charleston RiverDogs. São danados de bons", Bill disse, passando um sinal vermelho na Riverside.

"Você não se preocupa de levar uma multa?", perguntei.

"Tom. Deixe-me contar uma coisa sobre a polícia de Nova York. Eles realmente gostam das pessoas que mantêm o tráfego em movimento", Bill respondeu.

Tenho certeza de que isso só é verdade se você for Bill Murray, que, eu acho, nunca é multado. Acelerando para a 86th Street, cortamos por dentro do parque antes de parar de supetão atrás de uma enorme fila de carros que se moviam a passos de tartaruga. Após cerca de três segundos de paciente espera, Bill apertou a buzina. Até ser distraído por uma mulher mais velha que passou por nós de patins, um punhado de sacolas plásticas penduradas por cima de um esfarrapado casaco de inverno cor-de-rosa.

"Olhem só aquela mulher, ela é incrível", Bill disse, completamente obcecado.

O tráfego começou a se mover, e alcançamos a mulher de cor-de-rosa, momento em que Bill desacelerou para ir à mesma velocidade dos patins e abaixou o vidro da janela.

"O que tem dentro de todas essas sacolas?", perguntou Bill.

"Minha comida", respondeu ela com um sotaque carregado.

"É boa? Posso experimentar?"

"Não, é minha comida!", a mulher disse antes de seu rosto se iluminar ao reconhecê-lo. "Espere aí... você é uma estrela de cinema! Você é uma estrela de cinema!"

"Quem? Eu? Nããão!", Bill disse fingindo surpresa.

Pisando no acelerador, entramos na Quinta Avenida, e só por um triz não furamos o sinal vermelho. Com um violento puxão no volante, Bill fez uma curva de 90° para pegar a Park Avenue, a uma velocidade que parecia ser de 60 km/h, até que, por fim, cantando os pneus, parou de supetão ao lado da calçada.

"Obrigado pela carona!", Bill disse, saindo do carro.

Ficamos lá sentados, imóveis, em um silêncio atordoado, por mais um ou dois minutos, ouvindo os estalos e o chiado do motor. Por fim, Tony se virou para me encarar e rompeu o silêncio: "Beleza, podemos morrer agora".

CAPÍTULO 10:
JAMAICA DOIDONA

Do lado de fora da janela não se via nada a não ser cinza. O céu invernal cor de aço se refletia ao longo da sóbria extensão do rio Hudson. Mas, do lado de dentro, havia uma pipa de Bali, um mapa antigo de Sarawak (Bornéu), uma máscara da *commedia dell'arte* de Roma, um chapéu de pele russo, um cantil de couro de crocodilo, uma delicada lanterna de papel vietnamita e uma bizarríssima valise de couro de vaca de Medellín, para citar alguns exemplos. Depois de anos de viagens, eu fazia a curadoria de uma coleção de suvenires, cada item a manifestação física de uma recordação, e a minha casa se tornou um museu dessas lembranças de um universo alternativo.

Uma década antes, quando troquei meu apartamento em Chinatown por uma velha e capenga casa de madeira rio acima, eu tinha algo do que escapar. Adorava o pé-direito alto, os porões, os ruídos inexplicáveis e as cumeeiras muito íngremes envoltas em camadas e camadas de teias de aranha. Na luz certa, a casa parecia misteriosa e altiva. Em outros momentos, sua fachada desgastada pela ação do tempo e das intempéries parecia o que de fato era: uma casa caindo aos pedaços.

Sobre uma lareira meio degradada sentava-se um cachorrinho de madeira entalhado com uma pata quebrada chamado sr. Sedas. Ele olhava para mim com uma expressão que dizia "bem que eu te avisei", um lembrete de que junho de 2014 tinha sido um dos mais bizarros meses da minha vida. Tudo começou com meu aniversário de 34 anos no Irã e terminou com a comemoração dos 58 anos de Tony na Jamaica. Nesse meio-tempo, muita coisa aconteceu.

183

* * *

Depois de uma semana no Irã, eu estava me sentindo emocionado e um pouco confuso. Enquanto filmávamos as festividades em homenagem ao aiatolá Khomeini – fundador da República Islâmica do Irã –, um grupo de mulheres vestidas com véus pretos do tipo chador cobrindo o corpo inteiro sorria e acenava. Sentadas à sombra, elas de repente se levantaram e começaram a cantar para as câmeras: "Abaixo os Estados Unidos! Abaixo Israel! A energia nuclear é o nosso direito inalienável!". Entre um brado de protesto e outro, uma delas disse: "Vocês falam inglês?". Outra gritou: "Eu amo vocês!". O Irã era esse tipo de lugar. Os próprios persas – pelo menos os que encontramos – foram muito legais, impressionantemente simpáticos e acolhedores conosco, e também muito francos sobre seus gostos e desgostos e até mesmo seus sentimentos em relação ao governo do país. Todos ficamos surpresos ao constatar que estávamos nos divertindo a valer nessa viagem.

O Irã era também um país paranoico e fechado que deu mostras cabais de ser um local *um tanto* complicado para se fazer um programa de TV. A melhor maneira de descrever o Irã é como um constante jogo de cintura, em que era necessário equilibrar-se em uma traiçoeira corda bamba política, sempre a um passo em falso da catástrofe. Entre os pontos altos destacavam-se as reiteradas ameaças do governo de confiscar o material de nossas filmagens e o fato de termos perdido um valioso dia de produção enquanto metade da equipe era mantida refém pelos bisaj (religiosos de ultradireita da juventude iraniana); sem mencionar que, para começo de conversa, chegar ao Irã havia exigido vários anos de tentativas, uma montanha de papelada, bem como uma medida provisória do Congresso dos Estados Unidos para aprovar a viagem. Na verdade, tudo isso eram indícios de que seria um excelente programa. Depois de muitos anos viajando com Tony, inconveniências desse tipo eram "apenas mais um dia qualquer no escritório". Na verdade, referir-se às filmagens no Irã como "muito boas" é um eufemismo grotesco.

Tony, entretanto, estava furioso. A produtora, em uma equivocada tentativa de ganhar dinheiro, lançou uma raposa no galinheiro e contratou uma nova diretora de produção, que vinha reduzindo custos a torto e a direito, o que afetou inclusive a qualidade das acomodações. Tony vivia essencialmente em hotéis, e depois de uma longa série de lençóis cuja quantidade de fios era questionável, e de infinitas variedades de encanamento meia-boca, ele por fim atingiu seu ponto de ruptura. Uma autoproclamada "prostituta de hotéis",

Tony descreveu nossa hospedagem em Teerã nos seguintes termos: "No quesito 'capacidade de destruir almas', não fica longe do equivalente soviético de um Hilton de médio porte". E o hotel em questão nem era muito pior do que os vários anteriores.

Tony sabia que a contabilidade da nova diretora de produção era o problema, mas não conseguia entender por que razão simplesmente não resistíamos com mais veemência. O problema era que Greta era muito boa em seu trabalho. Vagamente europeia, ela falava com um sotaque que ficava em algum lugar entre "criminosa de guerra alemã" e "capanga stalinista". Depois de uma gloriosa década de contabilidade generosa e não intervencionista, Greta começou a fazer exigências ultrajantes – por exemplo, de que precisávamos protocolar um seguro de produção para cobrir os equipamentos e agora éramos obrigados a entregar os recibos do dinheiro para as pequenas despesas. Ela tinha uma propensão para lidar com frações e era capaz de farejar as mais ínfimas discrepâncias na conversão de moedas em um relatório de despesas antes mesmo de o documento de prestação de contas ser apresentado. Eu poderia continuar, mas basta dizer que, acima de tudo, ela era uma adversária formidável.

Felizmente, Greta cometeu um erro na primeira batalha das Guerras do Orçamento. Falando francês, ela acompanhou as filmagens em Lyon para "ficar de olho nas despesas" e fazer a contabilidade de perto. No primeiro dia de filmagem – após uma refeição da equipe com a presença de Tony –, Greta recebeu a conta, fez um cálculo rápido e pediu a todos que contribuíssem com uma porcentagem. O rosto de Tony ficou lívido.

"Isso é besteira. Vocês estão ganhando todos os prêmios. Vocês merecem mais, não menos", Tony disse. Ele pagou a conta, e Greta foi *proibida* de ir novamente para a estrada com a equipe.

Mas isso não a deteve. Da noite para o dia, Greta reescreveu de cabo a rabo o livro de regras. Antes, tínhamos desfrutado de um sistema logístico e contábil glorioso, livre e improvisado, que não se prendia às regras rígidas e era ideal para a natureza caótica e veloz do trabalho de fazer um programa em locais sempre diferentes com conjuntos de regras em constante mudança. Boa parte da maneira como produzíamos o programa era baseada em elementos como boa vontade, confiança e amizades novas. Você ficaria surpreso ao constatar como a obrigação de pedir a alguém para assinar um recibo acabava com o clima.

Greta instituiu uma incapacitante política de redução de gastos, em que qualquer montante superior a duzentos dólares precisava de autorização prévia. *Porra, 200 dólares!* Filmar uma única refeição custava pelo menos esse valor. Pouco importava que estivéssemos sempre trabalhando com a corda no pescoço, sempre aos 45 do segundo tempo ou na prorrogação, sem tempo para explicações; apesar de nossos anos de lealdade e sucesso, se quiséssemos gastar 201 dólares teríamos que passar antes por Greta. É preciso dar a ela o devido crédito: apesar da diferença de fuso de doze horas, Greta sempre atendia o telefone, mesmo que fosse na calada da noite. E quase sempre ela negava o pedido de verba. Sempre era frustrante como a conversa mudava da criatividade para o resultado final, e a impressão era que todos nós passávamos metade do tempo tropeçando em dólares para pegar alguns centavos.

Nunca fui imprudente de caso pensado com o orçamento, mesmo reconhecendo que, talvez, nem sempre fosse a *primeira* coisa em que eu pensava quando tinha que tomar uma decisão. Porém, em grande medida era isso que fazia o programa ser tão bom. Era uma ética que vinha de cima. E, sim, é verdade: eu me acostumei a ter grandes quantias de dinheiro para molhar a mão de quem quer fosse a fim de resolver os problemas. Mas tempo é dinheiro, e quando se tratava de Tony, o tempo era muito valioso.

"Depois de fazerrr as contas, descobrri que serria mais barrato canzelar o prrogrrama", Tony brincava, imitando o sotaque de Greta.

Justiça seja feita: Greta contornou com muita perícia o bizantino processo de garantir nossos vistos para o Irã. Eu não estava brincando quando disse que foi necessária uma medida provisória do Congresso dos Estados Unidos. Devido às sanções comerciais, precisávamos de permissão especial para importar itens como nossos computadores, telefones celulares e, claro, o equipamento de filmagem. Greta lidou com toda a burocracia, o Departamento de Estado aprovou, a Receita Federal abriu uma exceção, o Congresso votou e, sob as sanções impostas ao Irã, recebemos isenção das proibições 31 C.F.R. § 560.210(d).

Em sua maioria, os iranianos que conhecemos demonstraram, com entusiasmo, o quanto amavam os Estados Unidos. Mas o antigo sistema de linha dura ainda existia. De nome sinistro, o Ministério da Cultura e Orientação Islâmica controlava nossos acessos, autorizações e vistos, bem como monitorava nossas viagens e o que nós filmávamos. Fomos avisados de que nossos quartos de hotel e veículos provavelmente seriam grampeados, e nossas ligações gravadas. Teerã era uma cidade moderna e cosmopolita de mais de 8 milhões de habitantes, que muito me lembrou Los Angeles, além de ser talvez o lugar mais amigável que eu já havia visitado.

* * *

Se o Irã tinha desafiado as expectativas, o GoldenEye correspondera perfeitamente a elas. Era o mais próximo do paraíso que eu já tinha visto. Isolado na costa nordeste da Jamaica, mais selvagem e menos turística, era uma parte da ilha em que antigas plantações de banana se misturavam à selva densa e se derramavam diretamente nas ondas que quebravam contra penhascos de coral. Outrora a histórica propriedade à beira-mar transformada em hotel ultraluxuoso já servira de residência e refúgio de escrita a *Sir* Ian Fleming, autor da série de livros de James Bond. Protegido por portões e absolutamente privativo, todo o complexo se situava atrás de uma falange de árvores altas. A *villa* tinha paredes brancas reluzentes e um elegante telhado de quatro águas, e se situava entre uma grande piscina azul-petróleo e um jardim rebaixado emoldurado por amendoeiras. Mas o verdadeiro atrativo era a localização. Empoleirado na beira de um penhasco com vista para o oceano Atlântico, uma escada em caracol descia 18 m para dar acesso a uma praia particular que incluía uma gruta. Nosso mordomo pessoal, Nicholas, nos abastecia com uma infinidade de deliciosos ponches de rum. Olhando em volta, fazia todo o sentido que James Bond tivesse sido concebido em um lugar como aquele. Mas a adoração de Tony por Fleming e Bond não era a razão para estarmos lá. Quando partimos do Irã, Tony fizera questão de deixar bem claro que as principais prioridades para a nossa locação seguinte – e a última filmagem da temporada – eram "passar algum tempo de baixo impacto na praia" e acomodações "de luxo indescritível".

Então, apenas uma semana antes do início das filmagens na Jamaica, Josh e eu fomos para lá a fim de garimpar a ilha e fazer uma investigação preliminar para descobrir elementos que dessem subsídios à "visão criativa" de Tony. Descartamos a capital do país, Kingston, cidade enérgica e nem um pouco turística, e abrimos mão também de nossos dois meses de pesquisa prévia e cuidadosos planejamento e pré-produção. Quando pousamos na ilha caribenha que é sinônimo de rastafáris, praias de areia branca e turismo de massa, ainda faltava fazer todo o trabalho.

Além disso, no fim da temporada eu estava um bagaço. Nos seis meses anteriores, havia estado em Punjab, Himalaia, Brasil, Tailândia, Paraguai, Irã e agora Jamaica. Havia a onipresente pressão para continuar a elevar o nível de qualidade do programa em termos de criatividade, e agora, graças à minha nova nêmesis, Greta, a czarina do orçamento, havia o enrosco adicional de, ao mesmo tempo, tentar economizar.

Tony estava certo: era hora de me posicionar, trocar chumbo. Se Tony realmente queria um episódio de luxo nível cinco estrelas, bem, todos nós precisávamos, mais do que nunca, de um pouco de luxo extra. Quanto mais eu pensava a respeito, mais chegava à conclusão de que mandar para Greta a conta de todas as despesas da filmagem cinco estrelas na Jamaica era o ato de perfeita desobediência orçamentária. Até então, em todas as filmagens que eu tinha feito, e eram mais de sessenta, eu passava praticamente todos os minutos resolvendo pepinos do programa e dando murros em ponta de faca. Mas não desta vez. Comprei um cachorrinho de madeira entalhada, suvenir a que dei o nome de "sr. Sedas", e imediatamente o coloquei no comando. Ele falava com um sotaque *cockney* de operário inglês e assumia as rédeas quando se tratava do processo de tomada de decisão, deixando-me livre para relaxar – uma bênção. A verdade é que antes eu nunca havia relaxado. Portanto, a minha viagem preliminar à Jamaica foi uma experiência completamente estranha, e meu Deus, Josh e eu estávamos nos divertindo à beça.

Graças à intermediação muito prestativa de uma firma de relações públicas da Quinta Avenida que representava o GoldenEye, Josh conciliou as duas tarefas mutuamente exclusivas de encontrar acomodações "de luxo indescritível" e se manter nos limites do restritivo orçamento que Greta disponibilizou para os hotéis. Pelo que entendi, a *villa* original de Fleming era meio que a suíte presidencial do complexo hoteleiro mais amplo, e podia ser alugada por diárias de cerca de 12 mil dólares. Em troca por filmarmos na propriedade, recebemos um generoso desconto, o "preço de mídia". Era sem dúvida o lugar mais exclusivo para se ficar em toda a ilha, e Tony amava James Bond. Era perfeito. Aparentemente, o dono do GoldenEye, Chris Blackwell, tinha um interesse especial por nós e inclusive voou para a Jamaica apenas para acompanhar as filmagens. Além de empresário do ramo hoteleiro, Blackwell era um dos produtores de discos de maior sucesso de todos os tempos; foi ele o responsável por fazer o reggae ultrapassar as fronteiras da Jamaica – tendo descoberto, entre outros, Bob Marley –, além de ter fundado a gravadora Island Records. Blackwell instruiu o staff do hotel a fazer qualquer coisa que desejássemos a fim de facilitar a logística. Agradecemos do fundo do coração, e boa parte do que planejávamos filmar na área circundante estava sendo providenciada por meio de nosso mordomo, Nicholas, que acabou por se revelar um baú do tesouro de boas ideias. Não nos restava nada a fazer a não ser ficarmos chapados e fingir que estávamos fazendo pesquisas para o programa.

"Que porra é essa?", Josh disse.

"Provavelmente é apenas uma semente. Acho que deixei cair algumas quando estava enrolando o baseado", respondi.

"Não, quero dizer, acabamos de passar por uma placa com uma seta que dizia 'Dr. Putas'; o que é Dr. Putas?", Josh perguntou.

"Vamos descobrir", Carleene, nossa facilitadora, disse enquanto dava meia-volta no jipe.

Descobrimos que o Dr. Putas era um charmoso bar à beira-mar, em que pescadores tomavam uma bebida depois de voltar do trabalho. Pedimos *steel bottom*, coquetel de rum com cerveja *lager*. Todo mundo estava meio doidão. Obviamente tínhamos que filmar lá. Quer dizer, o lugar não apenas se chamava Dr. Putas, mas estava localizado na praia de James Bond. Estranhamente, ninguém nos recomendou o Dr. Putas e a praia de James Bond, embora fosse literalmente adjacente à propriedade do GoldenEye.

"Outro *steel bottom*?", o barman perguntou. Fomos imprudentes ao acumular uma conta de bar tão alta, e as filmagens nem sequer tinham começado.

"A Greta proibiu o álcool, mas não disse nada sobre despesas com erva", argumentei. "Quer dizer, aqui a maconha é praticamente legalizada, e está na cara que vai influenciar nas filmagens. O que estamos fazendo é pesquisa."

"Tecnicamente isso é verdade", Josh concordou.

Trabalhávamos feito burros de carga, e sempre prevalecia a regra tácita de que, como não tínhamos seguro-saúde nem recebíamos pagamento de horas extras, cabia-nos o direito a alguns mimos e regalias, como bebidas no final de um longo dia. Mas agora Greta tinha fechado o bar, e os dias de trabalho não estavam ficando mais curtos. Tony achava as novas diretrizes sobre o consumo de álcool tão inquietantes quanto a situação do hotel, e doava suas diárias, cerca de mil dólares por filmagem, para bancar a bebedeira da equipe, verba que ficou conhecida como "fundo do jacaré". Ele também ofereceu alguns conselhos de contabilidade.

"Era brilhante pra caralho", Tony disse. "Nixon instruiu Kissinger a demonstrar nervosismo e deixar escapar sem querer que ele estava agindo de maneira irracional, completamente obcecado com a erradicação do comunismo, louco o suficiente para lançar um ataque nuclear. Kissinger, 'em conversa confidencial', contaria ao embaixador russo: 'Estou preocupado com o estado mental do presidente. Ele está com o dedo em cima do botão, e eu simplesmente não sei do que ele é capaz…'" Sem responder ao olhar desconfortável e confuso no meu rosto – ou talvez alimentando-se disso –, Tony me aconselhou a ligar para o escritório e exigir todo tipo de coisas malucas. "É só você dizer: 'Nunca sei o que o Tony vai fazer a seguir. Eu sou o único que é capaz de controlá-lo, então é melhor me escutar e aprovar a verba pra comprar aquela prensa folheada a ouro que ele exige pra fazer a receita de pato prensado da qual ele não para de falar feito um doido varrido'."

Eu não estava confortável nem com a "estratégia do Nixon lunático", nem com a sugestão alternativa de Tony de plantar bactérias devoradoras de carne no teclado do computador de Greta. Entre Tony, as ocasionais surpresas que surgiam nas locações e agora o escritório, bem, acho que eu não conseguiria dar conta de uma guerra com três frentes de batalha. Entretanto, gostasse disso ou não, eu me vi exatamente no meio de uma guerra. Bem como em um porto de escala no itinerário de um navio de cruzeiro.

Nossa "viagem de investigação preliminar" continuou; agora o jipe tinha chegado a Ocho Rios, o marco zero do mercado de massa de turismo comercial do tipo *all-inclusive* em que os turistas tomavam drinques tropicais enquanto se empanturravam de nachos. Andando por lá, vi um Margaritaville. Nunca tinha estado em um; tudo o que eu sabia era que essa rede de bares e restaurantes com temática de férias era propriedade do cantor e compositor Jimmy Buffett, que Tony adorava massacrar de maneira pública – ele praticamente construiu sua carreira desancando Buffett. O sr. Sedas sussurrou que deveríamos almoçar lá. Josh concordou de bom grado, embora Carleene parecesse um pouco menos convencida. Mas, acredite ou não, o Margaritaville era o lugar mais divertido do mundo! Comi nachos e hambúrgueres; havia um toboágua, um gigantesco tubarão em cujas mandíbulas as pessoas podiam tirar selfies, uma *jukebox* tocando todos os clássicos, e até uma praia.

"Vamos tomar outra rodada de margaritas!", eu disse, curtindo a vida adoidado.

"Eca! A Greta acabou de mandar outra mensagem de texto", Josh respondeu. "Ela está exigindo uma solicitação de verba para pequenas despesas. Atualizada. *De novo.*"

"O quê? Estamos aqui há apenas alguns dias, e começando quase do zero!", aleguei, *extremamente* irritado com Greta, que estava conseguindo jogar um balde de água fria na minha farra com Josh e Carleene no Margaritaville. A estratégia do "Nixon lunático" de Tony era tentadora, mas muito insana. Por outro lado, eu estava usando uma camiseta *tie-dye* com os dizeres "BUMBO KLAAT",* enormes óculos de sol, sem mencionar que estava

---

* Corruptela de "*bumbaclot*", gíria jamaicana equivalente a "babaca" ou "filho da puta", e muitas vezes usada como uma interjeição para expressar repulsa ou consternação. Em sentido literal, refere-se a absorventes menstruais ou papel higiênico. (N. T.)

seguindo as ordens de um cachorro de madeira entalhada que falava com um sotaque *cockney*.

"Querem saber de uma coisa? Vamos arrebentar a boca do balão e terminar a temporada com chave de ouro. Vamos mandar pra Greta uma coisa tão absurda e exorbitante que ela não vai nem saber como responder."

Josh sorriu, pegou seu laptop e abriu o e-mail. "O que você tem em mente?", perguntou em seguida.

"Vamos enviar um pedido de financiamento com base nas ideias mais surreais que conseguirmos inventar. Algo que não faça sentido de jeito nenhum. Sei lá... tipo que o Tony está querendo filmar um episódio com um estilo de cinema bem jamaicano, um híbrido de *Balada sangrenta* com James Bond", sugeri, cheio de inspiração. "Vamos dizer pra Greta que o Tony quer que a gente grave uma cena de festa de filme de James Bond, bem agitada e descolada, com a presença de dançarinas. Ou seja, para os números musicais vamos precisar de um trupe de dançarinas, que vão ter que ficar de plantão durante todo o tempo que durarem as filmagens. Vamos usá-las pra fazer uma clássica sequência de abertura subaquática, bem como uma tomada dentro de um ônibus, em uma referência ao cinema jamaicano da década de 1970. Portanto, também precisaremos providenciar um ônibus coletivo."

"Vamos dizer pra Greta que o Tony está exigindo um navio pirata, de onde ele possa falar, navegando no mar, sobre a história de Errol Flynn e da velha Hollywood na Jamaica, porque ele alega que não seria apropriado ter essa discussão em terra firme...", Josh disse. "Se ela negar o pedido, vamos dizer que *talvez* a gente consiga convencê-lo a se contentar com um iate menos caro ou um catamarã de luxo."

"Perfeito! E espere aí... O que foi, sr. Sedas? Sim!", exclamei, olhando em volta. "O sr. Sedas está dizendo que devemos incumbir a Greta de uma busca inútil, dando-lhe a tarefa impossível de obter a permissão pra filmarmos... aqui... no Margaritaville! Avisar a Greta de que o Tony sente que é *absolutamente, absolutamente* necessário que a equipe criativa filme no Margaritaville. Dizer a ela que sabemos como pode ser difícil obter permissões de grandes redes corporativas, e que só temos mais alguns dias, então ela precisa começar o mais rápido possível. Não podemos esquecer de enfatizar: 'o Tony afirma que o Margaritaville é importantíssimo'. Isso deve mantê-la ocupada por um ou dois dias."

"Você tem certeza de que devemos fazer isso?", Josh perguntou. Na verdade, eu não tinha. O sr. Sedas foi uma influência terrível. Ou talvez fosse culpa das margaritas e da maconha. Mas não era hora de admitir fraqueza de determinação.

"Manda ver", respondi.

"Vocês são malucos", Carleene riu. "Mas se isso é que vocês querem, podemos fazer acontecer; o programa é de vocês." E eu acreditei que Carleene *era capaz* de fazer qualquer coisa acontecer. Embora eu tivesse acabado de conhecê-la, era óbvio que se tratava de uma daquelas pessoas com o dom de mover montanhas. Carleene era a maior produtora de videoclipes musicais da Jamaica, e parte de sua magia era sua imprevisibilidade. Ela era criativa, linda, tinha senso de humor e uma atitude durona. Coitado do garçom ou do cozinheiro que não mandasse rapidinho nosso pedido. Carleene se levantava da mesa, entrava na cozinha, falava grosso e resolvia pessoalmente o problema da demora. Ela era uma força a ser considerada, e todos a respeitavam. As características ideais de um facilitador. O melhor de tudo: era divertido sair com Carleene. E ela parecia gostar mais de Josh e de mim do que de Greta!

"Posso negociar um bom cachê para os extras contratando dançarinas exóticas locais em vez do tipo de dançarina mais 'tradicional' de um conservatório em Kingston", Carleene propôs. "E podemos falar com o hotel Trident Castle sobre a festa Bond. Vocês provavelmente vão precisar de luzinhas piscantes coloridas, luz estroboscópica e máquinas de fumaça. É um rabo de foguete, mas podemos arranjar um ônibus municipal também."

"De jeito nenhum a Greta vai aprovar um pedido de financiamento tão maluco", eu disse. "Nós só precisamos que ela largue do nosso pé e pare de encher nosso saco." Enquanto eu brincava no toboágua, Carleene e Josh fizeram alguns cálculos.

"Ah, que lindo colar de conchas!", Josh disse quando voltei da lojinha de presentes. "Então, o orçamento que a gente bolou é o seguinte:"

CUSTOS DE CENAS NA JAMAICA
Restaurante Piggy's (frango jerk jamaicano) * – U$ 200*
Tony no GoldenEye – U$ 500
Cena no Bar e Lava-jato Baby Lex – U$ 600
Bebidas Blackwell– U$ 200

---

* Tradicionalíssima receita jamaicana em que os pedaços do frango, depois de defumados, são temperados com pimentas picantes, sal e mais de trinta tipos de ervas e especiarias, ficam marinando por cerca de doze horas para absorver o sabor e, por fim, são assados no forno, frigideira ou churrasqueira. Muito popular em toda Jamaica, o *jerk* ganhou outras versões (carne bovina, lagosta, caranguejo). Há *jerk stands* (barraquinhas ou carrinhos) e *jerk centres* (pequenas lojas) por toda parte. (N. T.)

Dr. Putas (bar de rum de pescadores locais ao lado do GoldenEye) – U$ 300
Refeição no Chris (restaurante local perto de GoldenEye) – U$ 300
Ônibus (é necessário alugar um ônibus para uma cena de Tony dirigindo
durante o episódio) – U$ 900
Cena de praia – U$ 400
Refeição caseira – U$ 500
Cena no barco – U$ 1.000
Refeição e festa Bond no hotel Trident Castle – U$ 3.500
Rio Grande / Refeição e rafting do Velho Oeste – U$ 700
Cena de caranguejo (pesca e refeição de caranguejo) – U$ 300
Filmagem de segunda câmera / Fornecedores – U$ 800
Figurantes para sequências de dança – U$ 1.000
TOTAL: U$ 11.200

"Perfeito!", exclamei. "Não se esqueçam de avisar a Greta que esses números são apenas estimativas e estão sujeitos a revisão pra cima."

"Enviando!" Josh disse, e, com um floreio, clicou em seu touchpad.

Demos risadas e brindamos. Quase instantaneamente, o celular de Josh começou a tocar. Era Greta, claro.

"Não atenda, temos que deixar a poeira abaixar", eu disse. "Vamos pegar outra rodada!"

Durante cerca de duas horas conseguimos fugir dos repetidos e-mails e das sucessivas mensagens de texto e telefonemas de Greta, até que Lisa, amiga de Josh do escritório, ligou.

"Por favor, aguarde para falar com Sandy e Greta", Lisa disse.

"Puta que pariu!", Josh praguejou, o celular em uma das mãos, um coco cheio de ponche de rum com guarda-chuvinha de coquetel na outra. "Elas me enganaram!"

"Coloque no viva-voz", eu disse, tirando meus óculos de sol novos e guardando o baseado.

"Josh, aqui são Greta e Sandy", Greta disse em tom severo do outro lado da linha.

"Oi, Josh. Rapazes, vocês estão se divertindo?", veio a voz de Sandy, nossa produtora executiva.

"Estamos tentando entrrar em contato com vozês, pois eu gostarrria de interrogar vozês em relação ao pidido zi orçamento. Porrexemplo, o que são os seiscentos dólares pela zena no Barr e Lava-jato Baby Lex?"

"Bem, devido à programação, só podemos filmar no Baby Lex pela manhã", Josh alegou. "Precisamos comprar bebidas pros figurantes que vão ficar no segundo plano pra fazer parecer que o bar está cheio."

"Por que vozês não colocam os motoristas em segundo plano?", Greta perguntou.

"Oh, isso é uma ótima ideia, Greta, vamos dar álcool aos motoristas", Josh disse.

"Não, não. Os motoristas podem beber zuco", Greta instruiu.

"Greta… não, Greta, não… Ninguém bebe suco no Bar e Lava-jato Baby Lex", Josh disse. Houve um prolongado silêncio do outro lado da linha. Eu não fazia ideia do que elas estavam pensando, e tive que segurar meu nariz para não explodir em gargalhadas.

"Vozê poderria ze explicarr sobre os 3.500 dólares parra uma festa de James Bond?", Greta exigiu saber.

"Bem, as dançarinas e o sacerdote vodu talvez sejam mais caros do que esperávamos a princípio", respondeu Josh. "Mas, olhando pelo lado bom, podemos conseguir um engolidor de fogo por uma pechincha."

"Oi, aqui é Sandy. Reconheço que boa parte disso é exigência do próprio Tony e que vocês estão se esforçando para organizar as filmagens a toque de caixa, mas os custos criativos atuais são quase o dobro do orçamento a que estamos acostumados."

"Oi, Greta, aqui é o Tom. Algum progresso na obtenção de permissão para filmarmos no Margaritaville?"

"É uma organização de grande porrte, e até agorra tenho tido prroblemas parra chegar ao deparrtamento zerto", respondeu ela. "Mas o prozesso já foi iniziado."

"Certo. Bem, é extremamente importante para o Tony, e ele sabe que você está trabalhando nisso." De jeito nenhum Tony teria interesse em filmar no Margaritaville, mas Greta não sabia. E, melhor ainda, recentemente eu descobrira que "Tony sabe que você está trabalhando nisso" era uma combinação mágica de palavras que aterrorizava o pessoal do escritório.

Deixamos Greta ocupada correndo atrás do próprio rabo; Tony e os câmeras chegariam em breve, e nós ainda tínhamos que descobrir qual seria o tema do episódio… assim, Josh e eu fomos à praia para ficarmos chapados.

"Escuta aqui", Josh perguntou. "O que faz um filme ser um filme de James Bond?! Qual é a fórmula? Você precisa de um herói…"

"Bourdain, Anthony Bourdain", respondi, acendendo outro baseado.

"Sim! E de uma locação tropical ultraluxuosa…", Josh disse.

"Algum lugar que, de tão perfeito, seja praticamente maligno?", completei, apontando para a nossa praia privativa.

"Além disso, um vilão com um plano diabólico e um quartel-general megalomaníaco com capangas", Josh continuou, dando uma tragada.

"Bem, a Greta está empenhada em destruir qualquer coisa que seja divertida no hemisfério ocidental", eu disse.

"Não, a Greta é apenas uma capanga tentando nos distrair do verdadeiro vilão. Não há outra pessoa em quem você possa pensar?", Josh falou, passando de volta o baseado. Ele começou a cantarolar a letra da música "Margaritaville": "There's booze in the blender...".*

"Espere... então, o vilão é o Jimmy Buffett?", perguntei. Josh tinha razão. Buffett poderia ser um arquetípico vilão de Bond, e a Organização Margaritaville era o disfarce perfeito para roubar todas as praias dos jamaicanos. Quanto mais partes da ilha conhecíamos, mais difícil era ignorar o forte contraste entre os resorts e as comunidades que prestavam serviços para eles. Todos os imóveis da orla foram adquiridos por hotéis, restaurantes e casas de veraneio, e basicamente havia um alto muro de concreto ao longo da costa. Surpreendentemente, parecia que os jamaicanos não tinham muito acesso às suas próprias praias, a menos que trabalhassem nos resorts.

"Merda, cara", Josh disse. "Se a gente desmascarar o Jimmy Buffett, isso vai fazer o próximo astro do rock pensar duas vezes antes de abrir uma maligna rede de restaurantes pra comprar todas as praias."

"É uma pena que a chance de a Greta conseguir permissões seja igual a zero", lamentei. "Bond é apenas um aceno histórico e visual."

IIIIRRRRRRRRRRRRRSSSSHHHHHH... Tony saiu do banheiro com um largo sorriso estampado no rosto. "Você ouviu essa descarga?", perguntou ele. "Parece o som de um 747 decolando."

Tudo ia às mil maravilhas. Tony estava feliz com o hotel. E, surpreendentemente, o "Nixon lunático" parecia ter funcionado bem. Talvez bem até demais... de alguma forma – *inacreditavelmente* – a maioria de nossos pedidos de verba foi aprovada. Fiquei tão espantado quanto o sr. Sedas. Agora, de repente, tínhamos um novo problema: descobrir como encaixar todos os elementos díspares pelos quais Greta estava disposta a pagar.

---

* Em tradução livre: "Tem birita no liquidificador". (N. T.)

"Você deveria beber um ponche de rum", disse Tony. "São excelentes."

"Eu não posso, a Greta não dá trégua, ela está pegando pesado e reduzindo ferozmente nossos gastos com bebidas", expliquei, jogando um pouco de lenha na fogueira.

Tony olhou para mim por cima de seu iPad. "Eu gostaria de dezesseis ponches de rum, por favor", ele pediu a Nicholas, assim que o mordomo veio ver como estavam as coisas. "Você pode ficar com um dos meus."

Ponches de rum em mãos, Josh, Tony e eu fomos fumar um baseado na nossa praia particular. Decidi que era um momento muito bom para revelar a Tony os detalhes do nosso experimento do "Nixon lunático" e como nossa travessura tinha saído um pouco de controle. Para minha surpresa, Tony achou hilário.

"Contanto que eu não tenha que fazer parte dessa merda, mandem brasa", ele disse.

"Demos uma missão impossível pra Greta: conseguir permissão pra filmarmos no Margaritaville", acrescentei, com cautela. "Fomos até lá fazer uma visita de inspeção, mas não foi nada divertido."

"Vocês foram ao Margaritaville?! Cadê minhas piranhas-robôs? Chamem minhas piranhas-robôs!", Tony disse, incorporando a afetação de um vilão maligno enquanto caminhava de um lado para o outro na areia. "Aquele gordo filho da puta cheio de herpes com um drinque da moda. Nesse exato momento alguém deveria botar um ponto-final à porra do reinado de terror dele, e ao de todos os outros carecas com rabo de cavalo. Coisas pra fazer amanhã: destruir o Margaritaville. Começar uma revolução mundial… encontrar paracetamol com codeína, porque realmente seria bem útil agora… na verdade, sendo essa uma ex-ilha britânica, vocês provavelmente conseguem comprar codeína na farmácia. *Cadê o facilitador?*"

Quando voltamos para a *villa*, Carl estava no lounge à nossa espera. "O respeito é verdadeiro", ele disse. "Nós somos os 2%. Nós, os 2%, temos que informar, continuar ajustando. Nós somos os criadores de notícias."

Ao saber que queríamos visitar a Praia de James Bond, nosso anfitrião, Blackwell, insistiu que seu amigo Carl nos acompanhasse. Com toda delicadeza, tentamos declinar, mas Blackwell se recusou a aceitar um não como resposta. Na casa dos setenta anos, imaginei, Carl era magro como um palito, exuberante, calvo com dreadlocks, uma barba espessa e olhos azul-claros. Ele contou sobre a história da ilha, suas credenciais como ator e alguns detalhes relacionados à sessão de filmagem na Praia de James Bond na manhã seguinte; depois foi embora.

"Porra. Estamos sem seda pra bolar o beck", disse Josh.

"Eu sei fazer um bong com uma maçã e uma caneta", ofereci.

"É tarde demais pra incomodar o Nicholas, mas aposto que a gente consegue arranjar uma maçã no balcão da recepção."

Aos trancos e barrancos, cambaleamos por meio da selva noturna até o escritório do hotel. Enquanto Josh pedia uma maçã, fui para o salão que tinha o estilo caribenho *nouveau* pastel chique minimalista. Notei uma grande maquete de arquitetura em um expositor de acrílico. Olhando mais de perto, pude ver o GoldenEye, e até mesmo o edifício dentro do qual estávamos. Do outro lado do muro, o vilarejo de Oracabessa. Meus olhos acompanharam a linha costeira até a praia de James Bond. Porém, em vez de uma cabana de rum e barcos de pesca, havia o que parecia ser uma extensão do complexo hoteleiro…

"Josh! Vem cá!", sussurrei.

Antes de falarmos qualquer coisa, esperamos até chegar de volta à nossa praia, que, tínhamos certeza, seria difícil de grampear, e embrulhamos a maçã. Embora estivéssemos empregando uma lógica de drogados paranoicos, Josh e eu começamos a juntar as peças.

"Merda…", Josh disse. "O osso do pescoço está conectado ao osso do quadril! Não é à toa que o hotel não recomendou que filmássemos na praia de James Bond!"

"E será por isso que o Blackwell está insistindo em mandar o Carl junto com a gente?", perguntei.

"O Blackwell comprou o GoldenEye do patrimônio de Fleming em 1976. Desde então, expandiu a propriedade original e criou um resort de primeira classe internacional de 210 mil metros quadrados, posicionado como o carro-chefe de seu consórcio ultraexclusivo de hotéis Island Outpost", Josh explicou, lendo os folhetos promocionais do hotel. "É melhor a gente contar isso pro Tony!"

Estava parecendo que, no fim das contas, o vilão não era Jimmy Buffett.

"Então acho que o fantasma de Ian Fleming pode estar habitando esse cachorrinho de madeira que eu comprei e… bem, de qualquer maneira, essa parte é complicada", eu disse, dando um pega na erva antes de passá-la para Tony.

"O que Tom quer dizer é o seguinte: a coisa importante no processo de foder com a Greta é que pode ser que a gente…", Josh fez uma pausa para organizar seus pensamentos.

"Tenha descoberto por acidente uma trama maléfica pra roubar a última praia pública em Oracabessa", interrompi. "E nós meio que..."

"Podemos ter topado sem querer com um filme de James Bond!", Josh concluiu.

"Está mais pra mistério de desenho do Scooby-Doo do que um enredo de James Bond", Tony declarou, nem um pouco impressionado.

Na manhã seguinte, chegamos cedinho à praia de James Bond para descobrir que Carl já estava lá. Todos os outros clientes do Dr. Putas eram pescadores locais. Mas Carl parecia ter vindo direto do salão de beleza, e obviamente não estaria lá se não fôssemos filmar. Ele estava vestido em um estilo que eu não seria capaz de nomear – talvez uma mistura de Studio 54 com *Contos da cripta*. Uma camisa de seda alaranjada brilhante com uma estampa da Monalisa, cujo rosto se dissolvia na metade em cobras contorcidas, uma centena de olhos deslumbrados com strass.

"A Jamaica tem a sorte de contar com a presença do sr. Bourdain e da CNN", Carl afirmou.

"É apenas uma conversa normal", eu disse. Era para ser uma cena agradável e natural. Os pescadores locais saíam todas as madrugadas para puxar as redes de arrasto com a pescaria da noite. Depois que o trabalho do dia acabava, eles se reuniam no Dr. Putas para um café da manhã regado ao típico rum jamaicano. Tony se sentaria com eles para conversar, mas Carl havia se enfiado no meio, interferindo na atmosfera e chamando a atenção para si. Na verdade, eu não sabia ao certo por que ele estava lá. Sóbrios à sensata luz da manhã, nossos delírios paranoicos de Bond pareciam um pouco forçados e inverossímeis.

"Olá, senhores", Tony disse. "E então, os negócios estão melhores ou piores hoje em dia?"

"Piores", Carl respondeu. "A pesca excessiva é um problema. Então este local se tornou um verdadeiro santuário de pesca onde estamos tentando revigorar a quantidade de peixes da ilha."

Carl começou a cortar todo mundo e a responder praticamente todas as perguntas de Tony relacionadas aos peixes. Que, é claro, eram a maioria das perguntas de Tony, visto que estávamos conversando com pescadores em um bar de pescadores. Essa cena sairia pior do que a minha ressaca.

"Então, se esse lugar se tornar um santuário protegido, o que vocês vão fazer pra viver?", Tony perguntou a qualquer um, menos a Carl.

"Sim, então aí teremos que…", um dos pescadores começou a responder.

"Ir mais longe, pro alto-mar, pra pesca em águas profundas!", Carl o interrompeu para completar.

Tony insistiu: "Acho que o que estou perguntando é: há na Jamaica um futuro pra indústria da pesca tradicional – da velha escola, de subsistência? Ou vocês acham que, como em todos os outros lugares no Caribe, vai acabar em uma economia inteiramente turística?".

"Isso tudo vai pertencer aos turistas", um pescador vestindo uma camisa amarela xadrez respondeu. "Sua pergunta faz sentido, e eu gostaria de esclarecer um ponto com você agora, certo? Há uma porção de coisas acontecendo aqui, né? Eu li um pedaço de papel alguns meses atrás, sobre o que está acontecendo aqui. Certo? Os nativos daqui em poucos meses não vão ter mais nem um naco de praia. Vão precisar de uma identificação pra poder entrar aqui."

"Eu não me importo com a verdade, cara, nós matamos pessoas pela verdade, cara!", Carl exclamou, repentinamente perdendo as estribeiras.

"Huuum… Carl acabou de fazer uma ameaça de morte diante das câmeras?", perguntei a Josh. Mas antes que ele pudesse responder, um alvoroço sensacional irrompeu entre os pescadores locais, e o grupo começou a se voltar contra Carl. Aos berros, começaram a apontar que as crianças da escola local não podiam usar a estrada da praia para ir às aulas. Era apenas a segunda vez, em todos os meus programas, que uma briga inesperada brotava aparentemente do nada. Na primeira ocasião, tinha a ver com sair sem pagar a conta em uma *trattoria* romana. Dessa vez parecia uma questão muito mais séria. Pude ver nos olhos de Tony que seu alarme contra a intimidação de valentões havia sido acionado. No caos, o sr. Sedas foi derrubado, quebrando uma das patas. Carl puxou o pescador da camisa xadrez para os fundos do bar, cometendo o erro clássico de esquecer que o microfone ainda estava gravando.

"Pra que o programa funcione, você fica na sua e relaxa", Carl disse em tom ameaçador. "Você não pode se expor. Sacou?"

"O que ele quis dizer quando disse 'pra que o programa funcione'?", Josh perguntou.

Carl e o pescador voltaram para o grupo, e aí as coisas ficaram ainda mais estranhas…

"É um dia de júbilo! Vamos encontrar o espírito no homem e viajar rumo ao desconhecido", Carl anunciou em uma voz estrondosa que imediatamente aquietou os demais pescadores: "Somos o que vocês chamam de viajantes astrais, então viajamos de dimensão em dimensão. Se um homem morrer, todos os homens morrem, e se um homem viver, então todos os homens vivem...". Eu não conseguia acreditar no que estava vendo: em um piscar de olhos houve uma reviravolta, e todos os que antes estavam se esgoelando agora assentiam em silêncio, aparentemente hipnotizados pelas palavras de Carl. "Tudo é relativo", Carl pregou. "A cura, o dinheiro, tudo está conectado ao universo. A pessoa não percebe o quanto somos vulneráveis dentro das mudanças do tempo. O planeta não vai desaparecer, meus irmãos. *Concórdia.*"

"Vocês estão vendo do que trata esse episódio, certo? Tudo está se encaixando pra mim – quem é o dono da parada, quem tem o direito de viver no paraíso, certo?", Tony disse para a câmera, à luz da tarde na praia particular do GoldenEye. Era uma bela faixa de areia envolta em uma concha de penhascos e densa folhagem. Pequeninos peixes-zangão pretos e amarelos zanzavam devagar onde a arrebentação quebrava de encontro às piscinas de coral responsáveis por suaves e brilhantes ondas azul-turquesa. Com todos os luxos concebíveis à mão – bastava apenas um aceno para Nicholas –, Tony refletiu sobre a estranha trama que se desenrolava em torno da praia de James Bond ao longo da costa. "Vamos aceitar, como premissa básica, que esse lugar é o mais próximo possível que se pode chegar do paraíso, certo? É a Jamaica. Jamaicanos vivem aqui. Quer dizer... esse lugar em que estou hospedado foi construído por um cara que planejou morar aqui e morava aqui dois meses por ano. Vocês sabem, quem consegue viver assim? Bem, eu, claramente. Olhem, aqui estou eu, plenamente consciente da ironia da situação. Toda a coisa da preservação: preservar pra quem? Salvar os recifes, pra quem? Salvar a praia, pra quem? Não pra vocês, filhos da puta. Provavelmente."

Enquanto Tony falava para a câmera, Josh e eu estávamos lendo. Depois da performance improvisada de Carl, enviei uma mensagem de texto para Greta dizendo que precisávamos saber tudo que fosse possível sobre o GoldenEye e a praia de James Bond, e que Tony sabia que ela estava trabalhando nisso. Quando voltamos para a *villa*, o *Estudo de Avaliação de Impacto Ambiental do GoldenEye* já estava esperando na minha caixa de entrada de e-mails. O documento deixava claro que, na verdade, o governo havia licenciado a praia de James Bond para o hotel em seu projeto de expansão, e que a James Bond deixaria de ter a designação de praia.

"O uso restrito da lagoa é *um componente essencial da experiência do GoldenEye*", eu disse, lendo o documento. "*Isso acarreta várias vantagens, incluindo a proteção de um santuário marinho e o incremento da segurança e proteção para os hóspedes.*"

"Ai!", Josh exclamou. "Diz aqui que várias licenças foram emitidas a fim de '*incorporar os pescadores ao ambiente e à essência do empreendimento*'."

"Espere, então isso *realmente* explica o que aconteceu hoje, certo?", perguntei.

"Cadê meu coquetel? Cadê meu coquetel?", Tony interrompeu.

"Hum… já está chegando", respondi.

"Se isso fosse um filme de James Bond, você estaria sendo dilacerado por uma piranha agora", Tony disse. "Haveria piranhas nadando em dez direções diferentes com pedaços dos seus genitais." Felizmente, logo depois Nicholas chegou com um ponche de rum. "Obrigado, senhor. A vida é linda", Tony disse. "Eu gostaria de mais doze desses, por favor."

Embora quiséssemos apenas ficar chapados e desfrutar de alguma espécie de férias, nós de alguma maneira meio que tropeçamos para trás e caímos dentro do nosso próprio filme de James Bond da vida real. Josh e o sr. Sedas estavam certos. E estávamos filmando tudo.

"Como alguém faz isso e é uma boa pessoa?" Tony disse para a câmera, bebericando seu ponche de rum. "Se você quisesse passar três meses do ano deitado em uma rede, contemplando o Caribe, em uma praia isolada como essa, você poderia fazer isso e também ser uma boa pessoa? Não, você… pra ter condições de fazer isso a pessoa tem que fazer coisas ruins, certo? James Bond é um pilantra, ele fica aqui por alguns dias antes de seguir adiante pro próximo local. O cara que mora aqui é o vilão de Bond. Era isso que eu não estava entendendo. Ian Fleming estava muito mais próximo de Blofeld ou Hugo Drax. Esses caras tinham muito tempo de lazer, sentados em redes, tentando descobrir como dominar a porra do mundo. Muito tempo ocioso dedicado à dominação do mundo. Bond era um filho da puta da classe trabalhadora." Tony fitou o oceano e suspirou.

"Más notícias", Josh anunciou com um olhar preocupado. "Acabo de falar com a Greta. Ela disse que a agência de relações públicas que representa o Margaritaville está pronta para avançarmos com a filmagem. Eles adoram o programa e concordaram em nos dar a autorização."

"Nem vem com essa, porra!", eu disse com absoluta incredulidade. "Você está de brincadeira comigo?"

Droga, droga, droga. Olhei para o sr. Sedas. O tiro tinha saído duplamente pela culatra. Eu não apenas, sem querer, dera a Greta a oportunidade de brilhar ao realizar o impossível, mas, o que era mais problemático, agora realmente teríamos que filmar no Margaritaville, embora soubéssemos que o Margaritaville era apenas uma pista falsa para engambelar Greta. O que me preocupava, acima de tudo, era que Tony não aceitaria isso numa boa.

"Sinto muito, mas parece que, de alguma forma, a permissão pra filmar no Margaritaville foi dada", eu disse, curvando minha cabeça de vergonha. "Mas nós temos um plano. O Josh vai interpretar o turista com sobrepeso número 1. Ele vai representar o pior caso possível – o gordo babaca dos resorts *all-inclusive* que ameaça roubar a praia dos jamaicanos."

"O Blofeld realmente aceitou?", Tony murmurou. Por um longo minuto ele refletiu, fitando o oceano, as mãos cruzadas atrás das costas. "Bem, *excelente*. Definhar aos poucos no Margaritaville? Lento demais pro meu gosto. Deixe-me ajudá-lo com isso. Melhor sangrar no Margaritaville, isso sim. *Não espero que você fale, sr. Buffett, espero que você morra!*"

Tony ficou no GoldenEye enquanto o restante da equipe se dirigiu para trás das linhas inimigas, preparado para plantar minas no casco do navio de guerra *SS Margaritaville*.

"Você está pronto?", perguntei pela porta.

"Ah, cara, estou sempre pronto", Josh disse, saindo do banheiro masculino, seu corpanzil colossal de mais de 1,90 m espremido em uma minúscula camiseta de mangas cortadas com a expressão "JAMAICA DOIDONA", óculos de sol e chapéu de palha.

"Você está maravilhoso!", exclamei. "Tá legal, vamos nessa!"

Adicionei à jukebox dinheiro suficiente para manter a canção "Margaritaville" tocando em incessante repetição por doze horas. Filmamos Josh em câmera lenta saindo do mar, segurando duas margaritas, comendo um gigantesco prato de nachos, dançando com os funcionários do restaurante, absolutamente simpáticos e obsequiosos, bem como descendo pelo tobogã – em suma, curtindo umas férias incríveis, tudo isso em câmera extremamente lenta. Josh acertou em cheio, a performance amadora mais divertida que se possa imaginar. Quando terminamos de filmar, toda a equipe se sentou para fazer uma refeição. Um bando de profissionais ultraexperientes, aguerridos, descomedidos e fora do convencional, divertindo-se à beça no Margaritaville. Não que pudéssemos contar isso ao Tony.

"Como o Nicholas está cuidando de vocês?", nosso misterioso anfitrião perguntou quando, por fim, nos conhecemos pessoalmente. "Tudo está ao seu gosto, suponho?" Blackwell estava vestido todo de preto e falava em um inglês refinado enquanto girava o mexedor de drinque em seu ponche de rum, o dedo mindinho torto ligeiramente levantado. A única coisa que faltava a Blackwell era um gato branco de pelagem comprida para acariciar. Ele mantinha uma residência no GoldenEye e convidara Tony para seu bar privativo, escondido em uma gruta isolada nos penhascos. Carl estava lá, vestindo um pijama de seda dourado, sentado com as pernas cruzadas e mudo, soprando nuvens de fumaça de um cachimbo. Tudo parecia ter saído diretamente da agência central de vilões. Ou talvez eu estivesse tão chapado que tive essa impressão. Mas acho que não.

"Bem-vindo", Blackwell saudou Tony.

"Com grande atraso", disse Tony. "Tenho vivido na sua casa."

"E então, vocês têm obtido bom material enquanto estão aqui?"

"Ah, sim. Comendo bem. Cenário lindo. Pessoas legais."

"Ponche de rum?", Blackwell ofereceu.

"Sim, vou querer um desses", respondeu Tony. "Você foi criado no paraíso. Teve uma carreira de sucesso contratando algumas das bandas mais legais de todos os tempos. A vida tem sido muito boa. O que te empolga?"

"Estou tentando criar um pequeno vilarejo turístico aqui", disse Blackwell. "Algo que se espalhe para a cidade! Que se espalhe para a comunidade! Que se espalhe pelo país."

"É inevitável que basicamente todo o Caribe acabe como uma economia de serviços?", questionou Tony.

"Bem, sim, eu acho que sim, penso que essencialmente sim… serviço e agricultura", respondeu Blackwell. "Traga as pessoas aqui e dê a eles comida fresca, comida jamaicana, esse é o meu mantra."

O coaxar das rãs das árvores se misturava ao som das ondas quebrando contra os corais. Ouvia-se o tilintar dos cubos de gelo enquanto o mordomo de Blackwell preparava outra rodada de ponches de rum. Carl exalou uma nuvem de fumaça, e Blackwell girou o mexedor de drinque em seu copo quase vazio.

"Se a vida fosse um filme de James Bond, quem você seria?", Tony perguntou.

"Bem, há apenas um herói nos filmes de Bond!", Blackwell respondeu com um leve sorriso.

"Você não seria o…" Tony gaguejou, um pouco surpreso com a resposta de Blackwell. "Você não se colocaria em qualquer outro papel? Você seria o herói?"

"Vocês conseguem acreditar que o Blackwell realmente disse que seria James Bond?", Tony perguntou, incrédulo, quando voltamos para a *villa* Fleming.

"É melhor a gente tomar cuidado nas estradas, pode ser que algum caminhão das Indústrias Blackwell empurre a gente em algum penhasco", Zach disse. Em seguida, mudando a voz para imitar um vilão maligno: "*Mas que pena… nós os avisamos de que as estradas eram perigosas*".

Saindo do GoldenEye, seguimos mais para o leste ao longo do acidentado litoral em direção a Port Antonio. Outrora um refúgio de ricaços e da elite de Hollywood, a área ficou quase esquecida quando o aeroporto do outro lado da ilha foi construído. Conhecido carinhosamente como "o Porto", o lugar era belíssimo e atrasado em igual medida. Lá filmamos uma "festa Bond" a que Tony não compareceu, mas fizemos bom uso dos engolidores de fogo, do sacerdote vodu e da trupe de dançarinas. Filmamos inclusive aquela sequência de abertura subaquática. De maneira geral, foi divertido gastar o dinheiro de Greta. Entretanto, ainda tínhamos vários dias de filmagem, e faltava alguma coisa ao episódio.

"Acho que sei o que o sr. Sedas está procurando", disse Carleene. "Winnifred é a única praia pública que resta em Portland. Uma mulher, Cynthia, tem uma loja de utensílios de cozinha lá, e está lutando no tribunal pra impedir que a praia seja transformada em um resort."

"Se a comida for boa, estou dentro", eu disse.

Organizamos uma cena de um prato famoso no país, o ackee & saltfish,* com Cynthia e duas amigas dela, Joy e Marjorie – que vendiam comida à beira-mar e eram companheiras na luta para salvar a praia de Winnifred. Chegar à praia era como estar diante de uma miragem: uma faixa litorânea

---

*   Prato em que a fruta tradicional jamaicana é servida com cebola, pimentão e um peixe salgado como o bacalhau. (N. T.)

intocada e imaculada. Areia branca, água cristalina, moradores locais relaxando e se divertindo e muitas opções de comida à beira-mar. E, tal qual uma miragem, a praia de Winnifred também corria o risco de desaparecer.

"Winnifred é uma praia pública. Já foi uma das melhores da Jamaica", Cynthia disse. Ela não apenas administrava seu restaurante todos os dias, mas também enfrentava o governo jamaicano em uma batalha legal que já durava sete anos. "O governo quer construir um resort aqui. E quando eles fazem um resort, você sabe que não é um lugar público para o acesso de todos, porque o que querem é construir hotéis e *villas* ao redor. Então, as pessoas não poderão mais vir e se divertir como fazem agora."

"Quer dizer, seria meio ridículo se os jamaicanos não pudessem ir à praia na Jamaica", disse Tony.

"Seguir lutando! Seguir lutando!", continuou Cynthia. "Aqui é onde relaxamos. Quando temos nossos problemas, descemos aqui e…"

"Damos um mergulho", Joy completou. "E ficamos numa boa."

"E as coisas se tornam melhores", Marjorie completou.

"Bem, é uma bela praia", Tony disse. "Eu tenho que voltar aqui. Melhor ainda, em meu traje de banho." Tony parecia genuinamente estar se divertindo, e se ele estava falando sério sobre voltar, então teríamos a última cena que faltava no episódio. "Bem, boa sorte na luta de vocês", Tony desejou. "Porque eu gostaria de dizer: que tipo de ser humano monstruoso ou organização malévola desalojaria as pessoas de sua própria praia?"

"Se tirarem isso de nós, será como viver em uma prisão", respondeu Joy, emocionando-se. "Porque quando o tempo estiver quente, não teremos nenhum lugar para nadar."

"Eu gostaria de ser seu ministro da propaganda", Tony ofereceu. "Gostaria de dirigir a campanha de relações públicas contra isso."

E Tony manteve a palavra. Voltamos para filmar uma festa ainda maior na praia de Winnifred. Ele realmente gostou daquelas mulheres e da praia delas, e realmente esperava chamar a atenção para a causa que elas defendiam.

Calhou de o último dia de filmagens na Jamaica ser o aniversário de 58 anos de Tony. O pai de Tony morreu aos 57 anos – mesma idade de vários de seus parentes do sexo masculino antes dele –, então todos nós ficamos aliviados que Tony tivesse sobrevivido à "maldição da família Bourdain". Josh, o sr. Sedas e eu concluímos que o melhor presente para o homem que tinha tudo era cancelar o dia de filmagem e ir para a praia curtir. É estranho pensar que quase sempre Tony dava a impressão de estar de férias permanentes, porque na realidade ele nunca parava de trabalhar. Ele só se deitava em uma rede ou fazia todas aquelas coisas incríveis com cara de férias quando havia uma câmera em seu rosto. Mas para ele a câmera nunca foi algo relaxante. Até mesmo James Bond conseguia desfrutar de seus momentos de lazer.

Vinte e três dias antes, Tony parecia entediado de um jeito histriônico enquanto as câmeras o seguiam em um passeio pela Torre Milad, o equivalente iraniano do obelisco Space Needle de Seattle e um símbolo de orgulho nacional.

"Após sua conclusão, a Torre Milad foi considerada a quarta torre de telecomunicações independente mais alta do mundo", nossa guia turística aprovada pelo governo falava em tom monótono em um inglês claro, mas afetado. "Como vocês podem ver, oferece uma vista deslumbrante de Teerã, tendo ao fundo as montanhas Albroz."

Tony revirou os olhos, soltou um sonoro suspiro e depois bufou. Se alguém tinha que fazer estardalhaço, era eu, pensei. Era mais um capítulo do que já beirava quase uma década de aniversários que eu passava na estrada a trabalho. Ao contrário dos anos anteriores, coloquei a data do meu aniversário na programação em letras **_MAIÚSCULAS, EM NEGRITO e ITÁLICO_**, como forma de garantir que Tony não se esquecesse.

"Bom dia!", eu disse com entusiasmo no café da manhã. A qualquer momento, com certeza eu passaria a ser o centro das atenções.

"Então, quantos anos você tem, Tom?", Tony perguntou, olhando por cima da sua xícara de café.

"Hoje faço 34", respondi com um sorriso de expectativa.

"Sabe, é a mesma idade de Jesus quando morreu, e veja só tudo o que ele realizou", disse Tony, sem perder o fôlego. "Então, por que vamos filmar uma 'cena na plataforma de observação', porra?"

Por mais que eu não tenha gostado da brincadeira, era muitíssimo engraçada. No entanto, consegui dar um jeito de não rir. Depois da plataforma de observação, ficamos por lá filmando cenas complementares de turistas e da paisagem. O céu estava de uma cor estranha; relâmpagos faiscavam ao longe. Apagando meu cigarro, percebi que todos estavam apontando, tirando fotos e filmando com seus celulares. Olhei e vi que uma espécie de nuvem tingida de sépia se estendia no horizonte. Ouvi um gemido baixo, a brisa começou a soprar com mais força, e, fosse lá o que fosse, parecia estar se aproximando rapidamente.

"Tem uma tempestade de areia chegando!", Zach gritou de trás de sua câmera.

Corri para pegar Tony lá dentro. No momento em que voltamos para fora, um torrencial esguicho de areia já estava quase sobre nós, e as condições se intensificaram até assumir a forma de um redemoinho. As câmeras continuaram filmando enquanto os seguranças começaram a empurrar as pessoas para dentro em busca de abrigo.

"Aí vem!", Tony disse.

Entramos bem a tempo. Quando as portas se fecharam atrás de nós, uma muralha de pressão atingiu o prédio com um baque e meus ouvidos estalaram. O céu escureceu quando o sol desapareceu, e o chão começou a se mexer sob meus pés. O vento sacudiu com violência os binóculos operados por moedas na plataforma de observação. Luzes piscaram. Que ótima cena que estava se tornando!

"Isso é normal?", perguntei.

"Esta é a primeira vez que passamos por algo assim!", nossa guia disse em um tom de voz que parecia ser de perplexidade, agarrando seu *hijab*. Em seguida, a compreensão do que estava acontecendo me atingiu em cheio. *Isso nunca aconteceu antes* não é o tipo de coisa que uma pessoa gostaria de ouvir de uma comissária de bordo nervosa ou, neste caso, de sua guia turística em pânico quando se está no meio da porra de um tornado em cima de uma torre de 435 m de altura. As câmeras continuaram rodando enquanto o chão balançava cada vez mais com intensidade cada vez maior, açoitado por ventos vindos de todos os lados. Por um instante as luzes se apagaram, revelando o vislumbre de um nauseante céu verde-escuro, depois se acenderam de novo, bruxuleantes. O turbilhão começou a arrancar nacos do edifício. Os bancos e o revestimento dos painéis maiores se soltaram e caíram ao longo da plataforma de observação, ameaçando ricochetear nos janelões de vidro que iam do piso ao teto.

"Afastem-se do vidro!", Tony gritou.

"Saiam agora! Saiam agora!", um segurança berrou por cima do uivo. "É perigoso!"

A mais profunda sensação de medo e pavor que já tive na vida me agarrou e apertou meu pescoço enquanto éramos conduzidos por uma escada. Agora eu podia oficialmente adicionar arranha-céus à minha lista de fobias. Todo mundo desceu correndo os degraus carregando equipamentos de filmagem enquanto a estrutura gemia e as luzes continuavam a piscar, intermitentes.

"Por favor, parem de filmar!", nossa guia gritou, com angústia na voz. Minha mente disparou a mil por hora com imagens de empreiteiros de caráter duvidoso, vigas de aço abaixo do padrão, e da prática, comum em tantos países, de misturar areia no concreto – e depois, quando ocorria um terremoto, era desmoronamento na certa! Não sinto orgulho de admitir, mas a certa altura choraminguei algo tipo "A torre vai cair! A torre vai cair!".

Os sinais verdes indicando "saída de emergência" oscilavam, vítimas, como nós, da tormenta. Pensei em acender um cigarro. Que diferença fazia? Eu tinha certeza de que morreria no dia do meu aniversário.

Como todas as tempestades, mais cedo ou mais tarde aquela passou, e embora a construção tenha sofrido alguns estragos, nem é preciso dizer que a Torre Milad não caiu.

Nessa noite, todos nós saímos para fazer uma refeição fora das câmeras em um salão de banquetes. Ao descobrir que éramos dos Estados Unidos, o dono do restaurante veio nos receber pessoalmente.

"Ele diz que, em geral, gosta de colocar em cima da mesa a bandeirinha do país dos convidados estrangeiros", nosso facilitador, Afshin, traduziu. "Ele pede desculpas, mas está sem nenhuma bandeirinha dos Estados Unidos."

Moose e Afshin devem ter informado ao proprietário que era meu aniversário, porque no final da refeição surgiu um bolo, e todas as duzentas pessoas presentes no restaurante – lideradas pela banda da casa – começaram a cantar alegremente o conhecido "Parabéns a você", em uma mistura de inglês e farsi. Devo dizer que talvez tenha sido o aniversário mais inesquecível da minha vida. Quando me preparei para fazer um desejo e soprar as velas, Tony se inclinou e sussurrou no meu ouvido: "É bom ver que eles preferiram buscar velinhas em vez de queimar minibandeirinhas dos Estados Unidos em palitos de dentes".

Voltando à Jamaica: Tony estava deitado em uma rede se bronzeando, sem câmeras para incomodá-lo, sem conteúdo para entregar. Em geral ele odiava o aniversário, mas nesse dia parecia genuinamente feliz. Pedimos pizza ruim e tínhamos uma geladeira abastecida de cervejas Heineken e Red Stripe. Assim que o sol se pôs, presenteamos Tony com um bolo de rum coberto com açúcar de confeiteiro, fatias de carambola e guarda-chuvinhas de coquetel, com a frase, escrita em chocolate: "Rum vive para sempre". Tony sorriu ao apagar suas velas. Melhor que isso, impossível: o tipo de dia que uma pessoa gostaria que nunca acabasse.

Na manhã seguinte, exaustos e com uma dolorosa ressaca, Josh e eu ficamos sentados em silêncio, ao longo de um trajeto de três horas de duração, capaz de provocar náuseas, em meio às voltas e reviravoltas das montanhas entre a ilha e o aeroporto internacional de Kingston. A cada curva, ouvíamos os tinidos e retinidos de uma dúzia ou mais de garrafas de rum vazias que rolavam de um lado para o outro na van de equipamentos. O sr. Sedas me encarava com uma daquelas expressões de superioridade do tipo "eu bem que te avisei". Que mês bizarro tinha sido, pensei. A filmagem emocional e confusa no Irã, de onde saímos transformados para o resto da vida, e em seguida a viagem à Jamaica, onde, de alguma forma, cada uma das nossas estúpidas asneiras de maconheiro pareciam ter trabalhado a nosso favor. Acho que, sóbrio, não teríamos conseguido dar conta do recado. Até mesmo a sovinice dos cortes de despesas de Greta tinham sido uma parte da receita mágica. E, caramba, nós nos divertimos à beça.

Eu não sabia ainda, mas o episódio da Jamaica inspiraria uma promoção do hotel, divulgada com o slogan *"Quem vai viver no paraíso? Você!"*. Mais importante, um juiz deu ganho de causa a Cynthia, e a praia de Winnifred foi salva do empreendimento imobiliário. Não sei se a atenção internacional do nosso filme de James Bond ajudou, mas também não deve ter sido prejudicial.

O que eu *sabia* com certeza naquele momento, enquanto fazia força para não vomitar, é que nunca mais teríamos condições de voltar ao GoldenEye; e que, quando ficássemos sóbrios de novo, *talvez* o sr. Sedas tivesse que dar algumas explicações a Greta.

CAPÍTULO 11:
FILMANDO PESADELOS

Tony sempre dizia que a câmera era uma mentirosa: da mesma maneira, a edição era em sua essência era um processo manipulativo. E ele estava certo. Com o passar do tempo, de um jeito estranho o que escolhíamos mostrar ou não mostrar nos episódios finalizados remodelava e reformulava na minha mente o que realmente tinha acontecido. A nova versão reconstruída torna-va-se mais real para mim do que a experiência efetiva. Amiúde eu me pegava esquecendo o que acontecera, e a minha lembrança era editada, como se fosse o programa em si.

Após a morte de Tony, continuei a ser inundado de lembranças, boas e ruins. Algumas dessas memórias abriram caminho à força para contradizer as versões das viagens de que escolhi me lembrar, recordações que antes eu havia bloqueado. Eu não queria ter nada a ver com elas, mas elas persistiam.

Acordei de um pesadelo – tinha a ver com trabalho, é claro, algo sobre perder a cena do nosso trem saindo dos trilhos para entrar em um arrozal. O *jet lag* e os medicamentos antimaláricos propiciam emoções baratas. Confortável frio no calor sufocante. Meus olhos piscavam enquanto eu lutava para me lembrar de onde eu estava. Uma luz brilhante entrava pela janela. Um ventilador tra-balhava duro para deslocar o pesado ar tropical. Vi minha mala feita às pressas, preenchida pela metade. Aos poucos a noite anterior entrou em foco. Flashes de uma farra de bebedeira.

"Festa estranha com gente esquisita, você está legal?", Jeff perguntou, forçando um sorriso.

"Eu quero ir pra casa", respondi, esfregando meu pescoço.

"Sim, cara, você se lembra de que ontem à noite tentou voltar a nado pra Kuala Lumpur?"

Eu me lembrava, sim, e apesar de todo o esforço de minhas braçadas, não consegui ir muito longe.

"Por sorte, o Emong ajudou você a tirar todas as sanguessugas", Jeff disse, e, desviando os olhos, completou: "Hum… então, o Tony quer ver você".

Na esperança de que fosse de alguma forma um sonho, fechei meus olhos com força… e os abri de novo. Infelizmente, ainda estava em Bornéu. Estávamos na remota aldeia Iban de Entalau, reconstituindo os passos de Tony de dez anos antes. Era uma viagem especial, na qual embarquei pensando que seria como viver um sonho. Em vez disso, havia se transformado em um pesadelo acordado. Ao sair da cama, verifiquei novamente se ainda havia sanguessugas antes de começar a caminhada da vergonha de 300 m em direção à rede de Tony, que fazia as vezes de "escritório".

A primeira visita de Tony a Bornéu em 2005 foi uma viagem que marcou um ponto de virada em sua vida e carreira, assim como na minha vida e carreira. Naquela época, o Travel Channel encomendou episódios do *Sem reservas*, e eu fui contratado pela recém-criada produtora ZPZ para trabalhar na pós-produção da primeira temporada. Eu faria a triagem do material filmado, escreveria roteiros para as narrações em *off* e ajudaria os editores a estruturar cada episódio. Isso significava que passaria todo o meu tempo no escritório de Nova York, e o mais perto que eu chegaria de viajar seria por meio das filmagens brutas exibidas na tela da sala de edição.

A viagem a Bornéu durante a primeira temporada de *Sem reservas* tinha sido comovente para Tony. Seu casamento de vinte anos estava chegando ao fim, ele se apaixonara de novo e estava se sentindo excepcionalmente poético diante das câmeras. Novato no trabalho, eu me sentei na sala de edição e assisti à cena em que, sob a lente de uma câmera PD150, Tony, na margem do rio Skrang, dizia:

> Viajar nem sempre é bonito. Nem sempre é confortável. As vezes dói, e até mesmo despedaça seu coração. Mas tudo bem. A jornada muda você; deveria mudar você. Deixa marcas na sua memória, na sua consciência, no seu coração e no seu corpo. Você leva algo com você. Com sorte, você deixa para trás algo de bom.

Infelizmente, a filmagem dessa cena ficou inutilizável, por causa de um cachorro que latia implacavelmente ao fundo, mas transcrevi o que Tony disse e reaproveitei como uma narração em *off* no fim do episódio – tornou-se minha citação favorita sobre viagens.

As palavras de Tony e o tema do episódio foram inspirados na Bejalai, filosofia do povo iban sobre fazer uma jornada de autodescoberta. Grupo indígena nativo das vastas selvas de Bornéu, os ibans consideravam a Bejalai o elemento central em sua cultura. A ideia geral é que a pessoa embarca em uma aventura e aprende alguma coisa sobre o mundo. No fim das contas, depois de tudo o que a pessoa viu, se tudo der certo ela se torna um ser melhor e compartilha com sua aldeia natal o conhecimento adquirido. Nesse momento os ibans celebram a experiência com uma tatuagem feita à mão, ponto por ponto, sem máquinas, totalmente artesanal, à guisa de "a viagem deixa marcas". Era um tema literalmente perfeito para um programa de TV sobre viagens.

Em Nova York, o trabalho de edição – meu primeiro – estava indo bem e desenvolvendo um arco nitidamente cinematográfico. Além de serem praticantes da Bejalai, os ibans outrora foram temíveis caçadores de cabeças. O guia de Tony, Itam, estava na casa dos oitenta anos, e as tatuagens em seus dedos indicavam que era um dos últimos ibans sobreviventes a se envolver na delicada arte de decepar cabeças. Então é claro que Tony imediatamente se apaixonou por ele. No fim da incursão, Tony e Itam sentaram-se sob um buquê de crânios humanos e entornaram doses de uísque de arroz. Antes de Tony ir embora, Itam o convidou para retornar para participar do Gawai, um ruidoso festival iban regado a bebedeira, uma espécie de celebração de Dia de Ação de Graças, Natal e Ano-Novo combinados. Tony agradeceu calorosamente e prometeu retornar.

Assistindo à filmagem bruta, uma ficha caiu. Eu me lembro de Tony e da equipe caminhando em meio à selva sufocante, tropeçando, cambaleando, o peito chiando de tanto esforço para vencer o terreno íngreme, a folhagem escorregadia e os arbustos espinhosos infestados de sanguessugas. Eu detestava a selva úmida e as sanguessugas, mas concluí que precisava estar lá. Eu nunca ficaria feliz no conforto de uma sala de edição com ar-condicionado. Então, comecei a traçar um plano para a fazer minha transição para a equipe da estrada. O resto, como dizem, é história.

***

Quatro dias antes da minha caminhada da vergonha até a rede-escritório de Tony, eu estava na margem do rio Skrang observando a equipe carregar nossa esquadra de escaleres pintados com cores vivas. Era a segunda incursão de Tony às selvas de Bornéu; ele estava lá para cumprir sua promessa de retornar para assistir ao Gawai. Eu tinha sido o editor daquele primeiro episódio, uma década antes, mas desta vez iria vivê-lo *in loco*.

"Tá legal, pessoal, estamos lutando contra a luz do dia", Jeff disse. Ele estava produzindo o episódio, e ao longo do ano anterior deu provas de ser um valioso colaborador criativo em nossas viagens para Madagascar, Beirute e Grécia. Jeff era dotado da confiança do rei do baile, tinha o foco a laser de um médico-residente de pronto-socorro e, de acordo com Tony, "olhos como os de um cão alsaciano". O melhor de tudo: Jeff era um bom amigo. "Vamos *carpe diem* essa merda e depois dar no pé!", ele dizia com um sorriso.

Semelhantes a canoas motorizadas movidas a motores de popa de quinze cavalos, nossos escaleres deslizaram sobre águas opacas cor de jade que, por causa de pequenas cataratas, a intervalos se transformavam em um espumoso redemoinho branco-esverdeado. Na falta de um helicóptero, o rio Skrang era a única rota para se chegar às muitas aldeias iban localizadas nas entranhas da selva, e ao longo do caminho passamos por outros escaleres coloridos, abarrotados de cargas e de foliões que regressavam para os festejos.

Filmamos barco a barco, passagens, cenas de ação e travessia das corredeiras. Bebendo cerveja Tiger, Tony contemplava o sol de fim de tarde se infiltrar através do dossel das densas copas das árvores. À medida que o rio serpeava cada vez mais fundo selva adentro em direção à maloca, pensei em como eu, de alguma forma, recebi uma oportunidade mágica de passar para o outro lado da tela da TV justamente no episódio que, de várias maneiras, havia sido o começo de tudo para mim. Naquela viagem de muitos anos atrás, Tony tinha falado de maneira tão fantástica sobre como as viagens deixam marcas. Ele expressou essa sabedoria em um momento em que sua carreira de viajante ainda estava relativamente no início. Eu estava determinado a superar o episódio original e induzir Tony a proferir uma reflexão ainda mais brilhante. Agora, com mais uma década de experiências acumuladas, ele sem dúvida teria algo muito mais profundo para compartilhar. Devia ter aprendido algo em todos aqueles quilômetros percorridos.

Quando o crepúsculo começou a cair, o céu ficou cinza-rosado, e conseguimos tomadas de um magnífico arco-íris que se estendeu acima do rio. E, de modo muito parecido ao episódio de uma década antes, nossos barcos chegaram a Entalau logo depois de escurecer.

214

***

Na manhã seguinte, quando acordamos, descobrimos que muita coisa havia mudado no decorrer da década desde a última visita de Tony. A antiga maloca onde toda a aldeia iban vivia sob o mesmo teto em cômodos com um corredor coletivo fora demolida e substituída por uma palhoça mais nova. Convertida ao cristianismo, a tribo foi convencida a enterrar seu buquê de crânios. Grande parte da selva havia sido derrubada por madeireiros, e Itam tinha morrido.

Mas lá estávamos nós, a equipe e toda a aldeia iban se preparando para celebrar o Gawai. Todd e Fred, nosso mais novo diretor de fotografia, começaram a fazer filmagens de segunda câmera após uma rápida parada para jogar bola com as crianças da aldeia. Sentado em sua rede, Tony checava e-mails, graças a Jeff, que conseguiu encontrar a única barra de sinal de celular disponível na província. Enquanto isso, eu continuava a lidar com uma série de questões urgentes. Decidimos dedicar metade das filmagens ao Gawai, mas nada acontecia além da bebedeira desenfreada. Durante o Gawai, todo mundo bebe. Crianças, adultos, os idosos da aldeia e, *em especial,* os convidados de honra como nós. A cada cinco metros você é obrigado a aceitar outra dose de *lankau*, um uísque de arroz caseiro com octanagem pouca coisa inferior ao de combustível de aviação e famoso por induzir efeitos alucinógenos moderados. Recusar é um insulto, provável razão pela qual nosso médico, que levávamos nas viagens para o caso de emergências, jazia no chão, desmaiado de bêbado.

Além disso, descobri que o tradutor-auxiliar que levei para um festival de bebida alcoólica era um alcoólatra em recuperação e por isso não podia beber. O que, na verdade, não fazia diferença, porque, no fim ficou claro, ele não falava iban. E nenhum dos ibans falava inglês. Como se isso não bastasse, eu não dispunha de muitos elementos para conectar em termos visuais essa visita a Itam – a espinha dorsal narrativa do episódio. O pior de tudo: Tony decidiu que não queria levar adiante a ideia da tatuagem da Bejalai. Eu estava contando com essa maldita tatuagem!

Eu queria acreditar que estávamos em uma Bejalai, mas no fundo me aterrorizava a ideia de que a década anterior havia sido apenas uma andança sem rumo e ao acaso enquanto eu fazia um programa de TV. Em algum nível, eu me convenci de que a tatuagem seria a prova de que existia algum significado no caos.

Eu não poderia dizer isso a Tony; então, apontei que havíamos estruturado todo o episódio em torno da tatuagem. Mas Tony pareceu não dar a

215

mínima, porque isso era o que ele chamava de "problema do Tom" e "não se preocupe, a gente conserta na pós-produção", o que significava que *eu* teria que consertar na pós-produção, processo que me obrigaria a abrir mão de todos os fins de semana pelos próximos dois meses. Mas eu estava realmente surtando, porque a viagem deveria deixar marcas, não uma sensação de vazio!

Além do mais, era meu aniversário e todo mundo, exceto Jeff, havia esquecido. De novo. Basta dizer que para mim não era um deleite a experiência de estar lá, realizando um sonho pessoal.

Festivais estavam entre as coisas mais difíceis de filmar, e naquele em especial havia muita coisa em jogo. Um dos meus trabalhos era ser os olhos da filmagem, direcionando as câmeras para elementos narrativos necessários para a edição. Agora era a última noite do Gawai, e nossos esforços tinham rendido poucos frutos; eu tentava, sem sucesso, desviar do campo minado da hospitalidade iban, mas ainda estava sóbrio o suficiente para detectar a presença da até então evasiva viúva de Itam. Aos 95 anos de idade, ela estava entornando doses de uma garrafa de Johnnie Walker Blue Label com seu bisnetinho em idade pré-escolar. Essa teria sido uma cena muito útil para levarmos conosco na bagagem de volta a Nova York, mas, é claro, não havia câmeras por perto. Sem obter resposta pelo walkie-talkie, corri desesperadamente à procura da equipe, indo de cômodo em cômodo. Por fim encontrei todos sentados com Tony ao redor de uma mesa, relaxando, rindo e saboreando petiscos.

Ora, eu trabalhava *muito duro* para organizar o cronograma de maneira que houvesse uma pausa adequada de uma hora a cada (no máximo) seis horas de trabalho, e para que o expediente de trabalho não se estendesse além de doze horas. Se o *Titanic* colidisse com um iceberg fora do nosso horário de trabalho, eu pensaria duas vezes antes de pedir a qualquer um para filmar o evento fora do intervalo previsto. Em contrapartida, eu esperava que as câmeras estivessem ligadas o tempo todo durante nossos blocos de filmagem, em especial quando eu estava lutando para criar uma história. O que, sabidamente, acontecia o tempo todo. Mas, de qualquer maneira, aquela não era uma pausa prevista, e eu fiquei para lá de estressado – além do mais, me senti excluído.

"Que porra vocês estão fazendo?! Eu encontrei a viúva do Itam, levantem-se da porra dessa mesa, precisamos daquela tomada!", gritei.

Sem dúvida, eu não deveria ter bebido tanto, e era totalmente inadequado da minha parte falar dessa forma com a equipe. Mas meu maior erro foi fazer isso na frente de Tony. Eu o pressionava por conteúdo o dia todo, o que sempre o irritava. Mas comportar-se como um "mala sem alça" bêbado era ainda pior. Tony, ele próprio muito embriagado, conseguiu se pôr de pé e vociferou: "Já chega, porra! Você já era, está rebaixado. Jeff, você assume o comando. Tom, se eu voltar a ver sua cara essa noite, porra, você está fora do programa! Pra sempre! Agora suba pra merda do seu quarto e vá dormir".

Com o rabo entre as pernas, fui escoltado até minha cela de prisão. Amaldiçoando o calor e os mosquitos e as cobras e as sanguessugas e a selva e meu "melhor emprego do mundo", tentei pegar no sono. O pior aniversário de todos os tempos. Durante cerca de quinze minutos ouvi as festividades cada vez mais barulhentas lá embaixo, atormentado com as cenas que os câmeras deixariam de filmar, antes de me dar por vencido e me esgueirar escada abaixo para verificar. Da suposta segurança de um cômodo às escuras, espremi os olhos para espiar a festa por meio das ripas de uma janela ventilada.

Claro que, tendo olhos de lince, Tony imediatamente detectou minha posição. Quando percebi, ele já vinha correndo em direção ao cômodo em que eu estava. Aos solavancos, eu me arrastei contra a parede quando Tony se precipitou pelo vão da porta. Na escuridão, ele tropeçou em um sofá, em seguida se arremessou para a frente e me agarrou, suas mãos se fechando em volta do meu pescoço. Tudo aconteceu muito rápido. Caí no chão, enquanto Tony apertava com toda a força de que era capaz. Não revidei. Não sei se tentei gritar, ou se ao menos eu teria conseguido. Apenas olhei para cima e vi o rosto avermelhado de Tony, suas veias inchadas, os olhos injetados de sangue saindo das órbitas, as pupilas se deslocando bruscamente de um lado para o outro, como meu pai costumava fazer quando eu, ainda criança, fazia algo *muito, muito* ruim. De repente a luz se acendeu, e Jeff e Fred puxaram Tony para tirá-lo de cima de mim, ainda cuspindo de raiva, seus braços e pernas se debatendo.

Não me lembro exatamente do que aconteceu a seguir, mas a impressão geral era de que a culpa era minha. Fui levado de volta escada acima, Tony ainda berrando. Desta vez, um membro da equipe local foi incumbido de ficar comigo, mas escapei de novo, esgueirando-me para o rio. Eu sabia que não havia como conseguir chegar a Kuala Lumpur, mas tinha que dar o fora de lá.

Na manhã seguinte, enquanto caminhava para a rede-escritório de Tony, eu estava de ressaca, a cabeça turva, humilhado e decepcionado. Minha sensação era a de que um limite havia sido ultrapassado. Se ele não me demitisse, resolvi que pediria demissão. Mesmo se Tony se desculpasse, não havia quase nada que ele pudesse dizer para me fazer mudar de ideia.

Cheguei à rede de Tony e vi que ele estava absorto em seu iPad, respondendo a e-mails.

"Precisamos conversar sobre o que aconteceu ontem à noite...", ele disse, batendo a cinza da ponta do cigarro.

"Sim, precisamos!", concordei, com uma determinação incomum.

"Nunca mais vamos falar sobre isso", Tony disse, sem levantar os olhos. "Está claro...?"

Fiquei lá parado em silêncio, atordoado; fui pego totalmente desprevenido, não estava esperando por aquilo, e perdi a fala.

Tony espiou por cima dos óculos de leitura pela primeira vez, esperando por uma resposta.

"Tá legal, então tudo bem", ele disse, tomando meu silêncio como sinal de aquiescência. "A que horas é aquela cena da tatuagem que você quer que eu faça?"

Conforme instruído, nunca mais falamos sobre isso.

À medida que os meses se passaram após a morte de Tony, eu me vi no meio de uma depressão profunda que só parecia piorar. Talvez meu cérebro estivesse se protegendo, bloqueando emoções como o disparo de um disjuntor sobrecarregado. O que aconteceu em Bornéu foi apenas um exemplo das muitas realidades inconvenientes que, desde a morte de Tony, estavam vindo à tona, e contradizia drasticamente a versão feita para a TV de como as coisas deveriam ser.

Eu odiava pensar nisso, odiava o fato de que Tony tinha se matado, odiava ficar deitado na cama sem fazer nada com a minha vida, odiava as lembranças conflituosas que continuavam voltando, por mais que eu tentasse afogá-las com álcool.

Certa noite, no fim de março, depois de ter bebido metade de uma garrafa de Johnnie Walker, eu simplesmente não conseguia me livrar da horrível imagem do quarto de hotel de Tony na França. Eu a via toda vez que fechava os olhos e não conseguia fazê-la ir embora. Sentindo que não tinha mais opções, decidi que, assim como na TV, eu precisava reconstituir a cena do crime. Subi para o banheiro, tirei o cinto do meu roupão, amarrei-o na maçaneta, me sentei e me recostei. Eu não estava tentando suicídio; mesmo em meu estado de embriaguez, eu sabia que não deveria amarrar a outra ponta do cinto em volta do meu pescoço. Eu apenas precisava de respostas. Deitado no chão, encarei o teto. Em meio às lágrimas, consultei o relógio que Tony me dera de presente. O tempo decorrido entre ter a ideia e me sentar onde eu estava agora havia sido de menos de cinco minutos. Meu experimento me propiciou um momento de paz. Tornou mais fácil imaginar que o que aconteceu com ele foi algum tipo de acidente. Não foi como pular de uma ponte ou colocar uma arma na boca. Não foi violento, foi tão rápido, tão fácil. E incrivelmente aterrorizante, de uma forma que até parecia uma boa ideia tentar descobrir.

Eu precisava dar o fora da minha casa. Liguei para a United Airlines e usei algumas das minhas milhas para reservar uma passagem em um voo só de ida partindo para Roma dali a algumas horas. Havia um cara com quem eu estava saindo na Itália antes de Tony morrer, e minha mente começou a formular um plano meio tosco. Se existissem respostas, ou qualquer tipo de absolvição em qualquer lugar, eu as encontraria em Roma.

CAPÍTULO 12:
A PRINCESA E O PLEBEU

Desembarquei em Roma no dia 1º de abril, o Dia da Mentira, o que foi bastante interessante. Encontrei um quarto em um hotel barato, e fiquei deitado na cama, bebendo e fumando, olhando para as manchas de mofo no teto. Porra. Eu tinha atravessado o oceano até a Itália apenas para fazer exatamente a mesma coisa que eu fazia em casa. Devia ser o fundo do poço.

Meu telefone vibrou com uma mensagem de texto. Era Asia. "Tom, sim, seria ótimo ver você. Mesmo. Fico feliz em ter notícias suas." Agora tudo parecia claro para o meu cérebro desnorteado. Acendi outro cigarro e exalei, observando os anéis de fumaça perderem a forma.

À medida que o programa crescia, tudo na vida de Tony foi ficando maior também. A fama, os riscos, os problemas, as fobias, tudo aumentou em um ritmo exponencial. Olhando pelo retrovisor, fica claro como Tony se tornou cada vez mais isolado e solitário, e mais dependente de seu relacionamento com Asia Argento. Nos dois anos que precederam a morte de Anthony, ele e Asia viveram um relacionamento de idas e vindas. Ela não era apenas linda, fascinante e exuberante. Sendo famosa, Asia entendia o estilo de vida de Tony, mas a relação dos dois estava longe de ser uma lua de mel. Vi de perto o quanto Tony parecia amá-la, e como ficava com o coração partido cada vez que ela terminava com ele. Conforme o tempo passava, o humor de Tony oscilava em compasso com os altos e baixos de seu relacionamento com Asia, um arco cosseno cada vez mais amplificado. Durante as filmagens na França, Tony e Asia se separaram e, de acordo com a equipe que estava lá com ele, Tony ficou desanimado e melancólico. Alguns dias depois, estava morto. Eu queria culpar alguém. Para conseguir tocar adiante minha própria vida, eu precisava de respostas.

Marcamos um encontro em um restaurante sofisticado nos subúrbios ao norte de Roma. O salão era um fim de tarde de segunda-feira de toalhas de mesa ainda brancas, aquela zona morta entre o almoço e o jantar. Asia já estava à minha espera atrás de um par de enormes óculos escuros. A pele pálida feito um fantasma era um gritante contraste com os cabelos preto-azeviche. Ela parecia mais magra do que eu me lembrava – um palito, e, de alguma forma, um pouco mais baixa também.

"Tom, é tão bom ver você", ela disse, sua voz rouca e grave maior do que seu corpo.

Quando o garçom chegou, recusei a comida e pedi uma garrafa de uísque Talisker. Eu estava lá para fazer Asia confessar que havia matado Tony, e eu tinha um plano. Eu me servi de uma dose da bebida. Asia enrolou por um momento, depois mordeu a isca.

"Ninguém quer falar comigo, estou completamente isolada, todas as pessoas na vida do Tony me cortaram", contou ela, esvaziando o copo. "Eu não tenho ideia do que está acontecendo. Li nos jornais sobre o testamento dele, onde está o resto do dinheiro?"

"Resto do dinheiro?", repeti, servindo-nos mais uma dose. "Acho que não tem mais dinheiro. Tony sempre gastou mais do que economizou."

"Bom, e o livro em que ele estava trabalhando?", Asia estendeu o copo.

"Eu não sei nada sobre o que ele estava escrevendo", respondi, entornando mais uísque.

"Ele vivia reclamando, principalmente no fim, de bloqueio criativo", Asia disse. "Começou quando estávamos em Hong Kong. Ele ficou mortificado, sentiu que tinha que escrever o tal livro, mas não conseguia ir adiante. Disse que estava sendo assombrado pela 'grande página em branco olhando na cara dele'."

"Ela é uma atriz incrivelmente talentosa, uma diretora brilhante, e é muito gostosona", Tony disse, terminando o cigarro. "Ela é tipo a Angelina Jolie da Itália… o pai dela é o Dario Argento." Ele esperou ver no meu rosto algum indício de que eu havia reconhecido o nome. "O famoso diretor italiano de filmes de terror?" Fiquei lá plantado com cara de tacho, feito um palerma.

As palavras que saíam da boca de Tony feito uma rajada de metralhadora não tinham nenhum significado para mim. "Deixa pra lá." Ele revirou os olhos e continuou. "A Asia concordou em ajudar no episódio de Roma; vai ser fantástico. Ela é um baú do tesouro de inspiração e ideias, e vai preparar toda a filmagem."

Legal, isso tudo era ótimo. Porém, naquele momento, estávamos na Argentina, e eu tinha muita coisa com que me preocupar antes de começar a pensar sobre Roma. Produzíamos o programa havia quatorze anos, e o trabalho vinha ficando cada vez mais difícil. Lidar com uma logística de escala cada vez maior, com as variáveis nas locações e com as inúmeras besteiras inúteis do escritório estava cobrando um alto preço. Além da Argentina, eu estava atrasado na edição do episódio de Manila, e duas semanas depois de Roma tínhamos uma filmagem superultrassecreta – nível "não conte a ninguém, caso contrário a coisa não vai acontecer" – no Vietnã, com a participação do presidente Obama.

"Uau, isso parece muito emocionante", respondi, preocupado demais para demonstrar genuíno entusiasmo. "Como você e a Asia se conheceram?"

"Não nos conhecemos ainda. Começamos a trocar mensagens privadas no Twitter."

Não se conheceram ainda? Bem, isso fez soar um sinal de alerta. Estremeci com a constatação de que os meses seguintes da minha vida estariam sujeitos à força e à confiabilidade de um relacionamento via Twitter.

"Como você sabe que não está sendo enganado por um perfil falso de rede social?", perguntei.

"Eu quero que você me mantenha em cópia de toda a correspondência", Tony disse, ignorando minha pergunta. "Tudo, eu quero dizer 'tudo'."

Manter Tony em cópia em todos os e-mails? A coisa só melhorava. Microgerenciar a pré-produção nesse grau de controle e minúcia não era apenas incomum, era uma insanidade. Toda vez que Tony dava atenção especial a uma locação ou cena, isso significava problemas. Construir o programa exigia cuidar de milhões de pequenos detalhes, e meio que passou a ser minha estratégia de sobrevivência manter Tony Bourdain o mais longe possível das porcas, parafusos e engrenagens rangentes do maquinário, até o ponto em que isso fosse bom para a imagem do programa. Tony se saía melhor no esquema mais amplo das coisas. Escolhendo os temas dos episódios e delineando sua imprescindível direção artística, era seu intenso envolvimento na edição que em última análise definia o programa, o que tornava cada episódio uma expressão intensamente pessoal. O conhecimento literário e cinematográfico de Tony era enciclopédico, e em cada episódio volta e meia incluíamos alguma referência ao cinema. No entanto, à medida que o nível de qualidade subia, essas referências impunham à equipe exigências cada vez mais absurdas e complicadas em termos logísticos, extravagâncias que resultavam em estresse extremo, ainda que, quase sem exceção, em um programa de TV implacavelmente melhor.

"Então, pro episódio de Roma estou pensando em *O conformista*, de Bertolucci, como o estilo de fotografia", Tony anunciou. Engrenagens começaram a girar na minha cabeça. Um filme rodado na década de 1970, ambientado nos anos 1930, com uma poderosa mensagem anti-Mussolini e antifascista espelhada no uso de fotografia anamórfica em super-widescreen e uma paisagem arquitetônica fria, brutalista e desumanizante. Parecia uma referência bastante direta para um programa sobre comida sendo filmado em 2016. Mas, falando sério, eu sabia que não estava sendo justo. Para Tony, quanto mais importante o episódio, mais importante era o estilo, e para o de Roma ele certamente tinha um plano. Desta vez, nada de Coliseu nem de pitorescas praças de paralelepípedos.

"Comece a reunir imagens de arquivo de Mussolini e da Roma da era fascista que evoquem especificamente a atual campanha de Trump e o clima político nos Estados Unidos", Tony pediu. Na ocasião, Trump nem sequer era o candidato oficial do Partido Republicano, mas Tony já estava preocupado com as comparações. "É fascinante e tão oportuno. Tenho lido sobre o fascismo, e está voltando com tudo, pra valer. Acho que existe até um vídeo em que Mussolini diz, 'Torne a Itália grande novamente'."*

Falando mais rápido do que eu era capaz de escrever, Tony me instruiu a começar a elaborar uma lista de possíveis locações brutalistas nos arredores de Roma, "com ênfase em exemplos de arquitetura fascista, vestígios de monumentos, subúrbios insípidos que sutilmente tracem uma linha de maneira geral tácita para o trumpismo atual."

Àquela altura eu já tinha ido à Itália muitas vezes. É um lugar lindo para se visitar; a comida, na minha opinião, está entre as melhores do mundo, e era

---

*   Alusão a "Make America Great Again" ("Torne os Estados Unidos grandes novamente"), slogan político adotado em campanhas presidenciais nos Estados Unidos; o bordão teve origem durante a campanha de Ronald Reagan na eleição em 1980 e foi popularizado de vez por Donald Trump durante a sua disputa à Casa Branca, em 2016. (N. T.)

sem dúvida um dos lugares mais difíceis para fazer o programa. E agora, por conta do foco de Tony nos detalhes e seu óbvio desejo de impressionar Asia, seria um desafio totalmente novo.

Talvez a maior complicação de todas fosse o fato de que filmaríamos em anamórfico. Usaríamos câmeras Arri Alexa e lentes anamórficas para obter uma autêntica e extrema razão de aspecto panorâmica, que recriaria a visão de Tony, inspirada em Bertolucci, para o episódio. Mas isso significava gastar cerca de 38 mil dólares adicionais em aluguel de equipamentos (soma que, no fim das contas, acabou saindo do controle e estourou o orçamento em 90 mil dólares) e arrastar pela capital italiana enormes câmeras do tamanho de um estúdio enquanto tentávamos fazer com que o episódio parecesse um filme com roteiro, embora não tivéssemos roteiro nenhum ou lista com a sequência de cenas. E não era apenas com as câmeras descomunais feito mamutes que tínhamos que lidar. Filmar em anamórfico exigia equipamentos e iluminação adicionais, uma dolly e trilhos, e uma numerosa equipe italiana local para transportar e operar tudo. O visual ficaria muito legal, se déssemos conta do recado.

A ética de Tony de ampliar os horizontes e forçar implacavelmente os limites – o próprio impulso responsável por nos levar à posição onde estávamos – tinha atingido um estado tão inquieto e febril que a sensação era de que o ritmo estava se tornando insustentável. A cada episódio, a flexibilidade e a margem de erro diminuíam.

Se não fosse por Jeff, acho que eu teria enlouquecido muito tempo antes mesmo de desembarcarmos em Roma. Ele negociou o aluguel de equipamentos e gerenciou com aparente desembaraço a atuação dos facilitadores, a logística e a equipe local. Esses entraves logísticos e diplomáticos teriam matado um produtor menos talentoso.

Não tínhamos um assistente de direção para cuidar da produção – alguém para assegurar que nos mantivéssemos dentro do cronograma, que todos estivessem onde deveriam estar e fossem alimentados na hora certa – o que normalmente era uma necessidade quando se lidava com uma equipe tão grande. Os trabalhadores locais qualificados que contratamos estavam acostumados com o estilo do estúdio e condições aprovadas pelo sindicato, incluindo intervalos regulares para o café. Quando percebeu que precisaria trabalhar entre as treze e as quinze horas, a equipe local basicamente fez greve de fome e se recusou categoricamente a permitir que o horário do almoço fosse remarcado.

"Fazemos um programa sobre almoço", Jeff explicou com toda a paciência do mundo. "Todo mundo vai ter que trabalhar durante o almoço." Por fim chegamos a um entendimento que envolvia uma pausa para comida a cada três horas. O enorme caminhão-baú de equipamentos bloqueou imediatamente a entrada de carga e descarga do hotel. Nossa autorização de filmagem não incluía "obstrução do tráfego", e eu soube de antemão que teríamos problemas em todas as estreitas ruelas romanas nas quais quiséssemos filmar.

Depois de montar e configurar a câmera gigante para as filmagens em Roma, o sucesso dependia de que a ação se desenrolasse em um campo de visão rígido e estreito, o que era praticamente o oposto de como o mundo real funcionava.

Na preparação técnica dentro do restaurante – para nossa primeira cena, a estrutura do equipamento era tão grande que ocupava um terço do salão –, foi impossível esconder e assimilar a parafernália ao cenário de fundo, como de costume. Fiquei apavorado com o que Tony diria quando chegasse, mas ele não apenas não se importou, como pareceu impressionado.

"Ótimas lentes; essas lentes são alugadas ou são nossas?", Tony perguntou, sentado para uma refeição solo diante das câmeras. "Aparentemente estouramos nosso orçamento de equipamentos do ano inteiro." Ele sorriu para a câmera. "Uau, olha o tamanho da porra desse tripé. Estamos bloqueando os banheiros? Somos pessoas terríveis. Ninguém neste restaurante pode mijar sem passar por nós."

O dono do restaurante trouxe ravióli, que, Tony declarou, estava delicioso. "Eu já quero morrer aqui, e talvez morra", ele disse, se divertindo muito.

Lei de Murphy total. Sempre que eu estava desesperado, à beira de perder o juízo, Tony chegava de bem com a vida, mais animado do que uma escoteira vendendo biscoitos.

O quarto dia de filmagens em Roma era o mais aguardado: nossa primeira cena com Asia. Tony chegou cedo à locação e parecia nervoso. Asia chegou exatamente na hora marcada e, linda e cheia de graça, desceu do banco de trás de um Mercedes com chofer no que pareceu ser uma tomada em câmera lenta. Asia exalava algo que parecia majestoso, quase sobre-humano. Vestida toda de preto com cabelo preto curto e batom vermelho-vivo, era deslumbrante, e lembrava vagamente Greta Garbo.

"Olá, Asia, sou o Tom", eu me apresentei. "Muito obrigado por fazer isto."

"O prazer é meu. Como está indo a filmagem?", perguntou ela com sua voz surpreendentemente grave e rascante.

"Tem sido algo entre um pouco caótico e muito caótico", respondi. "Mas Roma é sempre uma diversão."

"Quando tudo sob os céus está um caos, a situação é perfeita", Asia sorriu.

Para a cena, ela escolheu um restaurante familiar simples de sua infância, situado na parte antiga da cidade, o tipo de lugar de comida caseira onde os clientes usam pérolas ou bigodes e a *nonna* da casa prepara fettuccine fresco à mão. Já tínhamos tomado as providências para deixar o equipamento montado desde cedo, de modo que estávamos prontos para começar a filmar imediatamente. No começo a cena não teve nada de muito digno de nota, o início foi meio vacilante, mas no final da refeição Tony e Asia estavam praticamente terminando as frases um do outro.

"Galera, podem ir pro plano geral", Tony anunciou, sinalizando que a refeição havia acabado.

"Tá legal, muito obrigado", eu disse. "Depois dos planos gerais, vocês estão dispensados pelo resto do dia." Claramente, nem mesmo eu seria tão estúpido a ponto de cutucar Tony pedindo conteúdo naquele momento. Acontece que o restaurante era muito pequeno, e as câmeras grandes demais para uma lente que pudesse obter um plano geral. Felizmente, Tony e Asia continuaram conversando e pareceram não perceber.

"Eu tenho expectativas razoáveis de felicidade, eu acho", Tony disse. "Três minutos aqui ou ali… quer dizer, estou sentado aqui e penso, 'Deus, está tudo tão bonito, esse é um grande momento, eu realmente vou apreciar, porque serão dois ou três minutos."

"E quanto a estar sereno?", Asia perguntou.

"Nunca. Feliz é uma coisa, mas sereno…"

"Feliz e triste são a mesma coisa", Asia disse.

"Sabe, é realmente uma merda, mas quando penso, 'Essa é uma boa cena', são os momentos em que me sinto mais feliz, quando a vida é como um filme…"

"Você está feliz com a ilusão, porque filmes são uma ilusão."

"Sim, estou", Tony concordou.

"Eu sei, eu também, eu entendo. Mas então eu penso: *Isso está errado.* Isso não é jeito de viver, quando se é adulto. Com essa ilusão. Isso faz de mim uma pessoa ruim? O que é ruim? O que é bom? Você é uma pessoa ruim?"

"Não sei", respondeu Tony, pensativo. "Uma pessoa ruim é uma pessoa que machuca outras pessoas, seja de propósito, seja apenas porque na verdade não pensa nas outras pessoas, e sim, fui assim por muito tempo."

"Eu também", Asia comentou.

"Quer dizer, houve muitos danos colaterais", continuou Tony. "Ser meu amigo não necessariamente funcionaria pra você."

"Todo mundo quer foder os outros", Asia disse. "É isso o que todo mundo quer, de verdade."

"Você sabe, estou mudando de ideia com relação a isso", Tony disse. "Eu acho que na verdade não é isso. São as pessoas que agem em nome daquilo que entendem ser seu próprio interesse, e acho que a maioria das pessoas faz o melhor que pode, e muitas vezes isso significa que vão foder você. E, sabe de uma coisa? Fica por minha conta se tenho expectativas irracionais em relação às pessoas, e eu tenho."

"Eu também", Asia disse. "Em relação a todo mundo."

Depois de mais algumas taças de vinho, Tony e Asia saíram juntos para continuar sua conversa. Observei enquanto a câmera de Zach os captava desaparecendo à luz do sol do fim de tarde que se refletia nos paralelepípedos.

Vi Asia entornar de uma talagada outra dose de uísque. A essa altura já tínhamos feito um estrago considerável na garrafa, e estávamos sentindo os efeitos.

"Depois de filmarmos aquela primeira cena no meu restaurante de fettuccine, ele me levou ao cemitério dos ingleses. Nós nos sentamos no banco junto ao túmulo de Keats, bebemos vinho e falamos sobre nossas famílias", Asia contou.

Adequado, pensei, que o relacionamento de Tony com Asia tivesse começado e terminado com a morte.

"Você largou o Tony várias vezes", eu disse. "Todas as vezes em que isso aconteceu, ele ficou destruído… convivi com ele por dezesseis anos. Com você, o Tony sentia que finalmente conheceu alguém digno dele, e isso o deixou maluco. Isso o deixou louco."

"Mas por quê? Como?", perguntou Asia.

"Feliz e legal", eu disse. "O Tony foi feito pra ser uma pessoa ruim. Esse era o trabalho dele. Mas depois que conheceu você, ele ficou legal pra caralho. Olhando em retrospecto, eu deveria ter percebido que era a porra de um grande sinal de alerta de que algo estava realmente errado."

"Mesmo antes de nos conhecermos, Anthony me contou muita coisa sobre você", Asia disse. "Ele me contou que você mora sozinho, fora da cidade, em uma casa estranha com um monte de gatos. Ele escreveu um texto longo sobre, a admiração e o amor dele por você. Ele me contou que você também era solitário e queria que você se mudasse pro prédio dele. Ele me disse coisas sobre o seu ofício e sua arte que talvez nunca tenha contado a você."

"Não há lugar pra dizer adeus a ele", eu disse, tomado por emoção e uma onda de álcool. "Se eu não posso dizer adeus, então como vou seguir em frente?", perguntei em meio às lágrimas.

"Nós nunca vamos seguir em frente, nem fazer as pazes com isso", Asia falou. "Nunca haverá um adeus pro Tony. Eu tenho que viver com isso. Trinta vezes ao dia, tudo que vejo me faz lembrar dele, tudo que eu faço se relaciona com ele. Pra sempre seremos assim."

No último dia das filmagens em Roma, começamos com uma cena solo. Tony se sentou em um café ao ar livre no bairro de Garbatella, construído por Mussolini na década de 1930 no que então era o subúrbio de Roma. Com um design originalmente concebido para um modelo de vida fascista, os conjuntos de predinhos residenciais de classe média de cor ocre – erguidos em torno de espaços verdes e jardins comunais – ainda eram habitados por famílias da classe trabalhadora, muitas das quais talvez morassem lá desde os primórdios do bairro. No centro da praça, onde se localizava o modesto café, havia uma única ruína remanescente da Roma antiga: o toco de um pilar com uma escultura de Rômulo e Remo. Uma mistura de arquitetura italiana histórica e *art déco*, tudo parecia ao mesmo tempo atemporal e esmaecido. Os moradores pareciam não dar a mínima para a presença de nossas câmeras. Esse lugar despretensioso era a locação perfeita para o nosso objetivo de filmar uma cena nos arredores da cidade que refletisse o lado mais sombrio da história romana do século XX.

Tony estava muito contente com os rumos e o andamento das filmagens. Mais ainda: desde o início ficou evidente que ele estava apaixonado por Asia.

"Beleza. Um tradicional café da manhã romano. Não existe maneira mais digna de comer", Tony disse, dando uma mordida em sua *bomba*, basicamente um donut de formato cilíndrico recheado de geleia. "Oh, isso vai direto pra minha cintura. Oh, porra, isso é bom. Eu vou comer um monte desta merda... tenho que arranjar um emprego de verdade."

"Depois disso, vamos ao 'Prima zangada' pra fazer a refeição da equipe; é aqui perto", avisei quando encerramos a cena.

"Ah, sério? Eu estava mesmo a fim de comer umas pratadas de macarrão, talvez carbonara, uma boa garrafa de vinho", Tony disse.

Desde que, anos antes, filmamos pela primeira vez um episódio de *Sem reservas* nessa *trattoria* rústica – ocasião em que saiu uma briga generalizada no salão –, o "Prima zangada" era meu restaurante favorito no mundo. Sara, nossa facilitadora, nos apresentou ao Papai, à Mamãe e a Margareta (a "prima zangada"), que se tornaram uma espécie de família. Todas as vezes que eu ia a Roma, voltava lá, sem falta.*

Localizado em um porão, o restaurante ocupava o que outrora havia sido uma oficina mecânica de automóveis em um edifício *art déco* tão imponente quanto deteriorado. A Mamãe estava perpetuamente empoleirada na caixa registradora; O Papai vivia cochilando na sua poltrona reclinável que parecia pertencer a uma residência. As paredes eram forradas de fotografias de atores e atrizes famosos e do premiado terrier escocês da família. O aroma caseiro e reconfortante de ragu de tomate invadia os sentidos assim que a gente entrava. Capenga e antiquada, a unidade de refrigeração tinha um falso revestimento de nogueira laminada dos anos 1970, e a cozinha minúscula era do tamanho de um selo postal. O lugar era totalmente desprovido de fingimento. A sensação era a de entrar em uma casa em que se vivia bem, e eu adorava isso.

A comida era boa, mas não era apenas isso. Eram as memórias. Em uma de nossas muitas viagens anteriores a Roma, Tony, ao perceber que as filmagens tinham sido exaustivas e como as nossas andanças estavam começando a parecer mais um tormento desgastante do que uma oportunidade, e talvez sentindo que eu precisava de uma conversa motivacional, me levou ao "Prima zangada".

"Tom, você tem a vida inteira pela frente", disse ele, trovões e relâmpagos estrondeando do lado de fora da janela. "É só você pensar no seguinte: um dia, daqui a muitos anos, você vai voltar aqui já velho, com um monte de viagens no currículo, e vai poder contar a história do que aconteceu aqui e as histórias de sua vida."

Quando entramos no restaurante, trazendo a tiracolo toda a enorme equipe de filmagem, a expressão no rosto de Mamãe e Papai foi de absoluta surpresa em nos ver novamente. Mamãe beijou seu rosário e declarou: "Um cardeal de Nova York veio comer aqui porque viu o programa".

---

*   Trata-se do restaurante *Il timoniere*. (N. T.)

Todos os dezesseis membros da equipe se sentaram em uma grande mesa no centro do salão e pediram os pratos de costume, massa carbonara e amatriciana.

"Por que você está tão estressado?", perguntou Tony. "Não se preocupe, cara, tudo está indo muito bem. Vai ser um lindo programa."

Tony estava certo. Apesar das câmeras, ou talvez por causa delas, as filmagens em Roma acabaram sendo incríveis, milagrosas, na verdade. O episódio se tornou um pungente alerta antifascista contra Trump.

"Há o fato inegável e óbvio de que isto é uma história de amor", Tony escreveria durante a edição. "Diante da mensagem sombria, melancólica, sinistra, esse programa dá uma ideia do que pode ser perdido, do que está em risco, do que e de quem está sob a ameaça do fascismo. Os rostos no ônibus, no parque, os canteiros de grama e flores *devem* ser mágicos, encantados, como se saíssem de uma fábula. *Amor nos tempos do fascismo*. Começa e termina assim."

Não era do estilo de Tony distribuir elogios efusivos, mas quando ele fazia isso, de alguma forma o estresse e as exigências do trabalho valiam a pena.

"Você pintou sua obra-prima", Tony me disse assim que terminamos a edição do episódio. "Me fez chorar. De tão bonito e incrível que está. De tirar o fôlego. Nunca senti tanto orgulho de um episódio. Obrigado por todo o trabalho, é um trabalho incrível. De verdade."

Assim que percebi que Asia e eu estávamos ambos suficientemente bêbados, foi hora de ir para o golpe mortal. "Todo mundo pensa que ele se matou por sua causa", falei. "Você terminou com o Tony. Dois dias antes de ele se matar, você mandou pra ele fotos suas com aquele cara, as que saíram nos tabloides."

Depois do furor da internet que explodiu contra Asia nos dias seguintes à morte de Tony, ela parecia resignada com a acusação. "Eu saí com aquele cara, ele veio pra Roma. Eu vi os paparazzi, eles tiraram uma foto minha abraçada com ele."

"Eu vi as fotos. Você estava fazendo mais do que apenas dando um abraço nele", aleguei.

"É verdade. Mas esse cara não era nada pra mim. Eu já tinha falado isso pro Anthony antes."

"Nada do que você fazia estragava o que o Tony pensava a seu respeito", eu disse. "Estas são algumas das coisas que, quando olho pra trás, eram sinais que eu deveria ter enxergado… acho que muitas coisas na vida dele foram como uma droga. Você era como uma droga pra ele. Se alguém tiver uma overdose de droga, você culpa a droga ou culpa o viciado?"

"Ambos", Asia disse, tomando outro gole de uísque. "Eu não terminei com o Tony… eu tinha acabado de conseguir um emprego em um grande programa de TV, estava tão animada… tenho que conviver com isso… mas eu disse a ele que me sentia presa e não gostava disso. Porque ele ficou, tipo, com raiva do meu trabalho. Ele me pediu pra criar coragem e dizer a ele o que eu queria. Então eu disse: 'Meus filhos vêm em primeiro lugar. Meu trabalho, em segundo. Você em terceiro'. Eu nunca disse: 'Quero deixar você, não quero estar com você'. Porra. Eu estava muito feliz porque ia começar esse trabalho. Até que enfim, era um emprego pra mim, ia ser muito bom. Mas ele ficou apavorado de que isso de alguma forma me afastasse dele."

Eu não sei. O que Asia estava me contando não condizia totalmente com o que eu sabia sobre os últimos dias de Tony segundo os relatos das pessoas que estavam lá. Contudo, eu acreditava que a vida dela estava arruinada, assim como a minha. Pareceu-me que Asia estava desesperadamente tentando se eximir de culpa – do tipo de tristeza, dor e culpa que corrói a pessoa como um câncer. Eu conhecia essa sensação. Fui a Roma para obter respostas, mas não eram as respostas que eu procurava.

"Eu quero um motivo", continuei, cravando as unhas bem fundo na palma da minha mão sob a toalha de mesa. "Eu quero que você me diga que você terminou com ele, eu acho que você terminou com ele."

"Não há porra nenhuma de motivo", respondeu Asia. "Eu sinto muito."

PARTE 3

CAPÍTULO 13:
O AMERICANO TRANQUILO

Ao desembarcar em Hanói, eu sabia muito pouco sobre o que esperar. Pelo menos os arredores me pareciam conhecidos. No percurso do aeroporto para a cidade, meu carro ficou à deriva em meio ao habitual mar de motos, algumas transportando passageiros bem-vestidos de terno e gravata ou salto alto, outras carregando alguma carga inacreditável, por exemplo um colchão ou uma família de oito pessoas, as crianças empoleiradas no guidom.

Desde a primeira viagem extremamente formativa de Tony a essa parte do mundo, nos idos de 2000, o Vietnã, mais do que qualquer outro país, conquistou um lugar cativo no coração dele. Dez anos depois, tive a oportunidade de voltar com Tony e vivenciar em primeira mão como o Sudeste Asiático é capaz de arruinar a antiga vida de uma pessoa. Ao longo dos anos, tive um bocado de experiências maravilhosas lá: andei na garupa da moto de Tony, tentando desesperadamente me segurar enquanto ele acelerava ao longo de rodovias rurais em Hoi Na; tomei ruidosamente phở* ao nascer do sol após uma noite de farra em Saigon; me perdi nas Terras Altas Centrais; andei de caiaque na baía de Halong durante uma chuva torrencial; bebi gim e tônica com Tony no telhado do Hotel Majestic, sentindo-me como se tivesse acabado de ganhar

---

*   Sopa aromática feita de macarrão de arroz e servida fumegante em uma tigela com caldo de carne e pedaços finos e crus de carne bovina (ou de frango) e vegetais, que cozinham com o líquido fervente; um dos pratos mais emblemáticos do Vietnã, é consumido principalmente no café da manhã. (N. T.)

na loteria, quando Tony me perguntou: "Você vai estar por perto até esse trem chegar ao fim da linha, certo?".

Eu quase tinha me esquecido de como era fácil se apaixonar por esse país. Desde o início, fui cativado não apenas pela beleza, mas o que me comovia era a acolhida que eu recebia como norte-americano, levando-se em conta a conturbada história das relações entre nossas nações.

Pela janela passavam edifícios mais altos e um número cada vez maior de novas lojas de varejo e letreiros de néon, mas também muitos restaurantes com aqueles banquinhos baixos de plástico que sempre existiram. Desde minha primeira viagem ao Vietnã, uma década antes, aprendi que se tratava de um daqueles raros lugares que tinham a capacidade tanto de mudar quanto de permanecer idênticos. Porém, no que dizia respeito às nossas filmagens, desta vez haveria uma diferença bastante significativa.

Era maio de 2016, e o presidente Barack Obama estava viajando pela Ásia para solidificar o apoio ao Acordo de Parceria Econômica Estratégica Transpacífica, e, por algum motivo, reservou um tempo de sua movimentadíssima agenda para fazer uma refeição com Tony diante das câmeras. Não entrava na minha cabeça como ou por que isso estava acontecendo, e eu tampouco entendia como é que tínhamos passado incólumes pela checagem de antecedentes criminais. Mas não era hora de fazer perguntas. Apesar de todas as merdas desconcertantes que fizemos ao longo dos anos, essa prometia ser a experiência mais impressionante, insana, maravilhosa e aterrorizante de todos os tempos. Isto é, se eu não estragasse tudo.

O Serviço Secreto nos alertou de que, devido a questões de segurança, não poderíamos contar a absolutamente *ninguém* sobre a filmagem. Nem a maridos, esposas, namoradas, caras-metades, nem aos pais, nem aos membros vietnamitas da equipe, nem mesmo aos cinegrafistas. Se a notícia vazasse, a filmagem não aconteceria. Isso implicava um pequeno problema, já que o Vietnã é um desses países em que supervisores do governo são escalados para rastrear e vigiar cada movimento seu, e havia muitos detalhes que ainda precisavam ser resolvidos e organizados na semana que faltava para o início da filmagem. Ou seja: onde seria gravada a cena com Tony e o presidente Obama?

As locações que propus foram vetadas pelo Serviço Secreto, que apresentou uma lista alternativa de locais, todos os quais tinham que ser examinados e vasculhados de antemão. Houve reuniões e discussões logísticas com a equipe de mídia da Casa Branca, e tudo isso teve que ser feito em sigilo. Felizmente, Jared, o produtor, e eu tínhamos pretextos críveis. Além da cena com o "Águia 1" (o codinome não tão discreto que Tony atribuiu ao presidente), ainda precisávamos estancar outras sangrias relativas ao episódio.

Os primeiros dias transcorreram sem incidentes. Cuidamos de todo o planejamento, organizamos tudo e empreendemos nossas habituais incursões de reconhecimento. Ajudou o fato de que contávamos com nossos velhos amigos de confiança, os facilitadores Ha e Phi, que trabalhavam conosco desde minha primeira viagem ao Vietnã em 2006 (e também em todas as muitas viagens desde então). Aparentemente nossos acompanhantes do governo, o sr. Lihn e o sr. Tuan, não suspeitaram de nada. Jared e eu até conseguimos visitar em surdina os locais sugeridos pelo Serviço Secreto. Como era de se esperar, eram todos uma porcaria. No que dizia respeito a restaurantes, atmosfera local e autenticidade raramente andavam de mãos dadas com sistemas de sprinklers, facilidade de escapada e proximidade de um heliporto, itens necessários para o convidado especial em particular.

"Com o Serviço Secreto não se negocia", eu disse. "Temos sorte por esse encontro estar acontecendo."

"Confie em mim", falou Jared. "Quando nos encontrarmos com o pessoal da Casa Branca hoje, vamos precisar insistir."

Jared e eu costumávamos ir juntos a todos os lugares, mas já fazia anos que ele tinha deixado de nos acompanhar nas viagens de filmagem dos programas, depois de ser promovido a um cargo de executivo na empresa. Fiquei para lá de agradecido quando ele sacudiu a poeira de seu chapéu de produtor para participar daquele episódio especialmente complexo, que teria grande repercussão. Nós dois tínhamos vinte e poucos anos quando começamos juntos no programa *Sem reservas*, e ao longo do caminho vivemos juntos algumas experiências bastante transformadoras. Como resultado, nosso relacionamento era meio que fraternal, e Jared sempre cuidou de mim, sobretudo quando eu entrava em parafuso e chegava à beira de pirar. Agora que estávamos no Vietnã, começou a cair a ficha de que gravaríamos com o presidente Obama. Eu sabia que a pressão estava me afetando; mas, de tão atolado em problemas e dificuldades, me sentia impotente para impedir que isso turvasse meu discernimento.

"Nós só temos uma chance de fazer dar certo", disse Jared no carro, a caminho de uma reunião com o staff da Casa Branca. "Pense nisso: o presidente, ou pelo menos alguém poderoso da equipe dele, quer filmar uma cena com a gente, por causa do que a gente faz. Então, vamos fazer o que sabemos fazer! Eu sei que você gostou daquele lugar de *bún chả* tanto quanto eu."

Jared estava se referindo a uma casa de macarrão local que havíamos conhecido dias antes. Localizada na parte antiga de Hanói, tinha o visual e o ambiente muito mais de acordo com o espírito do programa do que os locais seguros e estéreis onde o Serviço Secreto queria que filmássemos. Mas quem éramos nós para interferir na opinião deles? Ao longo dos anos, muitas pessoas foram colocadas em perigo e correram riscos à medida que nós passamos dos limites no programa, e eu não estava ansioso para adicionar a essa lista o líder do mundo livre. Verdade seja dita, isso estava me tirando o sono. Ao mesmo tempo, com tanta coisa em jogo, eu também estava apavorado com a ideia de nosso desempenho ficar aquém das expectativas.

"Sim, o restaurante de *bún chả* era incrível, mas não sei. O lugar pode ser uma armadilha, um daqueles prédios sem segurança em caso de incêndio. Se um daqueles *woks* explodir em chamas, a gente está fodido!"

"Segura a sua onda", Jared disse, lançando-me um dos olhares fulminantes que eram sua marca registrada, e completou: "Pra começo de conversa, não vamos falar sobre essas merdas que não sabemos – tipo se o restaurante vai explodir ou não. Vamos falar sobre o que sabemos: *comida, por exemplo.*"

"Você está certo, você está certo", eu disse, tentando me acalmar. "Mas e se o presidente ficar com uma intoxicação alimentar por nossa causa?"

"Uau! Pisa no freio!" Jared ordenou quando chegamos ao JW Marriott. O hotel de luxo estava quase concluído, mas não tinha sido oficialmente inaugurado ainda. Situado no topo de uma colina que dominava, orgulhosamente, um bairro recém-erguido onde outrora havia arrozais, a estrutura parecia ter sido projetada com um tema futurístico estilo "*Star Wars* maligno". Na semana seguinte a delegação norte-americana chegaria e ocuparia todas as dependências da gigantesca propriedade, que, no momento estava desolada feito uma cidade-fantasma.

Embora tivéssemos acabado de descer do carro, eu já estava suando, mas não por causa do calor e da umidade tropicais. Apaguei o cigarro e respirei fundo, em uma tentativa de parecer são aos olhos dos nossos contatos

---

* O *bún chả* combina linguiça defumada e barriga de porco à pururuca ou grelhada na brasa, macarrão de arroz em tiras bem finas e bolinhos de carne cozidos em um caldo agridoce e fervente de molho de peixe, vinagre, água e açúcar. O prato acompanha fatias de cenoura, mamão papaia verde e uma cesta com diversas folhas e ervas. (N. T.)

da Casa Branca. Não foi difícil identificá-los, pois eram as únicas outras pessoas no cavernoso saguão. Nicole e Rachel trabalhavam no Gabinete Executivo do presidente, em que – pelo que entendi – ajudavam a comunicar a mensagem de Obama.

Não era apenas o fato de que filmaríamos com o presidente. Devido aos anos de estresse acumulado e ao excesso de agitação, minha confiança, perspectiva e nervos estavam mais ou menos em frangalhos. Desenvolvi alguns tiques nervosos e, o pior de tudo, comecei a me pegar falando comigo mesmo. Alto. Em público. Eu realmente precisava tirar férias das minhas férias.

"Estamos todos muito animados com a oportunidade de trabalhar com vocês, rapazes", disse Nicole enquanto nos sentávamos em sofás.

"Todos nós também!", eu exclamei. Essas palavras mal tinham saído da minha boca quando percebi que consegui cometer uma gafe logo nos primeiros dois segundos de conversa. "Não me refiro a *todos*, eu... tinha tentado dizer apenas todos os que têm permissão para saber sobre a filmagem. Eu não quis dizer *atentado*, e nenhuma pessoa estranha aleatória sabe sobre nossos planos."

Um silêncio desabou sobre a conversa. Embora o lobby do hotel fosse mantido em uma temperatura de geladeira, senti o suor brotar na minha testa. Depois de uma pausa que pareceu durar uma eternidade, Nicole perguntou: "Então... o que vocês acharam dos locais sugeridos pelo Serviço Secreto?"

"Bem... francamente, não gostamos", Jared disse, olhando para mim. Eu sabia que essa era minha deixa para mencionar o restaurante de *bún chả*, mas não consegui encontrar as palavras para falar. Então Jared continuou: "As sugestões do Serviço Secreto não tinham exatamente a vibração local que estamos procurando".

"Sim, os lugares sugeridos eram um pouco sem graça", Rachel concordou. "É difícil. Eu sei que um dos grandes pomos da discórdia é que os caras preferem um restaurante com uma área de jantar privativa em vez de um salão geral."

"O grande ponto crítico é um salão privativo?", perguntei, sentindo uma oportunidade. "Há um ótimo restaurante de sopa de macarrão *bún chả* só pra moradores locais." Respirei fundo e fiz o melhor que pude para incorporar a confiança que Jared exalava. "O restaurante tem uma sala separada no andar de cima que poderíamos ocupar para fazer a cena."

"Parece interessante", respondeu Nicole.

"Poderíamos encher as outras mesas com pessoas de confiança", continuei. Como sempre, os instintos de Jared estavam certos. Havia apenas uma oportunidade para fazer a coisa direito, e devíamos a nós mesmos o direito de filmar na melhor locação possível. "Então seria um lugar totalmente seguro, contanto que as janelas não sejam um problema. A linha de visão é um problema?"

Os rostos de Nicole e Rachel ficaram gelados. A julgar pela forma como estavam olhando para mim, concluí que eu tinha falado algo muito, muito errado.

"Linha de visão?", Nicole repetiu.

"É só que não queremos…" Eu calei a boca, vendo que Jared me fuzilava com um olhar do tipo "Eu não vim até o Vietnã pra você foder com tudo agora".

"O que o Tom está querendo dizer é que temos a preocupação de não atrapalhar o trabalho de vocês", Jared explicou, salvando-me da autoimolação. "O restaurante que o Tom mencionou é um dos melhores locais para comer *bún chả* em Hanói. Podemos almoçar lá, se vocês quiserem."

Depois de uma corrida de táxi pela cidade em meio ao trânsito intenso, chegamos ao Bún Chả Hương Liên.

Fileiras de mesas de aço inoxidável lotadas de moradores famintos alinhavam-se na estreita sala ladrilhada. Uma interminável procissão de bandejas carregadas com *bún chả* saía da cozinha, junto com o aroma saboroso de porco grelhado. A atmosfera era pontuada por ocasionais clarões estrondosos, o resultado de uma pirotecnia relacionada à explosão do *wok*. Todos pedimos porções de *bún chả* e subimos a escada para as salas do andar de cima.

"Oh, uau!", Rachel disse, saboreando o macarrão de arroz e a sopa de almôndega de porco. "Isso é delicioso."

"Entendo o que vocês querem dizer", Nicole disse. "A energia aqui é tão melhor do que os outros locais que estamos cogitando."

"De acordo com Ha, que há uma década trabalha como nossa facilitadora nos episódios do Vietnã, o *bún chả* é *o* prato de Hanói por excelência", eu disse. "Comer esse prato diante das câmeras é definitivamente o tipo de coisa que 'deixa o time da casa orgulhoso'."

"Talvez seja melhor trazer o destacamento de segurança aqui para almoçar?", Rachel sugeriu a Nicole. "Pode ser uma boa maneira de tentar fazê-los aceitar a ideia."

Nicole e Rachel tinham sido persuadidas; agora cabia a elas convencer o Serviço Secreto. Jared e eu estávamos ansiosos para voltar antes que nossos supervisores do governo percebessem nossa ausência, então concordamos em mantermos uns aos outros atualizados sobre os planos à medida que as decisões fossem sendo tomadas, e nos despedimos.

"Era uma reunião sobre sopa de macarrão", Jared disse assim que nos vimos em segurança no caminho de volta para o nosso hotel. "'Atentado', 'janelas' e 'linha de visão' são palavras da terminologia de franco-atiradores, não muito recomendáveis pra se usar em uma reunião com o pessoal da Casa Branca. Você não precisa se preocupar com esse tipo de coisa. Existem muitas coisas reais pra você se preocupar."

Eu me senti tão grato por Jared estar lá. Decidi não mencionar isso, mas comecei a pensar que estava prestes a ter um colapso mental – se é que já não tinha tido um –, e Jared era provavelmente a única pessoa que me impedia de perder a cabeça e surtar de vez. Credo! A filmagem com o presidente era o momento mais inconveniente para ficar louco.

Horas mais tarde, Jared disse: "Você, sozinho, está conseguindo deprimir todo mundo no bar. Vou comprar outro uísque pra você, pra te animar".

"Que tipo de uísque?", perguntei. "E, caso eu não tenha dito, obrigado mais uma vez por você ter vindo. Eu sei o quanto você é ocupado."

"Você está de brincadeira? Eu amo estar na estrada de novo. Esse trabalho é bom demais pra ser verdade."

"É a porra de um fazedor de viúvas", eu disse, à beira das lágrimas de bêbado.

"Ah, o que é isso? O que aconteceu com você? Cadê o Tom que costumava sentir prazer em usar a esperteza pra engambelar os órgãos oficiais de turismo dos países? Você *ama* o seu trabalho! E como poderia não amar, se é o melhor emprego do mundo?! Ficamos hospedados em palacetes, hotéis construídos para a realeza. Comemos comida feita por avós nas favelas da Colômbia. E agora, de algum jeito, viemos parar em Hanói, prestes a apertar a mão de nosso presidente… contanto que você não assuste o cara…"

"Tarde demais, provavelmente", eu disse, e caímos na risada.

Mais uma vez, Jared estava certo. A presença dele lá me fez pensar no quanto eu havia mudado nos últimos dois anos. E não tinha sido para melhor. Eu precisava me reconectar com meu antigo eu, alegre e descontraído. Nos últimos anos, eu já não parava para curtir o momento presente como costumava fazer. Jared tinha razão: era realmente o melhor emprego do mundo.

Vários dias depois, Nicole, Rachel e um agente do Serviço Secreto, um sujeito muito sério chamado Mitchell, vieram ao nosso hotel para uma reunião clandestina à beira da piscina. Mitchell estava usando óculos escuros de aviador e camisa havaiana. A coisa toda me lembrou uma espécie de *thriller* de espionagem de qualidade duvidosa. Eu estava prestes a dizer isso quando pensei melhor e decidi manter a boca fechada.

"Mitchell será o chefe do destacamento do presidente no dia da filmagem", Nicole disse. "Ótimas notícias: ele concordou com o restaurante de *bún chả*!"

"Oh, meu Deus, isso é fantástico!", eu praticamente gritei. "Obrigado, obrigado!"

"Há alguns aspectos logísticos que quero examinar", disse Mitchell. "Vocês terão quarenta e cinco minutos com o presidente, começando às sete e meia da noite. Autoridades vietnamitas locais realizarão verificações de segurança ao longo do dia e, em seguida, no início da tarde, começarão a isolar a área ao redor do restaurante. Então, qualquer pessoa e qualquer coisa que vocês quiserem que esteja lá precisará chegar até a uma da tarde".

"Todas as pessoas?", perguntei.

"Sim", Mitchell disse. "Isso é um problema?"

"Não, não, claro que não", eu disse, engolindo em seco. Normalmente Tony chegava cerca de dez minutos antes de começarmos a rodar. Eu não poderia imaginar como seria fazê-lo chegar com seis horas de antecedência.

"Temos um pedido muito importante", Nicole disse. "A unidade de ar-condicionado no andar de cima está quebrada; vocês poderiam consertá-la? Não queremos o presidente suando diante das câmeras."

"Certamente, claro, sem problema", eu disse. "É o mínimo que podemos fazer."

Fiquei extasiado. Graças a Deus Jared tinha sonhado grande. Na mesma tarde, Sandy e a equipe chegaram de Nova York. Na condição de produtora executiva, Sandy não saía muito do escritório, mas, pelo que pude ver, a presença dela ainda não tinha funcionado como dica para os operadores de câmera acerca do fato de que algo fora do comum estava para acontecer. Até onde eu sabia, eles ainda não tinham a menor noção de quem seria o nosso convidado, e eu mal podia esperar para ver a expressão no rosto deles quando descobrissem.

Depois que todos se acomodaram e descansaram, fizemos uma reunião.

"Então... tenho algumas novidades", Sandy anunciou. "Amanhã à tarde... o presidente Obama se juntará a Tony para jantar no programa!"

Após um ou dois minutos do que pareciam ser sintomas de incompreensão e um bocado de piscadas relacionados ao *jet lag*, foi Todd quem rompeu o silêncio:

"Ai, meu Deus, um presidente em fim de mandato?"

242

***

Os primeiros dias de filmagem sempre eram um pouco turbulentos, mas este primeiro dia em especial seria sem sombra de dúvida equivalente a escalar o Himalaia. Não quisemos correr nenhum risco em relação ao iminente cordão de segurança, portanto tudo e todos – incluindo Tony – passaram pela porta do restaurante ao meio-dia para uma cena que seria rodada às sete e meia da noite. Mas havia muito trabalho a fazer, e eu tinha a sensação de que o tempo passaria voando. A primeira coisa que conferi ao chegar ao andar de cima foi a temperatura.

"Por favor, me diga que o ar-condicionado está funcionando", eu pedi a ninguém e todo mundo ao mesmo tempo. "Será que está desligado apenas agora pra economizar energia?"

De alguma forma, fomos negligentes quanto ao conserto do ar-condicionado, o único pedido da Casa Branca – esse detalhe passou batido.

"Oh, não, oh, não! Precisamos de uma unidade de ar-condicionado funcionando imediatamente."

"Você não está ajudando, vá fumar um cigarro, eu cuido disso", Jared disse.

Enquanto Ha e Phi tentavam descobrir como resolver a situação do ar-condicionado antes que fôssemos isolados da cidade inteira ao nosso redor, Zach, Todd e eu começamos a traçar um arranjo quanto ao espaço para a filmagem da cena. Havia duas salas de jantar no andar de cima, cada uma com cerca de 9 m por 4,5 m. Escolhemos a sala dos fundos para a filmagem, enquanto a outra seria usada para preparar equipamentos e o pessoal de apoio.

Como era um espaço muito pequeno, não havia como posicionar os tripés de iluminação no plano de fundo sem que aparecessem no enquadramento. Então Zach decidiu que a melhor opção seria suspender as luzes em uma viga de concreto no teto, bem acima da mesa.

"Se os grampos se soltarem, todo o equipamento de iluminação cai direto na cabeça do presidente e do Tony", apontei.

"É forte, não se preocupe", disse Zach.

"Mas e se o Serviço Secreto não concordar?", perguntei.

"Não se preocupe", respondeu Zach.

"É irrelevante a minha preocupação pessoal com o possível desabamento das luzes, o que interessa é se um bando de agentes do Serviço Secreto vai entrar correndo aqui cinco minutos antes de começarmos a gravar, preocupados com o fato de haver 300 kg de equipamento de filmagem de metal afiado pendurados acima da cabeça do presidente", eu disse.

Eu provavelmente teria continuado aflito com as luzes mortíferas que Zach estava pendurando no teto, mas me distraí com dois adolescentes que surgiram, de chinelos de dedo, carregando uma caixa enorme.

"O novo aparelho de ar-condicionado chegou", anunciou Jared.

Não era o tipo de aparelho que ficava na janela, mas sim um modelo que se instalava em um vão da parede, com um grande condensador do lado de fora. Lembro-me de pensar que os instaladores pareciam não ter mais de quinze anos enquanto os observava usar uma escada para subirem no telhado, ainda de chinelos. Tinha começado a chover, e um dos rapazes estava claramente em vias de despencar de três andares para encontrar a morte certa, o que provavelmente significaria o cancelamento da filmagem com o presidente. Então, tomamos a desagradável decisão de, correndo o risco de fazer o presidente passar calor, mandar os meninos do ar-condicionado embora para casa.

"O que mais pode dar errado?", perguntei, imediatamente arrependido de agourar a mim mesmo. Minha mente involuntariamente percorreu uma lista dos piores cenários hipotéticos possíveis. E se alguém pegar um hashi e apunhalar o presidente na orelha antes que o Serviço Secreto possa fazer alguma coisa? E se Tony falar apenas sobre a obsessão de Richard Nixon por queijo cottage? Isso vai nos render uma cena? E vai estar aqui aquele cara que carrega a maleta com o dispositivo que permite ao presidente controlar o arsenal nuclear?

Eu não era o único estressado. Notei que Tony estava sentado sozinho a uma mesa no canto, e parecia retraído e nervoso. Ele nunca se sentia muito bem perto de pessoas famosas, mas nesse dia sua expressão estava extremamente incomum e desagradável. Fui até lá e me sentei do outro lado da mesa.

"Tudo certo?", perguntei.

Absorto em pensamentos, Tony mal notou minha presença. Enquanto aguardávamos em silêncio, tentei imaginar o que se passava pela cabeça dele. Pessoalmente, eu não me sentia digno de tamanha honra. Quer dizer, estávamos sendo pagos para ir a um de nossos lugares favoritos no planeta e jantar com um presidente histórico. A grandiosidade do momento era francamente avassaladora, e um intenso exercício de humildade. Encontrei em um bolsinho escondido da minha mala o que eu tinha certeza de que eram alguns comprimidos vencidos de Valium, e os engoli avidamente para que me ajudassem a chegar vivo até o fim do dia. Como eu ainda não estava usando uma camisa de força, seria justo dizer que funcionaram.

"Ha, você pode se juntar a mim e a Tony?", perguntei, imaginando que uma distração poderia ser útil. Normalmente nos programas, algum morador local se sentava do outro lado da mesa e explicava a refeição a Tony, mas desta vez *ele* era o "local". Então, para ter a certeza de que Tony sabia do que estava falando quando conversasse com presidente, pedimos algumas tigelas e Ha esmiuçou o prato.

"Aí você adiciona à sopa o macarrão de arroz e a barriga de porco e os bolinhos de carne", Ha disse. "Aí você coloca as ervas frescas. Você pode acrescentar alho fresco, pimenta e vinagre, como você quiser... Tony, posso te perguntar uma coisa; por que isso está acontecendo?"

"Porra, como se eu soubesse!", respondeu Tony. "Obama tem apenas seis meses restantes de mandato, ele deve estar na sua turnê de 'Não dou mais a mínima pra porra nenhuma'".

O tempo, ao que parecia, estava voando. Sandy anunciou para a equipe local que receberíamos o presidente Obama, mas assim como Ha, eu tinha certeza de que eles já haviam ligado os pontos e sabiam de tudo. Os operadores de câmera continuavam trabalhando na montagem e na configuração da iluminação, enquanto intimidadores seguranças locais vestidos de preto entraram no prédio puxando pela coleira enormes pastores alemães que farejaram cada canto. Eu me juntei a Tony para fumar na pequena varanda e observar a multidão que se aglomerava na rua.

"Acho que as pessoas na cidade estão começando a descobrir que o presidente talvez nos faça uma visita", eu disse.

"Algum dia você seria capaz de acreditar que isso pudesse acontecer?", perguntou Tony. "Porra, nem em um milhão de anos..."

"É incrível, mas eu ainda não consigo entender...", respondi. "Sem ofensa, é claro."

Uma hora antes da chegada do presidente, a tensão aumentava à medida que o staff da Casa Branca e do Serviço Secreto começou a aparecer. Todos nós fomos revistados várias vezes com um bastão detector de metais. Um homem muito simpático que parecia ser um especialista em alimentos verificou a cozinha. A refeição recebeu um sinal de positivo, mas o presidente seria aconselhado a ficar longe das verduras locais.

Rachel e Nicole apareceram trinta minutos antes da hora marcada para o início da filmagem, acompanhadas de um grupo de entusiasmados moradores locais selecionados para preencher a sala. Todos foram instruídos a agir com tranquilidade enquanto filmávamos e a fingir que não estavam na mesma sala com o presidente e um bando de câmeras. Um homem do arquivo nacional apareceu e explicou que precisariam de um arquivo de áudio de nossas câmeras para a posteridade. Fizemos vários testes de câmera e áudio, e eu repassei o plano com todo mundo várias vezes, enquanto os minutos passavam zunindo.

Nos derradeiros sessenta segundos antes da chegada do comboio presidencial, pude sentir a energia no restaurante se intensificar, quase como uma descarga de eletricidade no ar. Deve ser isso o que um cachorro sente quando detecta um terremoto antes de o tremor acontecer, pensei.

"Deem um jeito de tirar uma foto boa pra que eu possa tuitar", Tony disse, enquanto Zach e eu nos esprememos para passar no meio da multidão de seguranças e burocratas escada abaixo a fim de filmar uma tomada da entrada. Chegamos à posição certa na hora certa. Ao ver o presidente Obama entrar pela porta do restaurante, todos explodiram em aplausos. Ele abriu um sorriso de orelha a orelha e acenou.

Só posso descrever o que senti como uma espécie de experiência surreal, até mesmo extracorpórea. Era quase como se eu não estivesse de fato lá. Ironicamente, a sensação era de que eu estava assistindo à coisa toda pela televisão.

Fiquei atrás de Zach enquanto o presidente passou direto por nós com um grande sorriso e nos cumprimentou com um meneio de cabeça. Depois de garantirmos a tomada da chegada, Zach e eu tínhamos de nos espremer de novo para subir a escada, que agora estava ainda mais apinhada. Zach conseguiu atravessar a muvuca; assim que cheguei lá em cima, o presidente percorreu o estreito patamar da sala de espera até a sala com as câmeras. Aprendi a duras penas que quando o presidente está em movimento, não há tempo para dizer "por favor, se afaste." O Serviço Secreto simplesmente empurra a pessoa para fora do caminho. Comecei a cair de costas escada abaixo, mas, felizmente, além dos "empurradores de gente", eles também têm "agarradores de gente".

Por fim cheguei ileso à sala, e se decidiu que eu seria a pessoa da produção incumbida de colocar o microfone no presidente. Tranquilo e simpático, Obama foi suficientemente gentil para não mencionar nada sobre minhas mãos trêmulas. Além de Tony sentado com o presidente, na sala havia quinze vietnamitas locais enchendo as mesas no cenário de fundo, os três cinegrafistas e eu ao lado da mesa. Jared estava junto à porta, ao lado do chefe do Serviço Secreto. O fotógrafo oficial da Casa Branca se aproximou algumas vezes para tirar fotos. E só isso. Foi uma experiência inacreditavelmente íntima.

246

As câmeras estavam rodando; era hora de gravar. Fiz sinal para Jared, que mandou entrar a garçonete. Ela colocou sobre a mesa macarrão de arroz branco, verduras, rolinhos de porco fritos, duas tigelas fumegantes de caldo e duas cervejas.

"Eu me sinto um pouco estranho sentado em frente a toda essa comida boa com vocês aí parados trabalhando. Comeram alguma coisa?", o presidente Obama perguntou antes de iniciar a cena. Das milhares de pessoas que já tínhamos filmado, ele foi uma das poucas que parou para perguntar se a equipe estava com fome.

"Pegue uma colher e os hashis, corte um pouco de macarrão", Tony disse, demonstrando. "Pimenta a gosto."

"Isso aqui é coisa boa", o presidente Obama decretou, engolindo um bocado de *bún chả*.

Tony fez um bom trabalho para explicar a Obama o prato e como comê-lo, embora estivesse falando um pouco rápido demais e rindo um pouco demais toda vez que achava que tinha feito uma piada, mas acho que nenhuma outra pessoa além de mim, Zach, Todd o conheciam tão bem o suficiente a ponto de detectar isso.

"Agora, se você ainda estivesse concorrendo à presidência, saborear esse prato poderia ser visto como um risco", Tony disse com uma risada. "Quer dizer, vivemos em um mundo em que até mesmo apreciar rúcula é aparentemente problemático. Como chegamos a este ponto da história? As pessoas têm medo em relação ao outro, quem quer que seja o outro. Você sente isso? Como podemos mudar isso?"

"Bem, em primeiro lugar, acho importante reconhecer que os Estados Unidos sempre tiveram opiniões ambivalentes sobre o mundo exterior", o presidente Obama disse. "Por um lado, somos uma nação de imigrantes, e isso não vai mudar. Esse é um lado dos Estados Unidos. E outra parte do país é que somos tão grandes que nem sempre tivemos que prestar muita atenção ao que acontecia além de nossas fronteiras. E então passamos por períodos em que cresce o sentimento anti-imigrantista, ou a xenofobia. Muitas vezes isso acontece quando as pessoas estão estressadas. Às vezes é mais fácil para as pessoas, pelos menos para os políticos, usarem os imigrantes ou os estrangeiros como bodes expiatórios em vez de falarem sobre como nós poderíamos trabalhar juntos para resolver o problema. Agora, a boa notícia é que, de maneira geral, creio que os Estados Unidos estão mais tolerantes, mais atentos ao mundo do que nunca tinham sido, em especial a geração mais jovem. Portanto, no geral, tendo a ser otimista…"

"Eu tinha uma visão bastante sombria sobre a humanidade", comentou Tony. "Mas desde que comecei a viajar – sobretudo pra lugares em que eu esperava ser maltratado –, de maneira geral estou bastante convencido de que a raça humana faz o melhor que pode pra ser a melhor que pode, diante das circunstâncias, sejam quais forem. Acho que minha esperança é que, quanto mais as pessoas virem o mundo – oxalá pessoalmente, ou mesmo pela televisão –, que possam ver pessoas comuns fazendo coisas comuns; assim, quando as notícias acontecerem, pelo menos elas terão uma ideia melhor sobre os outros de quem estamos falando. Dar um rosto a um pouco de empatia, a algum grau de parentesco, a algum entendimento. Isso é sem dúvida uma coisa boa. Espero que seja uma coisa útil."

"E é por isso que um programa como o seu é extraordinário", o presidente disse. "Porque faz as pessoas se lembrarem de que, na verdade, há um enorme pedaço do mundo em que diariamente as pessoas levam a vida, vão comer em restaurantes, levam os filhos para a escola, tentam sobreviver, disputam jogos. Da mesma forma como fazemos no nosso país."

Eu estava preocupado, achando que Tony, de tão nervoso, travaria a ponto de sufocar e arruinar totalmente a entrevista, mas parecia que ele sabia o que estava fazendo. Na verdade, foi lindo de tão simples. Apenas dois pais batendo papo, comendo um pouco de macarrão e tomando uma cerveja no Vietnã.

"Como pai de uma menina, pergunto: vai ficar tudo bem? Vai dar tudo certo?", Tony quis saber. "Minha filha poderá vir aqui? Daqui a cinco anos, dez anos, vinte anos, ela poderá comer uma tigela de *bún chả*, e o mundo será um lugar melhor?"

"Acho que o progresso não é uma linha reta, sabe?", o presidente Obama disse. "Em alguma parte do mundo haverá momentos em que as coisas serão terríveis. Onde a tragédia e a crueldade já estão acontecendo. Em que nossos impulsos mais sombrios afloram. Acho que nossos filhos terão que lidar com alguns grandes problemas, porque não os enfrentamos. Mas, apesar disso, acho que as coisas vão dar certo. Acho que o mundo é um lugar grande, e acredito que as pessoas são basicamente boas. Creio que a humanidade ainda está em sua fase complicada da adolescência, mas está amadurecendo aos poucos, e se conseguirmos fazer direito algumas coisas importantes, acho que vai ficar tudo bem."

Então, de repente, tudo acabou. Tiramos uma foto do grupo, o presidente saiu de cena e sua comitiva começou a desaparecer. O especialista em alimentos entregou a todos uma caixa de M&Ms com o brasão da Casa Branca. Tony tuitou a foto que eu tirei, com a legenda: "Custo total do jantar de *bún chả* com o presidente: 6 dólares. Paguei a conta. #Hanoi." Dei risada disso. Independentemente de como se fazia a contabilidade, a refeição custou muito mais do que 6 dólares. Se pensarmos nos custos de produção, incluindo a equipe, coisas como equipamentos, passagens aéreas, hospedagem, sem mencionar a taxa para reservar um restaurante inteiro. Sem contar o dinheiro gasto pelo governo vietnamita na segurança pessoal necessária para fechar um quadrante de Hanói. E, é claro, as despesas com o Serviço Secreto e a comitiva presidencial, acompanhados por um grupo de profissionais de imprensa de pelo menos setenta pessoas, o combustível de aviação para transportar todo mundo e o comboio de carros, todos os salários mais o aluguel do hotel JW Marriott. Acho que o custo dessa refeição pode facilmente ter ultrapassado o PIB anual de uma pequena nação, e agora, tendo sobrevivido à experiência, no que me diz respeito, valeu a pena cada centavo.

CAPÍTULO 14:
BRINCANDO COM A COMIDA

Alguém disse que Tony usava a comida como um passaporte. E usávamos mesmo. A comida era um dispositivo fantástico, nossa porta de entrada em uma cultura. Compartilhar uma refeição deixava as pessoas à vontade, as ajudava a esquecer que as câmeras estavam lá e as inspirava a se abrirem sobre sua vida. Mais importante ainda, a comida se tornou nosso disfarce, pelo menos no meu caso. No Irã e no Laos, as pessoas pensaram que éramos da CIA, como no filme *Argo*. E de certa forma estavam certas. Se não fosse pelo disfarce de um "programa sobre comida", nunca teríamos sido capazes de ir aos lugares aonde fomos. Temporada após temporada, enquanto planejávamos as filmagens, a comida passou da razão de ser do programa para quase um adendo. Ao fim e ao cabo, era um programa muito mais sobre pessoas do que sobre comida.

"Você comia a comida? Era boa?", foi uma pergunta que ouvi muitas vezes. W. C. Fields disse a frase famosa: "Nunca trabalhe com crianças ou animais". Ele se esqueceu de mencionar comida. Para ser honesto, a comida não era o mais importante para mim. Eu sempre quis que tudo fosse perfeito, e comida era um recurso difícil e extremamente perecível de se trabalhar. Embora eu fizesse malabarismos para tentar supervisionar várias coisas diferentes ao mesmo tempo, ao longo dos anos senti na pele quase todas as catástrofes alimentares possíveis e imagináveis.

Normalmente apertados, movimentados e muito barulhentos, restaurantes eram lugares difíceis para filmar. Depois de prometer que seríamos discretos e teríamos "baixo impacto" no andamento dos negócios do dia, eu e minha equipe de produção inevitavelmente tomávamos conta do restaurante, para o horror do proprietário. Qualquer lugar que nossos diretores de fotografia escolhessem bloquearia o caminho da cozinha ou do banheiro. Filmar em meio à agitação e ao corre-corre da hora do almoço ou jantar para que o estabelecimento parecesse cheio era um perpétuo desafio. "A comida da filmagem" ou ficava pronta cedo demais ou demorava uma eternidade para ficar pronta, e Tony entregava todo o bom conteúdo sentado a uma mesa vazia. Às vezes o auxiliar ou convidado ficava nervoso e não comia nada, o que parecia estranho. Sem mencionar os padrões sanitários que presenciei, coisas que forneceram abundante material para a minha imaginação já germofóbica por natureza.

E não estou falando apenas da comida que aparecia diante das câmeras. Toda a comida fora das câmeras também era um desastre. Alimentar a equipe era algo surpreendentemente difícil. Com frequência comíamos no mesmo lugar onde filmávamos a cena, mas, por uma série de razões, isso nem sempre era possível. Talvez porque comêssemos fora do horário de pico, o restaurante incumbido de fornecer as refeições da equipe ficava sobrecarregado por conta dos quinze a vinte pedidos diferentes, e a comida levava duas horas para chegar. O apertado cronograma de filmagem mal nos dava tempo para fazer um intervalo de uma hora. A solução era encomendar comida de antemão de algum lugar tipo delicatéssen, mas, o que era compreensível, a equipe não gostava de maionese morna. Tony vivia ridicularizando a equipe por comer "barrinhas energéticas de serragem" e sanduíches rançosos.

"Eu simplesmente não entendo os cinegrafistas. Eles se empanturram no bufê do hotel, ou eu os flagro comendo aquelas barrinhas de granola de papelão antes de filmarem uma refeição incrível como esta. Se apenas pudessem esperar um pouco mais, desfrutariam de uma das melhores refeições de sua vida", ele dizia.

A realidade era que, quando terminávamos de filmar as cenas de comida, muitas vezes não havia tempo para comer, e às vezes nem havia comida sobrando. A ironia de passar fome em um programa sobre comida era uma piada recorrente. Eu me lembro da equipe devorando sanduíches à temperatura ambiente junto às lixeiras, nos fundos de vários dos melhores restaurantes do mundo.

Estou falando de lugares que servem refeições de quatro horas de duração, com 25 pratos e ao custo de vários milhares de dólares por pessoa. De restaurantes cujos clientes podem esperar meses ou até anos para conseguir fazer uma reserva. Outros clientes, superfamosos, chegam de helicóptero e no último minuto abocanham uma mesa. Abastados capitães da indústria, celebridades, epicuristas radicais, gente ávida para cumprir sua "lista de desejos de coisas para fazer antes de morrer"... e eu.

As cozinhas desses restaurantes eram espetaculares. Normalmente recheadas com um grupo internacional de chefs jovens e talentosíssimos, de foco e determinação obsessivos, muitas vezes havia mais pessoas trabalhando na cozinha do que clientes sentados no salão. Quando se faziam as contas, em restaurantes como El Bulli ou Noma, não era exagero imaginar que um único aperitivo exigia vinte homens-hora para ser preparado.

Por mais que se esforçasse para manter os "pés no chão", qualquer chef que comandasse uma dessas catedrais culinárias vivia circundado por um inegável culto da personalidade. Digamos apenas que chamar as sete horas que passávamos em um lugar como esses de uma experiência impressionante, extraordinária e intimidante seria um tremendo eufemismo. Em 2013, quando filmamos no Noma, em Copenhague, por três anos consecutivos premiado como o "melhor restaurante do mundo", o chef dinamarquês René Redzepi criou um menu personalizado exclusivo para Tony. Cada ingrediente era adquirido de fornecedores locais ou vasculhado nos quatro cantos do mundo e meticulosamente preparado.

MENU BOURDAIN
APERITIVOS:
Flores e coco nórdico*
Groselha-preta com rosas
Musgo de rena e cogumelos secos
Ramo comestível com brotos de pinheiro
Ervilhas frescas e camomila
Fígado de bacalhau e *crisp* de leite
Ovo de codorna defumado com feno
*Aebleskiver***
Folhas de azedinha
Torrada com ouriço-do-mar e caldo de peixe
Alho-poró e ovas de bacalhau
Cabeça de lúcio e ervas da praia

---

*   Espécie de nabo, com um canudo de bambu espetado, contendo sopa de cogumelos. (N. T.)

**   Tradicional iguaria dinamarquesa no formato de bolinhos esféricos feitos com massa de textura semelhante à das panquecas. (N. T.)

MENU:

Camarão, alho-selvagem e ruibarbo

Cebola e pera em conserva

Cauda de lagosta, molho da cabeça da lagosta e folhas de agrião

Caldo de lagosta e pétalas de agrião

Aspargos e pinhão

Batata e caviar

Linguado e hortaliças

Picles

Mirtilo e formigas

*Bitters** e azedinha-miúda

Levedura e *skyr***

Alga vermelha dinamarquesa

Torresmo e bagas secas

Embora fosse o tipo de refeição de que as pessoas fariam todo o esforço possível para participar – e muitas estavam dispostas a ir aos extremos para tanto –, eu não me importava se não tivesse a oportunidade de experimentar. Em algum lugar ao longo da linha, a comida – fosse qual fosse – estava muito intimamente associada ao estresse do trabalho, e quase sempre, no fim de um dia de filmagem eu tinha perdido meu apetite.

Outros membros da equipe não se afligiam tanto. Na verdade, Josh era conhecido por comer coisas que até mesmo Tony se recusava a comer. A fama de Tony como o cara que "comia todas as coisas bizarras" era um mal-entendido que o atormentou até o fim. Boa parte dessa imerecida reputação remonta a um erro que ele cometeu em sua primeira viagem ao Vietnã, em 2000. Na época, quando ainda não tinha adquirido um estômago de avestruz, por assim dizer, Tony era muito mais sugestionável, e foi persuadido a comer diante das câmeras o coração ainda pulsante de uma cobra.

Se Tony farejasse que os produtores estavam adicionando determinada cena ou um prato específico apenas por sua "capacidade de chocar", cancelaria instantaneamente. Feita essa ressalva, Tony comia quase de tudo, mas porque

---

* Bebida alcoólica com extratos de ervas aromáticas, cascas de árvores, doces, raízes, nozes, flores e frutas, que fixam o gosto amargo ou agridoce, para o preparo de coquetéis. (N. T.)

** Popular laticínio dos países do norte da Europa, em especial a Islândia. (N. T.)

queria ser um bom convidado. Se os habitantes locais gostavam, ele comia – carne de tubarão podre em fermentação, ensopado de pênis de touro. Se, por exemplo, um animal do zoológico doente era a especialidade local oferecida aos convidados, era uma honra que Tony não poderia recusar. Ele sempre disse que seu limite era comer cachorro. Felizmente, nunca lhe ofereceram.

Tony jamais afirmou ser um especialista em comida, apesar de seus muitos anos como chef. Há alguns exemplos especialmente engraçados de quando ele cometia erros. No episódio de *Fazendo escala* em Hong Kong, a caminho do aeroporto paramos para rodar uma última cena. O restaurante supostamente servia o melhor pato laqueado da cidade. Era uma cena solo, e um Tony todo empolgado ficou falando pelos cotovelos sobre como aquele era o melhor pato laqueado que ele já tinha comido na vida. Quando estávamos prestes a ir embora, senti um tapinha no ombro.

"Acabo de ser informado de que houve uma confusão na cozinha", China Matt, nosso facilitador, disse com uma expressão angustiada no rosto. "Tony comeu leitão."

Pensando que poderia haver algum tempo para salvar a cena, interrompi Tony para informá-lo de que o pato laqueado que ele estava alardeando feito um desvairado não era pato laqueado.

"Bem… isso é estranho", Tony disse, pousando os hashis.

Houve outra ocasião em que Tony não parava de tagarelar com frenesi sobre o caranguejo em molho picante: "Meu Deus, esse caranguejo é fantástico. O molho apimentado é tão saboroso, o tempero é cheio de nuances, é inacreditável!".

"Ah, sim! É um caranguejo muito bom", o auxiliar concordou.

Depois que Tony foi embora e entramos na cozinha para filmar a preparação da comida, o chef pareceu intrigado e explicou: "Não temos caranguejo em molho picante. Não servimos nada apimentado".

Confuso, fui falar com o nosso auxiliar, que, sendo um morador local, não se confundiria com o prato salteado com grãos de pimenta-do-reino preta moída. "O Tony é que é o especialista em comida", o auxiliar alegou. "Eu pensei que ele simplesmente não tinha conseguido sentir o gosto da pimenta."

Ficar doente no meio de uma viagem nunca é divertido. Mas é muito pior quando você não tem tempo para dormir a fim de se recuperar. Não tínhamos licença médica e estávamos sempre trabalhando em meio ao mundo barulhento, louco e caótico e ao calor sufocante, constantemente na presença dos cheiros e aromas de comida, cozinhas e restaurantes.

Depois de uma cena no Haiti, todos estavam comendo e conversando, Tony de olho em Todd. No meio da refeição, Tony disse: "Eu acho que você não estava prestando atenção durante a cena que *você mesmo* acabou de filmar, Todd. Ou saberia que uma salada fresca não é a escolha mais sensata de jantar no meio *da porra de uma epidemia de cólera*".

Ligando os pontos, embora um pouco tarde demais, Todd saiu correndo da mesa para forçar o vômito.

"Está tudo bem, não se preocupe. Tomei três comprimidos de antibiótico ciprofloxacino", Todd disse ao voltar para a mesa.

"Lamento informá-lo, Todd, não é assim que funciona", nosso médico explicou, balançando a cabeça. "Pode ser que você tenha acabado de se tornar imune ao ciprofloxacino."

Passávamos bastante tempo no mundo real quando as câmeras estavam rolando; então, quando compartilhávamos uma refeição com Tony, invariavelmente era no hotel. Ele sempre gostava de prestar atenção às escolhas dos membros da equipe em relação ao menu, e em seguida analisava cada prato pedido. O espaguete à bolonhesa era a opção inteligente, quase sempre. Eram invariavelmente maiores as chances de a comida do hotel – e não as comidas típicas locais – nos fazerem mal e nos derrubarem. A "pratada de espaguete", como Tony dizia, estava presente em todos os cardápios e era tiro e queda, fosse qual fosse o lugar, e não fazia ninguém adoecer. Tony adorava quando a equipe cometia erros amadores na hora de pedir comida. Puxando rapidamente pela memória, menciono alguns de seus favoritos: uma miscelânea de frutos do mar no Iraque, uma salada Caesar em Medellín, churrasco grego noturno em Granada, sanduíches de posto de gasolina na Irlanda, hambúrguer Jungle do Bob's na Amazônia e, é claro, a ocasião em que um dos produtores pediu jambalaia ao estilo da Louisiana no hotel na Namíbia.

"Marque a hora", Tony disse, no meio da refeição. Ele começou a explicar como na Namíbia a jambalaia de frutos do mar era uma escolha de cardápio extremamente ruim, apontando a enorme distância que cada um dos ingredientes tinha que percorrer para chegar a esse país centro-africano sem litoral; e quanto tempo provavelmente ficavam depositados na parte de trás do freezer, uma vez que a jambalaia não devia ser um prato pedido com frequência; e como bastava um único mexilhão ou marisco estragado para arrebentar a pessoa. E Tony

Luzes, câmera, ação!
Jaffna, Sri Lanka, 2017.

Tony e eu na praia de Ipanema.
Rio de Janeiro, Brasil, 2012.
Todd Liebler

Tony realizando sua fantasia de caubói. Ghost Ranch, Novo México, 2013.

Câmeras Panavision usadas no episódio "O calcanhar da bota". Fasano, Itália, 2017.

"Hora do estacionamento" antes da cena. Jaffna, Sri Lanka, 2017.

Refeição da equipe de produção. Bahia, Brasil, 2014.

Tony e o diretor Darren Aronofsky comprando suvenires. Punakha, Butão, 2017.

Tony fazendo uma tatuagem para o episódio. Chiang Mai, Tailândia, 2014.

Entre uma tomada e outra. Fasano, Itália, 2017. *Jeff Allen*

(Abaixo à esquerda) Eu na baía de Halong, perto do início de minhas viagens. Vietnã, 2006. *Rob Tate*

(Abaixo à direita) Eu na baía de Halong, dez anos depois. Vietnã, 2016. *Do Hung Phi*

Tony sendo "mimicado". Paris, França, 2012.

Tony esperando no Coliseu durante filmagens de episódio de *Fazendo escala*. Roma, Itália, 2011.

Festa de encerramento do programa *Fazendo escala* no bar Tonga Room. São Francisco, 2011.

O "olho elétrico que não pisca". Seattle, 2012.

Levando uma multa por filmar sem autorização. Roma, Itália, 2011. *Nari Kye*

Cena no mercado público. Seul, Coreia do Sul, 2014.

Sopa de cabeça de bode. Teerã, Irã, 2014.

Meu aniversário / festa de encerramento. Colombo, Sri Lanka, 2017. *Jeff Allen*

Cozinha do restaurante El Bulli do chef catalão Ferran Adrià. Roses, Espanha, 2011.

Aperitivo de amendoim de gastronomia molecular no El Bulli. Roses, Espanha, 2011.

Refeição da equipe de produção nos fundos do El Bulli. Roses, Espanha, 2011.

Alguém arruinando a foto de Tony depois de ganhar seu primeiro prêmio Emmy. Los Angeles, 2013.

Visão do palco enquanto Tony discursava ao ganhar um Emmy. Los Angeles, 2015.

Prontos para o Emmy. Los Angeles, 2017. *Jeff Allen*

Meu pai, Chris, Lydia e eu na cerimônia do Emmy. Los Angeles, 2014. *Todd Liebler*

Segurando orgulhosamente meu Emmy. Los Angeles, 2013. *Joe Caterini*

Tony na sessão de terapia filmada para o episódio. Buenos Aires, Argentina, 2016.

(À esquerda) Mala cheia de dinheiro da produção (e uma garrafinha de bolso). O doleiro perguntou a Jeff se íamos comprar terras. Antananarivo, Madagascar, 2014.

(À direita) Lula secas e M&Ms, um popular tira-gosto de karaokê. Seul, Coreia, 2014.

Asia Argento com Tony no Chateau Marmont. Los Angeles, 2017.

Tony gerenciando seu império enquanto aguarda a chegada do nosso barco. Assunção, Paraguai, 2014.

Josh sendo Josh. Istambul, Turquia, 2015.

Tony me oferecendo uma taça de amaro no fim da filmagem. Costa Amalfitana, Itália, 2011. *Frank Vitale*

Tony e Darren Aronofsky comendo antes de um torneio de arco e flecha. Aldeia Phurjoen, Butão, 2017.

Refeição da equipe de produção. Chiang Mai, Tailândia, 2014.

Câmeras filmam a meticulosa preparação de um prato de sobremesa na cozinha do Noma. Copenhague, Dinamarca, 2013.

Sorvete de Gammel Dansk (*bitter* dinamarquês) feito de leite desidratado e soja, decorado com folhas de azedinha. Noma. Copenhague, Dinamarca, 2013.

Excesso de bagagem. Kuching, Malásia, 2015. *Jeff Allen*

Testando um equipamento de câmera experimental antes de filmar com Tony. Seul, Coreia do Sul, 2014. *Helen Cho*

Jeff e a equipe local. Dochu La Pass, Butão, 2017.

Tony e eu na filmagem do Mardi Gras cajun. Lafayette, Louisiana, 2018. *Todd Liebler*

Cena de refeição da aldeia. Luang Prabang, Laos, 2016.

Cena do almoço de tripas. Porto, Portugal, 2017.

Cena com o diretor Francis Ford Coppola. Bernalda, Itália, 2017.

Perdido no mar. Naxos, Grécia, 2015. Jeff Allen

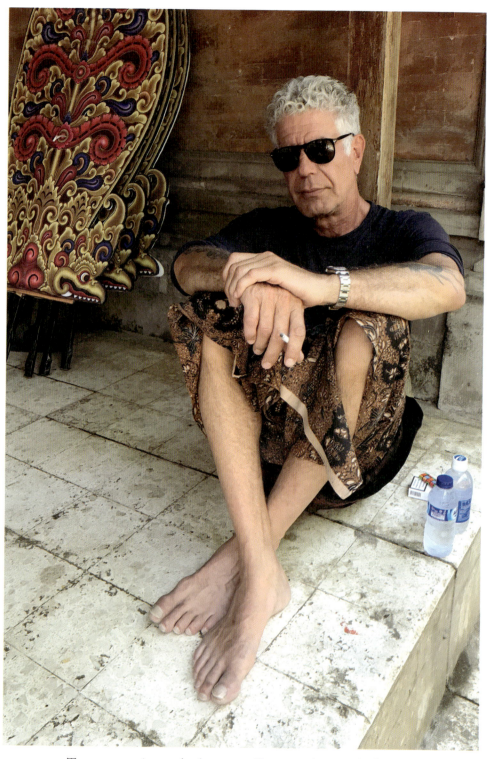

Tony em um intervalo durante a filmagem da cena do funeral.
Esta é a última foto que tirei dele. Bali, Indonésia, 2018.

fez questão de mencionar as condições sanitárias da cozinha, a probabilidade estatística de que, pelo menos uma das pessoas que tinha manipulado algum dos ingredientes em algum lugar ao longo do caminho, não se preocupara em lavar as mãos depois de bater um barrão fumegante no banheiro. Em seguida, explicou em detalhes médicos os tipos de bactérias e parasitas que provavelmente já estavam atacando as entranhas do pobre coitado, e como – consultando novamente o relógio – dali a cerca de três horas o sujeito estaria praticamente cagando e vomitando ao mesmo tempo.

Mesmo que a comida não estivesse contaminada, o monólogo de Tony era o suficiente para causar em praticamente qualquer pessoa um grave caso de intoxicação alimentar psicossomática. Tony adorava contar e repetir essas histórias sobre escolhas de cardápio ruins, e fazia isso durante as refeições da equipe e até mesmo em público, em suas palestras e entrevistas.

Mas Tony não era imune a adoecer. O ânus de javali que ele comeu na Namíbia o pegou de jeito. Felizmente, seu quarto de hotel tinha dois banheiros. Ele me explicou que passou a noite inteira se levantando a cada quinze minutos para vomitar furiosamente em um dos banheiros, e em seguida atravessava correndo o quarto para defecar no outro. Foi a única ocasião em que tive conhecimento de que Tony foi, de fato, convencido a ir ver um médico assim que voltou para Nova York.

Tony ficou doente nas duas vezes em que fomos ao Sri Lanka, e em Manila contraiu uma terrível gastroenterite, provavelmente causada por um petisco de tripa frito, e teve que ficar acamado por um dia inteiro.

"Fiquei acordado a maior parte da noite, sentindo calafrios, vomitando golfadas de bile e partes de réptil, então precisaremos cancelar a cena de comida de rua", contou ele.

Eu não costumava adoecer com frequência, principalmente graças à minha política de não comer muito. Nas raras ocasiões em que isso aconteceu, fiz o melhor que pude para guardar segredo – e em geral fui bem-sucedido –, por exemplo em Toronto, quando quase estraguei a cena para vomitar em uma lixeira.

Tony só me viu doente uma única vez. Foi no Sri Lanka, quando comecei a passar mal no dia em que fizemos uma viagem de trem para o sul, descendo pelo litoral. Vomitei sem parar na privada do trem que, na verdade, era apenas um buraco no piso. Eu corria para a frente e para trás, revezando-me entre dirigir a cena e correr até o "banheiro" para vomitar. Mas consegui guardar esse segredo de Tony.

No fim das filmagens, eu estava morrendo de fome e sentindo fraqueza. Quando finalmente chegamos ao saguão do aeroporto, eu estava prestes a desmaiar por causa do baixo teor de açúcar no sangue. Em um quiosque, vi uma fatia de pizza debaixo de uma lâmpada de aquecimento. Sim, eu deveria ter tido o bom senso de saber que provavelmente aquela fatia murcha estava lá fazia um tempão, e, sim, por cima dela havia alguma coisa parecida com um frango ressecado. Mas meu maior erro foi permitir que Tony me visse comer a pizza. Não demorou muito para eu começar a sentir uma baita náusea. Claro que, por não querer que Tony me visse passando mal, calmamente me levantei e me dirigi ao banheiro. Assim que saí do campo de visão de Tony, comecei a correr ao longo de uma série de corredores labirínticos e cheguei bem a tempo de expelir um jato de vômito na privada. Tudo que meu estômago continha foi expulso à força. Eu me lavei e voltei para o grupo.

"Tom, está se sentindo bem?", perguntou Tony, olhando por cima de seu iPad com um enorme sorriso no rosto.

"Tudo bem, claro, por quê?", respondi, limpando minha boca em um reflexo.

"Só estou checando", ele falou.

Jared me explicou depois que todos me ouviram vomitar, provavelmente por meio da tubulação. Durante anos a fio Tony usou esse episódio como uma clara advertência. Apesar de todo o meu trabalho duro, fui adicionado à sua "lista da vergonha". No fim das contas decidi que não comer perto de Tony era a melhor solução.

Anos atrás, fiz uma visita preliminar a um sofisticado restaurante em Barcelona – o tipo de lugar com serviço obsessivo, em que os garçons constantemente rondavam a mesa para apresentar e explicar cada prato que chegava. Isso pode ser uma incômoda distração para quem pretende ter alguma conversa com outro comensal. Justiça seja feita, era um restaurante de *tapas* ao estilo gastronomia molecular, então a comida exigia mesmo algum manual de instruções. No entanto, minha opinião inicial sobre as interrupções mudou quando Alejandro veio até a mesa. Ele era extremamente bonito e – o que é incomum para mim – flertamos um pouco. Ele perguntou se eu estava gostando de Barcelona, e mencionei que a vida noturna era muito divertida. Acontece que Alejandro era da mesma opinião e se ofereceu para me mostrar uma balada muito legal; trocamos números de telefone. Me dei bem!

"Olha, Tom, *jamón de toro*", Lucy, nossa facilitadora na Espanha, apontou para o cardápio. "Aposto que você vai adorar. Que maneira perfeita de te ajudar com o seu problema com peixes"

Eu não gostava da pressão dos colegas, especialmente quando se tratava de peixes, mas talvez Lucy estivesse certa. Ela atuava como nossa facilitadora na Espanha havia muitos anos e era especialista em comida. O *"jamón de toro"* era na verdade atum, mas supostamente tinha gosto de presunto. O atum era o peixe mais trivial de todos, e eu adoro presunto, então pensei: *Por que não? Vou dar uma chance!* Eu tinha saído de minha zona de conforto e, como resultado, obtive um número de telefone; eu estava em uma maré de sorte. Quanto mais eu pensava a respeito, mais concluía que Lucy estava certa, e eu já vinha sendo um prisioneiro de minhas fobias por um tempo longo demais. *Ei, quem sabe posso acabar gostando!* Alejandro chegou e caprichou na apresentação da tapa.

"Este é o *jamón de toro*", disse ele, cheio de entusiasmo. "É feito de barriga de atum salgado com gordura de presunto ibérico. *¡Que aproveche!*"

Esperei Alejandro se afastar antes de experimentar o prato, apenas por precaução caso eu não gostasse. Parecia simplesmente *jamón*. Eu não comia peixe desde 1984, mas ei, daria tudo certo. Eu era capaz de dar conta. Respirei fundo. No entanto, depois de uma única mordida, comecei a vomitar. Era uma coisa de textura. Tentei o máximo que pude impedir a regurgitação, mas não consegui. Peguei meu guardanapo e vomitei. Infelizmente não apenas o *jamón de toro* apareceu, mas tudo que eu tinha comido – no exato instante em que Alejandro voltava para a mesa trazendo mais uma tapa. Alejandro e eu nunca fomos àquela prometida balada.

Sempre que possível, filmávamos o animal vivo e depois servido à mesa, o que normalmente significava visitar uma coisinha fofa para conhecê-la antes do abate. Nessas situações reconhecidamente desconfortáveis, eu tentava me consolar com o conhecimento de que isso faz parte da vida, e que qualquer animal que sacrificávamos era tratado com respeito infinitamente maior do que o gado de criação industrial. Eu me lembro de uma ovelhinha fofa amarrada na carroceria de uma picape em Creta. Mansinha, ela ficou lá piscando para mim. Apesar da fama de durão, Tony também não gostava dessa parte. Então é claro que ele carinhosamente apelidou a ovelhinha de "Meias" e baliu em falsete, arremedando-a: *"Por que e-e-e-e-e-eu, Tom?"*. Eu me escondia atrás da câmera. A morte dos animais era para o consumo da câmera, não meu. E quando os preparativos demoravam muito entre o abate e a mesa, às vezes eu tinha que pedir que matassem dois.

Houve também alguns casos infelizes em que o lema de Tony – "Coma o que os habitantes locais comem" – resultou no consumo inadvertido do que, no fim, descobrimos ser uma espécie em extinção.

"Bem, Tom, além do escândalo da Romênia, agora há o 'incidente do cervo-rato'", disse Tony.

"Certo, bem, eu me sinto muito mal por isso", eu disse. "Mas quem é que sabia que o cervo-rato de Java estava ameaçado de extinção?"

"Oh, deixe-me pensar… Talvez a ONG World Wildlife Fund, a maioria dos cidadãos responsáveis, a PETA,* o governo vietnamita, os caçadores furtivos que o venderam pra você, os patrocinadores retirando seus anúncios e os autores do artigo que me acusam de 'transformar animais selvagens ameaçados em iguarias'", respondeu Tony. "Quer que eu continue?"

Não tenho certeza, mas acho que talvez tenhamos sido responsáveis pelo consumo do último bagre-gigante do rio Mekong, e Tony nem sequer gostava de bagre. Certa vez, em um mercado de alimentos na Malásia, resgatei um lagarto-monitor com a intenção de soltá-lo no templo da cobra, em que estaria a salvo. Nós nos esquecemos do bicho, que morreu dentro da van escaldante. Mas provavelmente o que mais me assombra são meus coelhinhos portugueses Pulinho e Saltinho.

"Eu comprei um peixe pra você. O nome dele é Pepe", Tony disse, empurrando uma sardinha sem vida na minha cara.

"Eu não quero isso", protestei, recuando.

"Ah, para com isso. Você pode adotá-lo e soltá-lo no oceano. Ou dar pros seus coelhos comerem?" Virando-se para a câmera, Tony disse: "Tom, o nosso produtor, comprou seis coelhos ontem, pra 'libertá-los na natureza selvagem'".

"Não tem graça", eu disse.

"*Almoço*", Tony fingiu tossir.

Em primeiro lugar, eram dois coelhos, não seis. Em segundo lugar, eu era o diretor, não o produtor.

No inverno de 2017, ter o melhor emprego do mundo me deixou parecido com o que só pode ser descrito como um completo e absoluto desastre.

---

*   Grupo de defesa de direitos animais nos Estados Unidos. (N. T.)

Minha vida amorosa estava sempre em frangalhos e minha melhor amiga, a gata preta Frida – rebatizada de "sr. Bigodes" por Tony – estava com problemas renais e foi diagnosticada com uma doença cardíaca. Sozinho, com os nervos à flor da pele e boas chances de um diagnóstico de depressão clínica, minhas emoções estavam tão exacerbadas que, a bordo de um voo para Portugal, a parte do vídeo de instruções de segurança com a criança e a máscara de oxigênio me fez ter uma incontrolável crise de soluços de choro, alarmando os passageiros próximos. Durante tempo demais eu tinha vivido em função do meu emprego – eu comia, dormia, respirava e, cada vez mais ao longo dos anos, bebia meu trabalho.

Para o primeiro dia de filmagem, programamos uma cena típica de um banquete de porco, o que, claro, significava que tínhamos que mostrar o animal sendo morto, sangrado, escaldado, raspado, esfolado, eviscerado, esquartejado, cozido e todas as outras coisas que Todd estava habituado a filmar, porque esse era seu ganha-pão. Olhei nos olhos do leitãozinho antes do abate, sabendo que ainda não era tarde demais. Eu poderia desamarrá-lo da corda, e juntos poderíamos fugir. Saber que eu tinha o poder de lhe conceder uma suspensão da execução, e saber que não faria isso – que o leitãozinho, como tantos outros porquinhos inocentes antes dele, morreria porque essa tinha sido a minha decisão –, bem, era difícil e irracional. Tive a sensação de estar à beira de um colapso mental muito público.

Para aumentar o mal-estar, em vez de pegar um bronzeado em algum de nossos habituais destinos tropicais de fevereiro, eu tiritava de frio no norte de Portugal. Sete dias gelados e chuvosos depois, eu me vi em uma situação precária, literalmente por um fio – úmido e escorregadio. Estávamos filmando na cidade do Porto, no histórico Mercado do Bolhão, e eu precisava de um descanso da gritaria e das câmeras e do cheiro de açougue.

Perambulando por um beco de paralelepípedos perto dos fundos do mercado, me deparei com uma barraca que vendia animais de pequeno porte; poderia passar por um pet shop em Nova York. Do lado de dentro havia uma gaiola contendo dois dos mais adoráveis coelhinhos de orelhas caídas que eu já tinha visto! *Em todos os tempos.* Os dois estavam alegremente aninhados juntos, como yin e yang. Sem ter moeda local comigo e sem dominar o idioma, corri de volta para falar com nossa facilitadora Carla, e exigi que ela comprasse meus coelhos imediatamente. Carla riu, achando que era uma piada, e desatei a chorar.

"Você não entende. Se eu salvar os dois coelhinhos, isso pode ajudar a compensar todos os meus pecados do passado! Eles podem viver na fazenda do José!" Carla parou de rir, e pela expressão de seu olhar percebi que ela ficou preocupada com a possibilidade de eu escalar uma das famosas torres do relógio e começar a disparar tiros de fuzil. Naquela tarde, íamos para uma bela fazenda no Vale do Douro; era o lugar perfeito como refúgio para meus coelhinhos.

"Meu coelhinho saltita sobre o oceano, meu coelhinho saltita sobre o mar... tragam de volta, tragam de volta, oh, tragam meu coelhinho de volta pra mim, pra mim", cantarolei enquanto os alimentava com alface e cenoura frescas.

"Caramba, Tom, você está surtando?", perguntou Zach. Estreitei meus olhos e por um momento encarei Zach, que odiava coelhos, antes de decidir fingir que ele não existia. Eu chamei o coelho cinza-escuro de Pulinho e o coelho marrom de Saltinho. Eu adorava quando eles torciam o nariz. Chegando, falamos com Todd, que já estava na fazenda, e dei aos cinegrafistas uma lista de coisas para filmarem. Em seguida voltei para a van e dediquei minha atenção à dupla Pulinho e Saltinho. Depois de uma despedida emocionada, relutantemente os entreguei a um casal que trabalhava na fazenda, com instruções estritas para que, como um favor pessoal, meus coelhos fossem bem cuidados.

Sentindo-me melhor o suficiente em relação ao mundo para seguir em frente, desarrolhei uma garrafa de vinho de uma das caixas na van de equipamentos e admirei o vinhedo na íngreme encosta. Era uma vista deslumbrante; Pulinho e Saltinho seriam muito felizes em seu novo lar. A verdade é que me senti um pouco melhor comigo mesmo, com o mundo e com o trabalho. Mais tarde, terminadas as filmagens, os cinegrafistas voltaram para a refeição da equipe. Escolhi ficar do lado de fora, em paz no silêncio com minha garrafa.

Quando chegou a hora de regressarmos ao Porto, entrei na van com Todd.

"Filmaram coisas boas hoje?", perguntei.

"Sim, mas sentimos sua falta no almoço", disse Todd.

"Sério? O que prepararam pra vocês?", perguntei, completamente desinteressado. "Mais tripas?"

"Não", respondeu Todd. "Ensopado de coelho."

Nem tudo era ruim; algumas refeições são especiais – não necessariamente por causa do que você está comendo, mas com quem você está comendo, e em qual contexto. Esse tipo de refeição não ocorre com tanta frequência, mas quando acontece, você se lembra dela para o resto da vida.

Nossa filmagem para o episódio de Nápoles em 2010 foi uma viagem encantadora, repleta de grandes personagens, diversão, boa comida e belas paisagens. Também foi um programa em família. Meu pai, o pai de Zach e a família de Tony nos acompanharam, e Nápoles estava se tornando um dos lugares mais bacanas que eu já visitara.

"Você pode vivenciar Roma, mas Nápoles vivencia você", Tony disse. "É uma cidade de pessoas que dirigem no sentido contrário ao tráfego, ou *controsenso* – na contramão –, que é uma metáfora de como elas vivem."

As estreitas ruelas de paralelepípedos eram um vale-tudo, repletas de lojas, gente, motonetas em alta velocidade e carros pequenos lutando para abrir caminho. Roupas lavadas penduradas nas varandas transformavam Nápoles em uma reminiscência de fotografias dos primeiros anos da década de 1900 de Lower East Side em Nova York. Em muitas esquinas, montanhas de lixo acumulado, resultado de uma greve de lixeiros. Procissões católicas serpeavam pelas ruas, artistas descalços vestidos de branco tocavam música nos dias que antecediam a Páscoa.

Sempre que filmávamos na Itália, Tony insistia que incluíssemos uma *nonna*. Arranjamos uma e estava tudo combinado, mas, devido a uma doença na família, nossa vovó cancelou, o que nos deixava com dezesseis horas para encontrarmos uma substituta. Esse tipo de esfacelamento das cenas planejadas vinha sendo recorrente nas filmagens até então. Nápoles era uma locação difícil, mas todos nós passávamos por cima dos problemas. Toda noite, por volta das onze horas, de alguma forma as cenas marcadas para o dia seguinte inevitavelmente se desintegravam. Porém, no típico estilo napolitano, o plano B terminava sendo, de uma forma mágica, melhor que o original.

Josh e eu estávamos discutindo o problema do cancelamento da *nonna* com Emanuela e Lucio, nossos facilitadores, quando Rosario, o motorista de Tony, ouviu por acaso a conversa.

"Eu posso resolver o problema de vocês", anunciou ele com entusiasmo. "Minha mãe é a melhor cozinheira de Nápoles!"

De fato, imaginei que se a mãe de Rosario fosse minimamente parecida com o filho, em termos de personalidade pelo menos, ela renderia um episódio muito interessante. Rosario tinha 45 anos, vivia com a mãe, pisava nos pedais de seu BMW como um piloto de Fórmula 1 na pista, e era capaz de reduzir pela metade o tempo de qualquer viagem. Baixinho e careca, usava uma jaqueta de couro e tinha toda a arrogância do sul da Itália que se espera de um bom filhinho da mamãe napolitano.

"Vamos nessa!", concordei, já que, de qualquer modo, não tínhamos alternativas.

Na manhã seguinte, conhecemos a mãe de Rosario. Aos oitenta anos de idade, *nonna* Giuseppina era uma força da natureza; mal-humorada, fumava feito uma chaminé e tinha os cabelos tingidos de preto-azeviche. Baixinha – não chegava a 1,40 m –, sua energia frenética só rivalizava com sua teimosia, e ela tagarelava com uma voz potente, aguda e rascante.

"Perfeito. O Tony vai amá-la", eu disse.

Tony volta e meia dizia que sua grande tristeza na vida era não ter nascido em uma numerosa família italiana. Talvez ele reconhecesse em si mesmo algo fundamentalmente italiano – usar a comida como a melhor expressão de amor, ou como a arma definitiva; qualquer um que teve o privilégio de sobreviver a uma refeição completa estilo família italiana sabe que é obrigado a comer até doer.

Rosario e Giuseppina moravam no quarto andar de um prédio de apartamentos sem elevador no Centro Storico. Mãe de sete filhos, Giuseppina beijava o retrato do falecido marido cada vez que passava por ele. Vestia um avental azul estampado e fumava enquanto cozinhava. Ela estava fazendo seu famoso ragu de domingo. Dourou linguiça suína, vitela, costelinha de porco e braciole, tudo cozinhando em fogo brando durante horas com molho de tomate. Admirado, observei como Giuseppina conseguia de alguma forma estar em todos os lugares ao mesmo tempo. Era durona, e embora não falasse uma única palavra em inglês, isso não a impediu de conversar conosco como se conseguíssemos entender. Quando Tony chegou, Giuseppina aceitou as rosas que ele lhe trouxe, e em seguida o colocou para trabalhar.

"Ela cozinhou para você, então você tem que cozinhar para ela", Emanuela traduziu. Os câmeras sofreram para manter no mesmo enquadramento o grandalhão Tony – com mais de 1,90 m – e Giuseppina – baixota de menos de 1,40 m. Tony amou o fato de Giuseppina ter "boca suja", e não se importava com as ocasionais broncas que levava dela – "Não, não, não, não!" – quando fazia algo errado.

Assim que o ragu ficou pronto, filmamos uma maravilhosa e barulhenta refeição em família.

"Nos Estados Unidos sua mãe seria uma estrela de TV", Tony disse a Rosario.

Depois de embrulhar as câmeras, toda a equipe se sentou ao redor da mesa do salão de jantar para uma refeição juntos. O ragu estava fantástico e a carne do *secondo piatto*, derretendo de tão macia, depois de horas de preparo no fogo lento. Tony permaneceu a noite inteira e até se serviu de uma segunda porção. Mas a comida não era a única coisa fantástica. De uma forma que não tenho certeza se já aconteceu antes ou desde então, *realmente* tive a sensação de que éramos todos uma grande família compartilhando aquela refeição de domingo. Os facilitadores, Josh, Mo, Zach e o pai dele, meu pai, Tony, e, é claro, nossos anfitriões. *Nonna* Giuseppina fumou, contou piadas indecentes e fez todo mundo morrer de rir. Ver meu pai se divertindo tanto e sentindo orgulho de mim me deixou com lágrimas nos olhos. No fim da noite, Giuseppina deu um beijo na testa de cada um enquanto nos servia uma taça de *amaro*. Foi uma noite da qual não me esquecerei tão cedo.

Uma taça de *amaro* no final de uma refeição é a materialização da maneira como os italianos enxergam a vida: não se pode apreciar totalmente o doce sem provar do amargo. Nenhuma refeição está completa sem ele. No dia seguinte à filmagem com *nonna* Giuseppina, fomos para Cetera, antiga aldeia de pescadores ao sul de Nápoles. Descendo para a praia, a rua estava ladeada por lojinhas estreitas, em que os comerciantes vendiam frutas, legumes, hortaliças e carnes, tudo muito colorido – um perfeito e pitoresco cartão-postal mediterrâneo. Tony tinha passado a semana inteira de bom humor, mas nesse dia – em contraste com seu suéter cinza, jaqueta de couro preta e óculos escuros Persol –, estava especialmente esfuziante.

Com uma garrafa de amaro, uma taça de vidro para conhaque, três cinegrafistas e quatro produtores a reboque, Tony caminhou pela praia de seixos e se sentou na amurada de um barco de pesca com lustrosas listras azul-turquesa e vermelhas. Era um daqueles dias nublados que faziam algo estranho com a luz, amplificando a cor em vez de suavizá-la. Nuvens obscureciam o pôr do sol, reluziam um cor-de-rosa quase de algodão-doce e refletiam na praia.

"Dentro da doce vida em que tudo é lindo e brilhante e colorido e maravilhoso... uma coisinha amarga", Tony disse, tomando um gole de seu *amaro* enquanto contemplava o mar Tirreno azul-esverdeado.

"Oh, isso é bom. É ridiculamente lindo. Não é?"

O *amaro* é tanto uma filosofia quanto um digestivo, e era nossa tradição terminar os episódios da Itália com Tony desfrutando de uma taça do licor.

"Vou repetir: a vida não é uma merda. Se você parar pra pensar de verdade, o fato de eu estar aqui, e adorando isso, basicamente prova que Deus não existe", Tony disse. "Tá legal. Acho que já temos alguns comentários entusiasmados aqui. Câmeras desligadas, já terminei."

"Mas espere! *Por que* nós estamos aqui?", perguntei, inquieto, ao ver que Tony já tinha terminado, quando na verdade acabávamos de começar.

"Essa pergunta é digna da primeira temporada do *Cook's Tour*", Tony respondeu. "Por que estamos aqui na Costa Amalfitana? Por que eu estou aqui nessa cidadezinha idílica? Nesse que é o país mais magnífico do mundo? Bebendo *amaro* na praia? Por que eu não faria isso, porra? Como você pode me perguntar uma coisa dessas?"

"Isso é responder com uma negativa", aleguei, agarrando-me cegamente a qualquer maneira de prolongar meus minutos de filmagem. "Você poderia tentar responder com uma afirmativa?"

"Então, Tom, vai fundo, vamos fazer um podcast", Tony disse, virando o jogo contra mim: "Vamos falar a verdade: você é o padrão-ouro dos produtores-diretores do *Sem reservas*; quais dicas você pode dar aos jovens e esperançosos estudantes de cinema que gostariam de ser como você?".

As câmeras giraram e me enfocaram; espantado e assustado, paralisei. Havia poucas coisas no mundo de que eu gostasse menos do que estar na frente das câmeras. Aquela filmagem estava totalmente inutilizável para o episódio, e eu só me sentia confortável escondido atrás da quarta parede.

"Não podemos apenas falar sobre a beleza da Costa Amalfitana em vez disso?", perguntei, tentando pular fora da tomada de Tony, mas ele me agarrou e passou o braço em volta do meu ombro.

"Quais eram exatamente suas esperanças e sonhos em relação a esta cena?", Tony perguntou.

"Eu pensei, você sabe, que definiríamos o motivo pelo qual viemos para o sul da Itália", respondi. "Porque você tem algumas opiniões muito fortes sobre o tema."

"Que tipo de aberração doentia não viria pra cá? Quer dizer, olha só pra esse lugar... Você realmente precisa perguntar? Você acha que algum espectador vai se perguntar, 'Puxa, por que o Tony foi a um dos lugares mais belos na Terra? Comer aquela comida sensacional?' Você acha que as pessoas têm alguma dificuldade pra entender isso?"

"Bem, eu, há...", gaguejei.

"O que você vê nessas lentes, cara? Como tudo pode ter ficado tão tortuoso e distorcido?", Tony perguntou. "Vamos lá, Tom. Pare e curta o momento pelo menos uma vez na vida! É um bom emprego, certo? O que você precisa entender é o seguinte, e esse é o segredo naquela minúscula, minúscula lentezinha…" Em nome da ênfase dramática, Tony fez uma longa pausa antes de completar a frase. "O segredo é que na verdade não tem nada a ver com o programa. A questão é se *divertir* pra cacete. Então relaxa! Vamos aproveitar um pouco de ócio, só pra variar. Seu pai está aqui. O pai de Zach está aqui. Minha família está aqui."

"Você está absolutamente correto. É um programa de família", eu disse. "É uma diversão, obrigado."

"Olha, bem ali, uma boa garrafa de amaro, podemos enxugar a porra toda, depois vamos sair pra tomar um gelato", Tony.

"Oh, claro!", eu disse. "Podemos filmar isso?"

CAPÍTULO 15:
CONVERSAS REFINADAS À MESA DO JANTAR

Já se passara quase um ano desde o suicídio de Tony, e mesmo que eu mais que tenha tentado, nenhuma quantidade de culpa, álcool ou fuga foi capaz de me poupar de algumas constatações difíceis. Tudo que antes eu considerava a mais pura verdade estava começando a parecer ou mentira ou erro. Praticamente durante toda a minha vida adulta, considerei Tony um modelo, um exemplo a ser seguido. Eu pensava que ele sabia tudo. Que, como eu, era outra pessoa com um apetite semelhante para problemas, certo grau de inabilidade social, corajoso e inteligente o suficiente para ignorar todos os conselhos sensatos e marchar no seu próprio ritmo, ser dono de seu próprio nariz. A meu ver, Tony, seus triunfos e meu lugar em seu "bando de desajustados" eram prova de que eu estava no caminho certo. Agora, sabendo para onde o caminho de Tony por fim o conduziu, fui levado a questionar a sensatez de minhas próprias escolhas.

Não sei se foi por força ou ressentimento, mas resolvi não repetir os mesmos erros de Tony. Eu devia a mim mesmo pelo menos tentar juntar as peças da minha vida. Estando no que sem dúvida era o ponto mais baixo da minha vida, eu realmente não tinha para onde ir a não ser para cima. Eu estava usando álcool para anestesiar a dor, e por algum tempo isso funcionou. Até que deixou de funcionar. Então, a escolha de parar de beber – de chofre, de maneira total e abrupta – foi das mais fáceis. Comecei a fazer terapia. Eu gostava dela. Pelo menos até o ponto em que é possível gostar de psiquiatras. Na maior parte do tempo, eu falava sobre Tony. Eu ainda tinha medo de que, se falasse demais sobre Tony, ela pensaria que eu estava louco.

No aniversário de um ano da morte de Tony, Todd organizou uma pequena reunião em sua casa no Brooklyn. Josh, que se mudara para Los Angeles com a esposa e os dois filhos, também compareceu. Todos se reuniram ao redor do piano, Josh comandando o teclado, para cantar "Oh You Pretty Things", de David Bowie. Eu me afastei para assistir, mais confortável a uma pequena distância. Todd, o anfitrião, pegou seu violão e assumiu o entretenimento musical, o que propiciou a Josh e a mim a oportunidade de colocarmos o papo em dia. A conversa, é claro, gravitou em torno de Tony.

"Sabe, o nosso trabalho era tentar pensar como o Tony", Josh disse. "E ele tinha bom gosto, então da maioria das merdas de que ele gostava eu acabava gostando. Grande parte de quem eu sou está relacionada ao Tony. Uma vez fui com ele a um show do Iggy Pop, e no meio da performance o Iggy saltou do palco diretamente nos meus braços."

"Nem vem!", duvidei.

"História real. Agarrei o Iggy nos meus braços como se ele fosse um bebezinho. E depois o carreguei de volta ao palco. Na noite seguinte estávamos jantando, e o Tony me apresentou ao Iggy. Ele disse: 'Esse é o Josh, mas vocês já se conhecem'. Eu pego o carro pra levar as crianças à escola, e meu algoritmo do Spotify toca Iggy and The Stooges. Isso me traz lembranças."

"Tenho lutado com isso. O que sou eu? O que é o Tony? De quantas coisas preciso abrir mão? Com quantas coisas posso ficar?", eu disse.

"Você sabe o que eu precisava fazer?" Josh disse. "Quando estava na França, naquela última filmagem, a Haj estava grávida, e eu saí pra fazer compras. Comprei cegonhas, alguns livrinhos para bebês em francês, bugigangas, essas merdas. E quando o Tony se matou, tudo aconteceu tão rápido, eu simplesmente joguei tudo na minha mala. Voltei pra casa e a tal mala ficou encostada na garagem por um tempão. Eu não queria lidar com isso. Até que um dia eu me dei conta de que precisava tirar essa porcaria da minha casa. Então, sim, de certa forma ainda estou puto com ele, mas eu precisava me livrar da mala e de tudo que eu trouxe da França dentro dela. Todo o resto pertence a mim."

"Isso é inteligente", comentei sem entusiasmo. Vendo que eu parecia triste, Josh colocou sua enorme mão no meu ombro e apertou.

"Sabe, decidi manter *uma coisa* da França", ele disse.

"O quê?", perguntei.

"Um pouco antes de eu viajar, a Haj e eu descobrimos que o JJ ganharia uma irmãzinha. Eu tinha que contar ao Tony que estávamos esperando uma menininha. Quando ele soube, sorriu, apertou minha mão e disse: 'Agora você terá o seu Sol *e* a sua Lua'. Eu realmente valorizo aquele momento. É meio louco também: a Haj e eu já tínhamos decidido chamar a bebê de Leila, que significa 'noite' em farsi. Então o Tony acertou mais uma."

"Nunca pensei que fosse acabar", eu disse. "Foi uma viagem e tanto. Bem… foi uma honra servir ao seu lado, Josh."

"Isso mesmo, irmão! Atacando as praias do Margaritaville! Vencemos naquele dia. Dá pra acreditar que fazíamos merdas idiotas como aquela pelo mundo inteiro afora? Porra. Que sorte nós temos? É importante reconhecer que somos muito sortudos."

Eu sorri e fiz que sim com a cabeça, mas por dentro não me sentia com sorte. Reconhecer que éramos sortudos exigia admitir que tudo estava no passado. Exigia admitir também que, ao contrário de outros membros da equipe, em algum lugar ao longo do caminho eu tinha perdido a capacidade de parar e curtir o momento, consumido demais pelo estresse e preocupações para me permitir desfrutar o presente. Olhando ao redor da sala, me pareceu que, apesar de lidar com seus próprios traumas relacionados à morte de Tony, todos tinham encontrado uma maneira de juntar os cacos. Era hora de eu fazer algo com a minha vida, mas voltar para a televisão não era uma opção.

Comecei a escrever sobre Tony e minhas viagens porque não havia mais nada que eu pudesse fazer. Em busca de inspiração, revisitei antigos cadernos e álbuns de fotos, filmagens brutas e e-mails, e fiquei surpreso com o quanto Tony falou sobre a morte, para a câmera e fora dela.

O quebra-gelo favorito e recorrente de Tony para descontrair o interlocutor era perguntar: "O que você escolheria como sua última refeição?". Depois de ouvir a resposta de seu companheiro comensal, Tony costumava responder a sua própria pergunta, geralmente mencionando alguma coisa do tipo "um sushi de fazer cair o queixo". "Se eu morresse com um bocado de sushi de uni e um pouco de arroz realmente bom, sobretudo se fosse feito pelo Yasuda,[*] eu não reclamaria, sangrando no balcão de madeira Hinoki." Uma vez eu o ouvi dar um conselho mais útil: "Ao enfrentar a morte, é uma boa ideia fazer uma refeição leve".

Outro dos refinados temas das conversas de Tony à mesa do jantar era descrever a maneira como ele queria morrer, geralmente com profusão

---

[*]   Famoso restaurante de sushi em Nova York. (N. T.)

de detalhes explícitos. As circunstâncias de sua morte imaginária refletiam o estado de ânimo do momento.

Aterrorizado diante da ideia de uma morte lenta em uma cama de hospital, o plano original de Tony era que, quando o médico encontrasse o inevitável caroço, ele desapareceria em uma ilha em algum lugar do Pacífico Sul, onde passaria seus dias restantes na praia injetando heroína, de que sentia muita falta.

Após o nascimento de sua filha – um período feliz e otimista –, Tony fantasiava ser um velho em um jardim italiano – como na cena de *O poderoso chefão* –, vitimado por um ataque cardíaco fulminante enquanto brincava com os netinhos, uma casca de laranja enfiada na boca.

Quando estava com um humor mais sombrio, Tony dizia: "Eu quero ser atropelado por um caminhão de sorvete, ficar enroscado no vão da roda, o motorista distraído me arrastando rua abaixo enquanto toca a musiquinha feliz de caminhão de sorvete, para o horror das crianças".

Outra variante dessa lengalenga sobre "morte por diversão" girava em torno de cair dentro de um triturador de madeira e ser pulverizado em cima de uma multidão de desavisados clientes de uma loja de departamentos. "As pessoas estão lá experimentando a amostra de perfume grátis e, de repente, a tubulação de ventilação começa a disparar estilhaços de ossos e respingos de sangue e pedaços de tripa por toda parte." Muitos anos atrás, em Baja, pedi a Tony que fizesse um comentário para a câmera sobre suas primeiras impressões.

"Caralho, você nunca desiste, não é?!", ele brincou. "Quando eu morrer, você vai estar lá no meu funeral, me cutucando com um pedaço de pau, perguntando: 'Quais são suas primeiras impressões sobre estar morto?'".

Com toda a tranquilidade do mundo, em inúmeras ocasiões Tony escapava ileso de inúmeras enrascadas à primeira vista mortíferas. Depois de vê-lo sair sem um arranhão de muitas acrobacias perigosas, acidentes de paraquedismo e capotamentos de quadriciclos capazes de esmagar colunas vertebrais, comecei a pensar que Tony era invencível, ou até mesmo imortal. Ele tinha nove vidas, apesar de seu aparente desejo de morte.

Esfreguei a camada de gelo da janela do carro. Lá fora não havia nada além de neve rodopiante e o uivo de enregelar os ossos de uma tempestade de fim de dezembro que fustigava a Sibéria. Através do *tump, tump, tump, tump* dos limpadores do para-brisa, nossos faróis iluminavam esporádicas silhuetas escuras de homens que, vestindo grossas parcas e munidos de vassouras, travavam uma batalha para tirar o excesso de neve que se acumulava aos montes naquele trecho pouco movimentado da rodovia rural da Manchúria; eles estavam perdendo a guerra.

"O que temos em termos de provisões?", Tony perguntou.

"Há algumas barrinhas de proteína aqui em algum lugar", respondi.

"Ora, o pior cenário possível seria eu ter que comer uma dessas coisas", Tony disse.

"Tenho certeza de que a tempestade vai passar em breve."

"Bem, espero que você esteja certo, porque se ficarmos presos aqui na nevasca, podemos ser forçados a tomar algumas decisões difíceis", Tony disse. "Por exemplo: qual de vocês nós vamos comer primeiro..." O silêncio foi finalmente rompido por uma risada de reação retardada de Todd. "Diante da ameaça da fome, vocês ficariam surpresos ao ver a rapidez com que uma situação pode se deteriorar", Tony continuou. "É importante pensarmos bem a respeito dessas coisas enquanto ainda estamos com a mente sã."

"Fácil, tiramos a sorte no palitinho", Todd sugeriu.

"Manobra amadora", Tony disse. "Há muitas variáveis importantes em jogo pra deixar que o acaso decida... por exemplo: habilidades úteis que possam ajudar na nossa sobrevivência, quem seria mais fácil de matar e, talvez o mais importante, quem provavelmente seria uma refeição de merda."

Observei o motorista se concentrando na rodovia em meio aos açoites implacáveis da tempestade. A tormenta acabou sendo pior do que o previsto e não dava a impressão de que arrefeceria tão cedo. Tony olhou ao redor da van mal iluminada, estudando com atenção suas presas, pesando prós e contras enquanto repassava mentalmente uma lista de receitas. Considerei a fome em seu olhar fixo e resoluto... enervante.

"E quanto ao motorista?", perguntei.

"Bem, isso seria simplesmente cruel. Além do mais, se o comêssemos, então quem nos tiraria daqui quando o tempo finalmente melhorasse?", Tony respondeu, balançando a cabeça com desdém. "Vamos ver... no evento cada vez mais provável de sermos forçados a recorrer ao canibalismo intraequipe... capacidade de operar uma câmera é de pouca utilidade para o bem maior." Olhando Todd lentamente de cima a baixo, os olhos de Tony se detiveram nas pernas dele. "Essas panturrilhas carnudas dariam um fantástico acepipe, assando em fogo lento com alecrim. Mas não acho que o Todd aceitaria adentrar mansamente a noite linda..."

"Além disso, não sei onde conseguiríamos alecrim por aqui nesta época do ano", Todd disse.

"O Zach pode até resistir, mas sem dúvida seria menos difícil abatê-lo", Tony teorizou. Ele estendeu a mão e apalpou o braço de Zach, fazendo-o se contorcer. "Os ossos não têm muita carne, e a pouca que têm parece meio pegajosa. Depois de deixar amaciando por um tempão, provavelmente eu teria que cozinhar em um ragu por uma eternidade. É muito trabalho pra um rendimento mínimo, e o Zach *tem* habilidades de primeiros socorros."

"Quer dizer, se nós realmente vamos dar uma de canibais da 'Caravana Donner',* é melhor alguém filmar isso", sugeri. No mesmo instante percebi o erro de me manifestar. "Hum, e de jeito nenhum, nem a pau, eu aceitaria morrer sem lutar com unhas e dentes." Em todo caso, eu queria ter certeza de que meu posicionamento ficaria registrado. Só por precaução.

"*Pff.* Ahã, certo", Tony disse, revirando os olhos antes de me esquadrinhar por um momento. "O Tom, por sua vez, provavelmente precisaria ser assado com bastante tempero", Tony. "Tempero seco do Kansas, talvez. Gado criado sob estresse extremo tende a ter um sabor amargo. É chamado de 'carne de corte escuro'".

"Eu acho que sobrou pra mim", Jared disse.

"Você é valioso demais pra nossa operação", Tony disse. "Você tem o dinheiro e os cigarros. E vou precisar de uma testemunha cujo depoimento seja válido no tribunal."

"E se todos nós votarmos pra comer o Tony?", Zach perguntou.

"Isto aqui não é uma democracia", Tony refutou. "Além disso, se é que aprendemos alguma coisa desde que começamos a fazer este programa, é que, se vocês forem deixados por sua própria conta e risco, em dez minutos começam a rachar os crânios uns dos outros, sugando cérebros indiscriminadamente."

Abençoada com o dom de elevar o mundano ao absurdo, a imaginação de Tony era tão poderosa que ele era literalmente capaz de fazer a sua própria realidade ganhar vida. Eu adorava a maneira como ele reinterpretava o cotidiano cinzento, tornando-o mais colorido. Talvez nem sempre fosse fácil viver no mundo de Tony, mas nunca era enfadonho.

---

* Grupo de pioneiros norte-americanos que migraram em carroças do Meio-Oeste rumo à Califórnia; presos na neve no inverno de 1846-47, alguns recorreram ao canibalismo para sobreviver, comendo os corpos dos que sucumbiram à fome e à doença. (N. T.)

Tony herdou do pai seu senso de humor perverso. Pierre Bourdain trabalhou para a Columbia Records e incutiu em Tony desde muito cedo o amor por música e cinema, mostrando-lhe filmes como o *Doutor Fantástico*, de Stanley Kubrick. Pierre morreu inesperadamente aos 57 anos, e Tony nunca superou essa perda.

"Sabia que meu pai tinha um livro de recortes em que ele colecionava notícias de jornal sobre mergulhos de ônibus?", Tony disse, observando um ônibus abarrotado com pastilhas de freio gastas correndo a toda velocidade em nossa direção depois de fazer uma curva cega. Cometi o erro de olhar pela janela e para baixo na estradinha de terra estreita e sinuosa. As rodas do nosso Land Cruiser estavam a meros centímetros de uma queda de 300 m de altura da encosta em um remoto abismo do Himalaia.

"Mergulhos de ônibus?", perguntei, em uma voz uma ou duas oitavas acima do normal.

"Sim, os editores recorriam a isso quando tinham que preencher os espaços vazios no jornal. Sempre pareciam ser histórias sobre ônibus despencando de uma ponte ou penhasco e mergulhando em um desfiladeiro remoto em algum lugar distante tipo… bem… o Himalaia. Quanto mais horrível o desastre, mais interessante. Pontos extras se houvesse um grupo de pessoas notáveis a bordo, como os enlutados de uma cerimônia fúnebre ou um piquenique de cientistas."

Embora o comportamento imprudente de Tony sugerisse que ele tinha uma pulsão de morte, ele não se sentia à vontade com o conceito de morrer. Como fazia com outras coisas que o incomodavam, ele usava o humor ácido como uma defesa. Tony dizia: "Coisas dolorosas são engraçadas, uma das regras essenciais da comédia. As merdas que realmente doem, as nossas maiores humilhações, elas são engraçadas, sabe?".

Tony sempre dizia: "Os açougueiros têm o melhor senso de humor. Passar o dia inteiro esquartejando corpos dá a você uma perspectiva deturpada e hilária". Tony deixaria qualquer açougueiro envergonhado. Seus talentos nunca ficavam mais evidentes do que quando nos víamos em uma situação desconfortável.

Além de seu senso de humor macabro, Tony fazia constantes e irreverentes alusões ao suicídio, e eu incluía essas referências nos programas porque eram, bem, engraçadas. A maneira como Tony falava abertamente sobre medos, fraquezas, angústia e morte impediu que até mesmo as pessoas próximas a ele vissem como esses sentimentos eram na verdade profundos, sombrios e destrutivos. Depois que Tony morreu, uma das primeiras coisas que as pessoas me perguntaram foi se ele deixou um bilhete. Horrorizado, percebi que durante dezesseis anos eu involuntariamente o estava ajudando a escrever um.

CAPÍTULO 16:
CARMA

"Pra onde você está indo?", minha vizinha Andrea perguntou.

"Java e Bali", eu disse, erguendo minhas malas para dentro no carro. "Isto é, se eu conseguir chegar a tempo no aeroporto." Eu estava atrasado, como sempre, mais uma vez tendo esperado até o último minuto para fazer as malas.

"Vai filmar algum funeral?", ela perguntou. "Fui convidada para participar de um quando estive na Indonésia; foi o ponto alto da viagem."

Meus ouvidos se aguçaram. Ao longo dos anos, tínhamos filmado quase todas as formas de festividades e celebrações imagináveis, mas *nunca* um funeral. Aparentemente, em Bali os funerais eram festas bastantes barulhentas. Depois de chegar ao país, expus a ideia em nossa primeira reunião de produção.

"Não existe nada igual a um funeral em Bali. As cremações são uma festança!", Desak, um de nossos facilitadores, disse.

Fiquei intrigado. No entanto, a logística a se considerar era assustadora. Como é que encaixaríamos o funeral de alguém que ainda não tinha morrido em um cronograma de produção tão apertado? Será que a família do falecido ia querer a presença de uma equipe de filmagem lá? Tony concordaria com a cena? Apostar as fichas em uma empreitada com chances tão pequenas de sucesso seria um uso proveitoso de recursos limitados? Por outro lado, um funeral, que também era uma festa, combinava perfeitamente com o tema do episódio: a dualidade na cultura balinesa. Em total contraste com o pensamento ocidental, que é muito mais rígido, na ilha de Bali os opostos aparentemente contrastantes – claro e escuro, visível e invisível, vida e morte – são interdependentes e coexistem de maneira pacífica. A síntese perfeita desse conceito é a crença de que a morte de uma pessoa é algo a ser celebrado. Portanto, apesar dos riscos, decidi jogar a sorte.

"Vou rezar pra alguém morrer, porque assim a gente pode ter nosso funeral", Desak sorriu.

"Obrigado", eu disse, sentindo-me um pouco desconfortável por mais uma vez me ver na estranha posição de cortejar o infortúnio para o benefício do programa.

No entanto, a cada dia que passava diminuía a probabilidade de conseguirmos incluir um funeral nas filmagens. Na semana e meia desde a nossa chegada à Indonésia, quase tudo que poderia dar errado tinha dado errado. Emblemática da comédia de erros em que se transformou nossa desventura tropical até então, a única vez que *não* ficamos empacados em um engarrafamento foi a ocasião em que programamos filmar os engarrafamentos. Durante uma cena em Jacarta um gato deu à luz um único gatinho morto, o que aparentemente poderia ser um mau presságio. Ameaçando entrar em erupção, o vulcão de Bali começou a expelir fumaça pela primeira vez em quinze anos, e não conseguimos captar nenhuma imagem disso. A sensação era a de que qualquer coisa que envolvesse sair do hotel estava fazendo a produção desmoronar sob seu próprio peso.

Portanto, eu não deveria ter ficado surpreso ao descobrir que o catamarã que alugamos para a cena na água programada para o dia não tinha velas funcionais. No entanto, eu estava fazendo o melhor que podia para manter uma atitude positiva e ignorar a barulheira dos motores de popa bagunçando o áudio. Os cinegrafistas lutavam para manter tanto um enquadramento estável quanto o equilíbrio cada vez que o barco se erguia em direção ao céu antes de tombar de novo, deslizando sobre as cristas de ondas de três metros de altura.

"Eu cresci lendo livros sobre piratas. Joseph Conrad e *Lorde Jim* deixaram uma profunda impressão em mim", Tony disse. "Eu acho que seria uma longa história explicar por que estou fazendo o que estou fazendo."

"Este é um dos três lugares mais piráticos do planeta", Lawrence disse, ajustando o tapa-olho. Expatriado britânico com doutorado em psicoantropologia, Lawrence passou a maior parte da década de 1970 navegando pelo arquipélago indonésio com seu irmão e uma câmera de 16 mm. "Vivi seis meses com os *boogies*", continuou ele. "São um bando de marinheiros selvagens que, acredita-se, deram ao idioma inglês a palavra '*boogie*' ou '*bogeyman*', 'bicho-papão'. Também filmei com a tribo canibal que comeu Michael Rockefeller."

Lawrence e seu irmão produziram uma série documental sobre sua aventura, após a qual decidiram ficar. Das 17 mil ilhas indonésias, escolheram Bali para chamar de lar.

"Quando chegamos, apenas um punhado de estrangeiros morava aqui", Lawrence continuou. "Sem eletricidade, apenas um telefone no aeroporto."

"Estive em Bali onze anos atrás", Tony disse. "E muita coisa mudou."

Naquela primeira viagem para filmar um episódio de *Sem reservas*, Tony ficou encantado pelos exuberantes arrozais verdes da ilha, os templos antigos, as cerimônias religiosas, a música de gamelão (a orquestra indonésia) que induzia ao transe e às calorosas boas-vindas da população local. Retornando agora para a nova filmagem na primavera de 2018, Tony ficou decepcionado ao constatar que a outrora bucólica ilha paradisíaca havia sido transformada em um labirinto de trânsito engarrafado. Lojas, albergues, bares, estúdios de ioga e restaurantes substituíram o que outrora eram arrozais. Turistas e hotéis de luxo atulhavam praias antes intocadas. Havia lixo plástico espalhado por toda parte, soprando feito amaranto-do-deserto urbano no que Tony chamou de apocalipse pós-*Comer, rezar, amar*. Portanto, uma viagem pelo estreito de Lombok para uma ilha comparativamente menos desenvolvida parecia uma boa ideia.

"Acho que chegaremos em breve", eu disse. "Essa pode ser uma boa hora pra conversamos sobre o lugar para onde estamos indo."

"Bem, Nusa Penida já foi uma colônia penal de Bali", Lawrence explicou. "E eles acreditam também que é a casa das *leyaks*, as bruxas, os praticantes de magia negra."

"Essa ilha não foi invadida por turistas como Bali?", Tony perguntou.

"Não", respondeu Lawrence. "De alguma maneira, não foi."

Aproximando-me da costa acidentada de Nusa Penida, avistei formações rochosas de estranhos formatos projetando-se do denso dossel de selva. A ilha parecia atemporal e imaculada, ainda sem sofrer a contaminação do flagelo do turismo. Contornando uma escarpa irregular, entramos em uma enseada abrigada e lançamos âncora. Nosso destino – uma deslumbrante praia de areia branca circundada por cintilante água azul-turquesa – não poderia ser mais bonito. A sensação era a de que encontramos por acaso um tesouro escondido, como se houvesse um conluio das falésias e da vegetação cerrada da ilha para preservar o lugar e mantê-lo como seu segredo, guardado a sete chaves com o maior zelo.

"Bem, com certeza temos o lugar todo pra nós", Lawrence disse.

Perscrutando a paisagem, era difícil acreditar que estávamos apenas a 20 km das casas noturnas, hotéis, estúdios de ioga e fumaça de escapamento de Bali. Assim que chegamos à areia, no entanto, uma surpresa desagradável nos aguardava.

"Este é o problema: mesmo nas praias mais selvagens e remotas o lixo ainda chega, trazido pelas ondas", Lawrence disse.

Além de isopor, redes de pesca esfarrapadas e onipresentes garrafas plásticas, recolhemos cinco seringas hipodérmicas. Depois de restaurarmos a praia a seu estado natural, era hora de montar o equipamento de filmagem. Todos os itens necessários para a cena – mesas, cadeiras, guarda-sóis, uma churrasqueira, lagostas espinhosas gigantes, bem como um chef local, vieram conosco de barco. Com um olho nas câmeras que filmavam material adicional e a preparação da comida e o outro em Tony, que tinha ido nadar, parei por um momento para me sentar na areia e respirar a brisa fresca do mar. O dia estava perfeito; o sol do fim de tarde reluzia na lagoa, o único som era o marulho das ondas quebrando. Tomei algumas doses da garrafa de Johnnie Walker do *duty-free* escondida na minha mochila. Após o caos generalizado de Bali, havia algo quase assustador naquele vazio.

"Tudo bem, pessoal, vamos reconfigurar e voltar pra mesa", gritei no walkie-talkie. Não me considerava supersticioso, mas tinha ouvido apenas histórias assustadoras sobre a "ilha da magia negra", como os moradores locais a chamavam, e perder a maré significaria ficarmos isolados lá durante a noite.

"Estas são as maiores lagostas locais que já vi", Lawrence disse quando os enormes crustáceos atingiram a mesa com um baque. "Na realidade, pior que são lagostins, não são?"

"Se isto é um lagostim, então eu não quero conhecer a lagosta", Tony disse, começando a comer.

Enquanto as câmeras rodavam, a conversa ziguezagueou entre temas como psicoantropologia, reencarnação e religião balinesa.

"Chamamos Bali de 'a ilha dos deuses'. Esse é o slogan para a indústria do turismo, mas é igualmente uma ilha dos demônios", Lawrence observou. "Os balineses acreditam que o universo é um equilíbrio de luz e escuridão, bem e mal. Um não pode existir sem o outro."

"Temos falado sobre isso durante todo o episódio", Tony disse. "No Ocidente, tendemos a pensar nas coisas de maneira binária. Há bem e mal, capitalista e comunista, vida e morte. Mas, nesta parte do mundo, as noções de luz e escuridão, bem e mal são não absolutas?"

"Nem um pouco", Lawrence respondeu. "É o que acontece especificamente em Bali com os budistas hindus. Eles veem o mundo em termos de equilíbrio."

"Então eles sabem coisas que nós não sabemos?", Tony perguntou.

"Com certeza", respondeu Lawrence.

Espiritualidade e magia estavam tão entrelaçadas na tessitura da vida cotidiana que Bali tinha mais templos do que casas. Em contraste com o resto da Indonésia – a nação muçulmana mais populosa da Terra –, os balineses praticavam uma forma singular de hinduísmo que combinava elementos do budismo com animismo e antigas crenças de adoração aos ancestrais.

"Não importa onde eu esteja, há sempre um fiapo de voz do lado de fora de mim mesmo que me questiona sobre a experiência", Tony disse. "Sempre há um '*Eu gostaria de estar aqui agora*'. Mas muito raramente sou capaz de me sentir assim… a menos que tenha o auxílio de alguma droga psicoativa. Eu gostaria de poder libertar a mim mesmo da parte analítica da minha mente."

Nos últimos dois anos, vi Tony demonstrar uma genuína motivação pelo crescimento filosófico pessoal. Talvez fosse porque ele estava ficando mais velho, ou mais maduro. Seja qual for a razão, sua atitude em relação à religião evoluiu de um desdém sarcástico para uma espécie de curiosidade intelectual, sobretudo com relação a certos elementos do budismo. Alguns meses antes da Indonésia, enquanto estávamos no Butão, fiquei surpreso com seu considerável conhecimento acerca de ensinamentos budistas. Ele ficou impressionado com a forma como os butaneses consideravam terapêutico passar algum tempo todos os dias refletindo sobre a morte.

"Será que o Lawrence pode nos falar sobre os funerais?", perguntei.

"Sim, conte-me sobre os funerais", Tony disse. "Com sorte, vamos conseguir participar de um."

"Vocês vão?", Lawrence perguntou. "Bem, um funeral balinês é um fenômeno que de fato dá o que pensar, sobretudo para nós, ocidentais, que nos distanciamos da morte. É com certeza uma coisa extraordinária você literalmente acender o fósforo que consome seu ente querido."

"Imagino que sim… como qualquer pessoa, eu já pensei de que maneira quero partir", Tony disse.

"Você quer que todos eles chorem, não é?", Lawrence perguntou com uma risada.

"Não, me abandonem na selva", Tony esclareceu. "Eu não quero que ninguém veja meu corpo. Eu não quero uma festa."

"Tá bom", Lawrence disse, sem saber para onde Tony estava levando a conversa.

"O que vai acontecer com meus restos físicos é de zero interesse pra mim, a menos que possa proporcionar valor de entretenimento... quero dizer, de uma maneira perversa ou subversiva. Se você pudesse me jogar em um triturador de madeira e me borrifar dentro da Harrods, você sabe, no meio da hora do rush. Isso seria muito épico. Eu não me importaria de ser lembrado dessa forma..." Tony fez uma pausa para refletir por um momento, fitando o oceano. "Mas, de resto, é isso aí, eu não gostaria que meus entes queridos fossem incomodados ou incumbidos do fardo de ter que emular alguma preocupação, afeto ou sensação de perda quando, na verdade, estão pensando apenas em... sei lá, 'hoje na Applebee's tem uma promoção em que você compra uma porção de asinhas de frango fritas e leva duas'".

Horas mais tarde, eu me reclinei em uma enorme poltrona roxa e observei turistas endinheirados saborearem coquetéis caríssimos. O DJ tocava música techno sob uma policromia de luzes pulsantes cor de água, violeta e magenta. O ambiente tinha mais a ver com uma balada à beira-mar do que um bar de hotel, mas tudo no resort W Bali era exagerado.

"É tipo uma sala inteira", Tony disse. "Com um chuveiro de efeito chuva. Ao lado há um jardim com um teto aberto e uma tigela de mármore gigante que é uma banheira. Esse é outro cômodo."

"Você tem um cômodo separado só pra banheira?", perguntei.

"Eu tenho um cômodo separado só pra banheira", Tony disse. "E uma piscina de natação privativa. Por que você não se muda pra minha casa, cara? Falando sério."

"Bem, eu não quero incomodar você", respondi, sem saber direito o que pensar sobre o convite.

"Há uma ala de hóspedes que é como um outro complexo de apartamentos", Tony explicou. "No meio há uma área de estar comum. Então leve suas coisas pra lá, cara. Saia de suas acomodações opressivas. Sério."

Ser convidado a me mudar para a suíte de hotel de Tony – ou complexo de *villas*, neste caso – não era uma ocorrência cotidiana. No último ano, mais ou menos, Tony se tornara mais volátil, mas de maneira geral também mais agradável para mim do que tinha sido no passado, o que, ironicamente, só me deixou mais nervoso. A verdade é que Tony me assustava. Eu ia dizer algo estúpido e me constranger? Ele ia fazer alguma coisa cruel? Era um gesto de gentileza ou apenas mais uma impulsiva e repentina mudança de humor que poderia se reverter a qualquer segundo? Eu não confiava no meu próprio discernimento quando se tratava de Tony. Eu me afligia ao pensar que, se eu abaixasse a guarda, seria ainda mais doloroso quando ele inevitavelmente puxasse o tapete. Em algum lugar ao longo do caminho, aprendi que era mais seguro manter distância.

"Que loucura o que o Lawrence disse sobre os hotéis, hein?", comentei, ansioso para mudar de assunto.

"Sim", Tony disse. "Estamos sentados em cima de uma montanha de crânios."

Outro dos temas que o episódio pretendia abordar era o rescaldo, ainda em desdobramento, dos massacres anticomunistas em 1965, conhecido como "o ano de viver perigosamente". Segundo alguns relatos, três milhões de indonésios foram trucidados. Era um segredo mal guardado que os hotéis de luxo alinhados ao longo da praia tinham sido construídos em cima de valas comuns. Assombrou-me a imagem de cadáveres emergindo de debaixo da piscina para se vingar dos indiferentes hóspedes do hotel, como no filme *Poltergeist*.

"Um pedido de asinhas de frango, dois pedidos de batata frita, dois pedidos de pizza marguerita, dois pedidos de hambúrgueres e quatro doses duplas de Johnnie Walker Black e uma Coca-Cola", o garçom anunciou, entregando nosso jantar padrão internacional fora das câmeras.

"Você não disse nada sobre a foto", falei assim que eu e Tony ficamos a sós. Eu vinha carregando uma fotografia emoldurada da minha gata Frida – que Tony rebatizou de "sr. Bigodes" –, esperando que ele notasse. Mas, depois de quatro dias e alguns drinques, perdi a paciência. "Sr. Bigodes morreu um dia antes de eu partir pra Indonésia", eu disse, com a voz um pouco embargada. "Ela sabia que eu estava indo embora. Eu a enterrei no quintal debaixo da nossa roseira favorita."

"Ah, eu sinto muito, Tom", Tony disse, lançando-me um olhar compadecido por cima de seu iPad. Depois de uma longa pausa, ele disse também: "Ofereceram um papel à Asia como jurada naquele programa de TV italiano *The X Factor*. Eu acho que é realmente uma péssima ideia. É um cronograma apertado e vai ocupar uma grande quantidade do tempo dela".

Tony tinha plena consciência de como eu era apegado àquela gata, e me senti magoado por sua aparente falta de interesse pela minha vida, embora eu soubesse que isso não era verdade. Uma das estratégias de Tony para lidar com situações incômodas era mudar de assunto, o que não diferia muito do que eu fazia.

Durante anos, tive que fingir que me importava com a mais recente obsessão de Tony, fosse qual fosse – de jiu-jitsu brasileiro à disputa Universo Marvel *versus* Universo DC –, e nos últimos dezoito meses o único assunto sobre o qual ele queria falar era Asia Argento. Eu sabia que ele queria que eu lhe perguntasse o que era o programa *The X Factor*, mas naquela ocasião eu simplesmente não tinha energia para agradá-lo. Em vez disso, deixei o silêncio preencher o espaço vazio entre nós.

Tony fitou as lanternas de papel alaranjadas amarradas entre as palmeiras que balançavam na brisa do oceano antes de se levantar e dizer: "Tudo bem, estou saindo. Amanhã você me diz se quer se mudar, cara. Estou te falando que tem uma porra de um prédio inteiro extra. Você vai ter sua própria piscina".

"Estamos rodando", avisei.

"Então isso também é Bali, eu acho. Ou agora é. Obrigado, Jimmy Buffett, por cagar em cima do mundo", Tony disse para a câmera.

Ele se sentou em uma espreguiçadeira ao lado da piscina; vestindo uma camisa preta, jeans e óculos escuros Persol preto-azeviche, era impossível um contraste maior com o ambiente ao redor. Por toda parte estávamos circundados por risos, respingos de água e lazer. Estávamos filmando uma cena solo nas impressionantes piscinas em formato de lagoas interconectadas, que desciam em cascata em cinco níveis desde o mezanino até a praia. Casais de sunga e biquínis em tons pastéis se bronzeavam em espreguiçadeiras, enquanto outros hóspedes brincavam em enormes unicórnios infláveis da cor do arco-íris. Amigos australianos bebericavam cerveja e se cumprimentavam com um "toca aqui!". Todos estavam se divertindo, exceto Tony, cujo aspecto de sofrência chegava a ser hilário.

"Devo dizer que essa não é a Bali de que me lembro. Está diferente... está, tipo, lotada", Tony disse. "Por que não posso ser feliz? Eu não sinto o cheiro das especiarias do Oriente. Eu não ouço mais o gamelão, *bing-bong-bung*, como escutei da primeira vez que estive aqui." Tony tomou um gole de sua margarita de manga, seu drinque preferido do W Bali.

"De qualquer forma, pessoal, vamos comer alguns baldes de frango mais tarde. É uma festa na piscina, nada muito sofisticado", Tony avisou convidando a equipe. Ao longo do último ano, mais ou menos, Tony demonstrou maior interesse em passar tempo conosco jogando conversa fora, e perguntava quando gostaríamos de voltar para o hotel. Normalmente já era tarde demais para a turma de cinegrafistas, o que significava que no fim das contas apenas eu sozinho o encontrava no bar. Mas nessa noite encerramos cedo, já no hotel, e Tony descobriu que havia uma unidade do KFC lá perto, então seria uma festa.

"Não se esqueça de pedir macarrão com queijo e biscoitos", Tony disse após a cena. "Estou com fome pra caralho."

"Não apenas uma, mas três pessoas da minha aldeia morreram", Desak disse. "E um dos defuntos é um sumo sacerdote."

"Você está brincando? Isso é fantástico!", exclamei antes de me conter, atenuando a empolgação. "Quero dizer, minhas condolências à família."

Eu mal podia acreditar que Desak tinha conseguido. Apesar dos pesares, no fim das contas eu filmaria o almejado funeral. Na manhã seguinte, último dia de filmagens, preparamos tudo para que Tony compartilhasse um café da manhã simples à base de arroz, sambal e frango cozido no vapor em folha de bananeira com um morador local chamado Kadek, que chegou paramentado com camiseta e um sarongue tradicional com lenço de batik na cabeça, exibindo no rosto um leve sorriso.

Tony chegou, sentou-se de pernas cruzadas à mesa e viu que eu tinha colocado uma pequena foto da sr. Bigodes ao lado de uma oferenda em segundo plano na cena. Olhou rapidamente para mim com uma expressão que não consegui decifrar com exatidão, mas não disse nada.

"É uma ocasião alegre, especialmente a cremação. É uma grande festa para enviar o espírito de volta à vida após a morte", Kadek explicou.

"Uma vez que as pessoas acreditam piamente que não estamos falando sobre o fim, então isso é motivo pra ficarem felizes?", Tony perguntou.

"A vida é cíclica", Kadek declarou, assentindo. "O estado de espírito na hora da morte é muito importante para a próxima jornada… a cremação liberta a alma, purificando-a com o fogo. Isso permite que os mortos voltem ao ciclo de reencarnação."

Depois de filmarmos o café da manhã, a equipe se reconfigurou para o desfile e celebração da cremação. As câmeras captaram o corpo do sumo sacerdote ser lavado e embrulhado em uma mortalha branca antes de ser colocado dentro de um requintado pagode de várias camadas em formato de touro. Feito de bambu e papel e da altura de uma casa de dois andares, o sarcófago em forma de touro era branco com chifres dourados e coberto com joias de ouro, lenços e adereço de cabeça. Destinada a levar o falecido para a próxima vida, era uma escultura incrivelmente bela, concebida para durar apenas vinte e quatro horas antes de ser incinerada.

O cortejo fúnebre começou com o bater de tambores, cânticos e dobres de sinos. Várias centenas de membros da aldeia estavam lá, rindo e gritando, alguns tirando fotos ou filmando com seus celulares, outros carregando oferendas de comida ou flores. Todos se reuniram em torno do touro, que foi colocado nos ombros de cerca de vinte rapazes. O volume da música aumentou, e a procissão teve início. Conforme o prometido, prevalecia uma atmosfera de festa. Em todos os lugares viam-se sorrisos escancarados; o sentimento era mais de um desfile da vitória do que de um funeral, pelo menos em comparação com a minha experiência anterior. Não havia como negar que o evento era um espetáculo impressionante de se ver.

"O sacerdote está jogando arroz junto com dinheiro ao longo do caminho para confundir e desencaminhar os espíritos que podem tentar seguir a procissão", Kadek explicou.

Vestidos de branco da cabeça aos pés, os músicos da banda batiam tambores, pratos, carrilhões, gongos, metalofones e outros instrumentos da orquestra de gamelão, alguns pequenos, outros imensos, de mais de 1 m de diâmetro, marcando um ritmo cada vez mais frenético.

"Eu adorei o som, é lindo", Tony disse.

"É sempre um pouco desafinado, então eles criam esse grande ruído que reverbera por todo o seu corpo", Kadek explicou por cima da barulheira. "A ideia é que isso quebra a ilusão entre os mundos visível e invisível."

Cânticos e gritos rodopiavam em uníssono, e a cacofonia foi aumentando em intensidade e se avolumando. Os homens que carregavam o touro começaram a berrar e urrar, girando o falecido em círculos e sacudindo-o para cima e para baixo.

"Quem é aquele?", Tony perguntou, apontando para alguém que apareceu em cima do touro, cavalgando como um vaqueiro de rodeio enquanto pelejava para se segurar.

"O filho do falecido", Kadek disse. "É uma grande honra subir no carro alegórico".

Fomos arrastados pelas festividades cada vez mais estridentes até que a processão chegou a um campo aberto. O sarcófago foi colocado no chão, as oferendas colocadas em torno de sua base.

"Merda, o sol está quente", Tony disse, sem fôlego. "Temos alguma coisa pra beber?"

Ainda faltava algum tempo para o início da cremação, então levei Tony para o pátio de uma casa próxima, que tínhamos reservado como área de descanso e um lugar para guardar nosso equipamento.

"Comecei a fazer terapia", Tony disse, do nada.

Fiquei um pouco surpreso; ele sempre se recusou, com obstinada veemência, a ideia de fazer terapia. Tony era alguém em quem sempre busquei respostas, em quem milhões de fãs procuravam respostas. Ouvi-lo admitir por iniciativa própria que não tinha todas as respostas e estava à procura de orientação era excepcionalmente vulnerável.

"Como está indo?", perguntei.

"Bem, ela me faz sentir melhor comigo mesmo. Você sabe, meio que não sou uma pessoa tão má, afinal."

Eu o examinei por um momento. Era difícil saber com o que Tony estava lutando por trás de seus óculos de sol. Estaria arrependido de suas escolhas pessoais e profissionais? Sentia a necessidade de consertar os erros e reparar os danos com as pessoas de quem gostava?

Uma coisa era certa: Tony estava completamente exausto e precisava de férias. Ele tinha uma personalidade suscetível aos vícios e, sem dúvida, era um workaholic, um trabalhador compulsivo que, desde que o conhecia, optava por viajar durante mais de 250 dias por ano. Sempre que eu sugeria que ele tirasse uns dias de folga, Tony dizia: "A televisão é uma amante cruel. Ela não permite que você a traia, nem que seja por um breve período". Descobri que a verdade era que ele não conseguia descansar. Tony sempre precisou de uma distração, um projeto, um problema para resolver. E, para o bem ou para o mal, correr o mundo com o programa lhe fornecia isso aos montes.

"Quando foi a última vez que você teve um tempo de ócio de verdade?", perguntei.

"No verão passado, na Itália com a Asia. Cinco ou seis dias em um barco; foi glorioso", Tony respondeu, iluminando-se de empolgação. "Cozinhei todos os dias. Eu tinha abastecido o barco com trufas frescas, *foie gras*, caviar, algumas caixas de vinho realmente bom. Levei até minha própria frigideira de omelete. De vez em quando íamos para terra firme disfarçados, usando chapéus e óculos escuros, e ficávamos na fila com todas as donas de casa pra comprar peixe no mercado. Foi legal pra caralho."

"Vocês vão fazer isso de novo este ano?", perguntei.

"Era nossa esperança, mas se a Asia conseguir o emprego no *The X Factor*, vai ser difícil", explicou Tony, desanimando um pouco. "Ela vai se mudar pra Nova York no outono; estou realmente ansioso pra ter ela lá."

"Eu sei o que você quer dizer. Também tenho me sentido muito solitário."

"Livre-se da porra da sua casa", Tony disse. "Você pode se mudar pro meu prédio."

"Sim", concordei com um sorriso. Por mais que eu tentasse erguer um muro, não conseguia, porque Tony estava no centro absoluto da minha vida pessoal e profissional. Para mim era difícil em igual medida pensar que eu só era útil para ele como diretor, bem como cogitar a possibilidade de que ele talvez realmente se importasse comigo e me amasse. Em momentos como esse eu tinha dificuldade para manter distância, pois podia sentir seu afeto genuíno, por meio de seu comentário generoso, embora completamente irrealista. Embora eu não tivesse condições financeiras de pagar 16 mil dólares mensais de aluguel por um apartamento no prédio de Tony, fiquei sinceramente agradecido por ele ter feito a sugestão.

"No verão vamos pra Seattle na turnê de palestras", Tony disse. "A Jennifer O'Degan ainda está por lá?"

A pergunta de Tony me pegou completamente desprevenido. Fazia sete anos desde que contara a ele sobre meu nêmesis da escola de ensino fundamental, a menina que me deu um soco na frente da classe inteira e foi aplaudida por todas as crianças que assistiram. Eu não conseguia acreditar nem que Tony estava ouvindo quando contei a história, muito menos que tinha memorizado os detalhes.

"Você se lembra dela?", perguntei, arrebatado por uma onda de emoção.

"Claro que sim", Tony disse. "Há um balde de sangue de porco com o nome dela escrito."

De tão surpreso, fiquei boquiaberto. Embora fosse um gesto pequeno, apagou anos de sentimentos ruins. Meu frágil estado de espírito ao longo dos últimos anos havia resultado em certa tensão entre mim e o escritório de Nova York, mas em tempos recentes corrigimos um pouco as coisas e eu estava trabalhando para manter minha vida pessoal sob um controle maior. Em nome da saúde mental, fiz alguns ajustes, descobrindo como permanecer são a longo prazo e sobreviver na produção do programa.

"Venham agora!", o walkie-talkie gritou. "Eles estão acendendo de novo!"

Tony e eu atravessamos correndo a rua, e ele se posicionou ao lado de Kadek. Os membros da família acenderam incenso e fósforos na base do touro, inflamando a pira funerária. Assim que o sarcófago foi engolido pelas chamas, um homem com um enorme lança-chamas borrifou o corpo com um jato de fogo, ao passo que outro cutucava com um atiçador, garantindo que queimasse por completo. Uma coluna de fumaça atingiu o céu, impulsionada pelo som de gongos, tambores e cânticos alegres, enquanto parentes e entes queridos assistiam.

Eu me afastei da multidão e acendi um cigarro. Na ocasião eu não tinha como saber, mas depois de todos aqueles quilômetros viajados, uma vida inteira de aventuras bizarras, eu tinha acabado de terminar a última cena que gravaria com Tony. Apropriado, portanto, de alguma forma, que tenha sido um funeral. Nem em um milhão de anos eu teria acreditado que dali a um mês Tony desapareceria nas chamas.

Olhando para trás, não vi os sinais de alerta, embora tenha havido alguns. Esses sinais não estavam tanto nas reflexões de Tony sobre a morte, carma e espiritualidade, mas sim em suas tentativas de me mostrar que ele se importava. Os reiterados pedidos para sair comigo e passar tempo comigo são os sinais que mais se destacam. A habilidade de Tony de esconder seus medos por trás de seu humor cáustico, combinada com sua quase imperturbável fachada de força e impenetrabilidade, me impediu de ver esses pedidos por aquilo que – em retrospecto – constatei que de fato eram: as ações de alguém solitário e deprimido, tentando dar o melhor de si para fazer as pazes consigo mesmo e aprender a lidar consigo mesmo.

Mais tarde, eu pensaria em algo que Tony disse no fim da filmagem. Na época, não prestei muita atenção. Claro que, em uma compreensão tardia, as palavras de Tony adquirem um novo significado.

"Eu gostaria que pensassem em mim como um cara bom. Quer dizer, não quero que as pessoas tripudiem sobre meu túmulo – se houver um túmulo – nem que olhem para uma fotografia minha – no caso improvável de alguém se dar ao trabalho de olhar – e digam: 'Oh, aquele filho da puta. Estou feliz por ele estar morto'. Prefiro que isso não aconteça… não sei se estou tentando acumular carma bom especificamente, mas com certeza hoje em dia estou tentando evitar o carma ruim. Penso em como estou me saindo, e em que termos…"

Pouco antes da partida de Tony para a França e sua morte, ele me convidou para jantar. Tínhamos acabado de voltar da Indonésia, e eu estava ocupado com os preparativos da nossa viagem para a Índia, por isso recusei o convite, por pensar que muito em breve eu veria Tony todos os dias, querendo ou não. Provavelmente nunca vou parar de me perguntar se eu poderia ter mudado as coisas caso tivesse aceitado o convite. E é provável também que nunca me perdoe. Mas o que posso ver agora, e que não via naquela época, é que, em última análise, Tony era um homem que estava tentando fazer o seu melhor – para se libertar de sua mente analítica; para encontrar um sistema de crenças que fosse mais compassivo com sua ambivalência espiritual; para expressar seu amor pelas pessoas de quem gostava; para conciliar as contradições que incorporavam sua vida interna e externa e que, em essência, definiam sua personalidade. O melhor de Tony foi suficiente para milhões de fãs, mas não foi suficiente para ele mesmo. Ao longo dos anos, antes e depois da morte de Tony, tenho me engalfinhado com perguntas persistentes sobre se ele realmente gostava de mim o suficiente para me dar o seu melhor. Contudo, somadas umas coisas e outras, não importa: eu simplesmente sou grato pelo tempo que passei com ele.

EPÍLOGO

Como se termina uma história como esta? A verdade é que não sinto que terminei, tampouco estou remotamente satisfeito com o que escrevi. Desde o início, agarrei-me à ingênua esperança de que, com tempo suficiente, eu seria capaz de encontrar as peças que ainda faltam do quebra-cabeça.

Quando me deparei com um pen-drive USB perdido, enterrado atrás da minha mesa de trabalho, pensei que talvez tivesse encontrado o que estava procurando. Um ano antes da morte de Tony, ele colocou o dispositivo de memória na minha mão, me olhou bem nos olhos e disse: "Faça o que fizer, não veja isto". O que ele quis dizer? Era realmente para eu *não* ver aquele conteúdo? Ou era "não veja isto", piscadela, piscadela, o que na verdade significava *veja isto, sim, senhor*? Era uma brincadeira ou um teste? No fim das contas, decidi não me arriscar e guardei o pen-drive. Com a loucura da vida e do trabalho, acabei me esquecendo de sua existência.

Prendi a respiração ao inserir o dispositivo e clicar duas vezes para encontrar um documento chamado "Fantasma faminto". Meus olhos correram para a frente e para trás nas páginas do que parecia ser um texto inacabado em que Tony estava trabalhando antes de sua morte. Era a história de suas viagens – nossas viagens – para muitos dos mesmos lugares que escolhi incluir em meu próprio livro. Sua escrita era lírica, quase um fluxo de consciência, eivada de erros e omissões, mas ainda assim primorosa. Ler o texto foi uma experiência de humildade, por constatar que, mesmo em um rascunho inicial, Tony era capaz de captar, sem esforço, a sensação de deslocamento por meio do espaço de quem viaja de um local para o outro, o borrão de uma vida que se passa em constante movimento.

Levei um momento para perceber que era muito diferente dos outros textos de Tony. Em vez da curiosidade e do humor que normalmente caracterizavam sua escrita, agora Tony se descrevia como um errante que perambulava de lugar em lugar, assombrado pela solidão esmagadora. Uma alma perdida, presa em um perpétuo estado de insatisfação, sempre ansiando por mais, ele era a própria personificação de um fantasma faminto.

Ao longo de oitenta páginas, Tony se digladiava com algumas das mesmas perguntas que durante anos me corroíam. Escrevendo sobre a Líbia, ele examinou os motivos pelos quais íamos para lugares tão perigosos e se o risco valia a pena. Toda vez que fiz essas perguntas a Tony, ele me deu respostas insatisfatórias. Até então.

Olhei ao redor da sala e vi meus colegas e amigos mais próximos. Pessoas com quem durante *anos* passei a maior parte das minhas horas. Mais do que com minha esposa, minha filha ou qualquer outra pessoa a quem eu chamava de meu amigo. Qual era a *minha* responsabilidade com eles? Tom, meu produtor, que estava comigo, em uma ou outra função, havia quase cem programas. Eu sabia que ele, para conseguir uma boa tomada, entraria direto na frente de uma saraivada de tiros de fuzil. Tom era assim. E quanto a Todd, que estava comigo praticamente desde o início – quase quinze anos aguentando minhas merdas, minhas mudanças de humor, meus altos e baixos pessoais, enquanto caminhava para trás segurando câmeras em Bornéu, na Libéria, no México e em Beirute? Eu conhecia a esposa dele, seus filhos. Zach também estava comigo fazia alguns anos. Josh era novato. Ao se candidatar para o emprego, ele certamente não esperava essa *merda*.

Tony seguiu em frente para contar como, durante nosso curso de treinamento de sobrevivência em ambientes hostis, a equipe fora instruída a continuar realizando manobras do protocolo de ressuscitação cardiopulmonar por muito tempo mesmo depois de a pessoa já ter morrido. Quando Tony perguntou qual era o sentido de gastar essa energia, a resposta foi que assim ele poderia dizer sinceramente que tinha feito tudo o que podia. "Eu *não* queria voltar para qualquer uma das esposas ou namoradas ou filhos daquelas pessoas e ter essa conversa", Tony escreveu.

Fui dominado pela estranha percepção de que, de uma forma muito literal, a voz de Tony estava falando comigo de além-túmulo. Mas foi o que estava escrito na última página que mais me atingiu em cheio. "*Eu quero* contar a vocês a história do aniversário do Tom no Irã", Tony escreveu. "...Foi um momento extraordinário." Ele parou logo depois disso, o preâmbulo para algo que nunca foi terminado.

Era uma poderosa metáfora para a vida de Tony – incompleta e interrompida. Ainda mais poderosa, a escrita expressava os sentimentos que Tony fez força para comunicar enquanto estava vivo, os mesmos sentimentos que tive tanta dificuldade em aceitar quando os ouvi. Ali estava a pista que faltava e pela qual eu tanto ansiava, e, no entanto, ao encontrá-la, senti apenas um vazio e um pesar cada vez mais profundos. Diante de evidências tangíveis de que Tony se importava comigo, gostava de mim, por fim eu admitiria que convenci a mim mesmo de que ele me odiava apenas para que então não tivesse que aceitar a magnitude da perda?

Talvez a verdadeira questão fosse: como é que se termina uma história que você não quer que acabe? Supus que escrever este livro fosse uma tentativa de processar e entender as duas últimas décadas da minha vida. Era possível que, em vez disso, descobrisse uma maneira de manter Tony vivo? Quanto mais eu matutava a respeito, mais me dava conta de que estava vivendo em uma ilusão, cercando-me de artefatos de um mundo que já não existia. No entanto, viver no passado acarreta consequências. Nunca antes as fronteiras entre a minha vida e o meu trabalho foram menos definidas do que agora. Este é o perigo de um fantasma: ele segue você aonde quer que você vá. Aprisionado, simultaneamente devastado e saudoso, no fim ficou claro que eu era o fantasma faminto.

Minha boa amiga Alicia, que volta e meia me oferecia suas opiniões e impressões sobre meus textos, continuamente precisava me lembrar de incluir a mim mesmo em minhas próprias memórias. Embora eu estivesse convencido de que tinha acabado de me entregar de corpo e alma e derramar meu coração na página, Alicia me dizia: "Tá legal, então essa foi a experiência do Tony. Como foi pra você?". Geralmente eu não sabia responder a essa pergunta. Na maioria das vezes nem sequer percebia, a menos que ela apontasse que a experiência de Tony não era idêntica à minha. Alicia estava certa. No fim das contas, esta é a minha história; começa e *termina* comigo.

Então, o que aprendi no período em que vivi como um nômade, de viagem em viagem mundo afora? Que significados encontrei ao escrever este livro? Aprendi que é hora de guardar minhas fotos, suvenires, lembranças e objetos reluzentes e descobrir quem sou eu. Mas cheguei à conclusão de que seguir em frente não significa abrir mão de todas as minhas extraordinárias experiências. Elas eram minhas o tempo todo, mesmo que na ocasião nem sempre parecesse. É claro que ainda tenho muitas coisas para tirar de dentro das malas.

AGRADECIMENTOS

Estou repleto de gratidão pelo privilégio de conhecer tantas pessoas maravilhosas que, ao longo da minha vida, me mostraram bondade e generosidade e me propiciaram orientação. Não há como incluir todas, mas no breve espaço de que disponho, gostaria de agradecer a algumas dessas pessoas que foram essenciais.

Obrigado, Catherine, pela inspiração, incentivo e conselhos!

Agradeço sinceramente o apoio de meus agentes, Steve e Jamie, assim como de minha editora, Lauren. Eu nunca teria conseguido sem minha querida amiga Alicia, que trabalhou incansavelmente comigo até o amargo fim.

Todo o meu amor para minha mãe, Ann; meu pai, Frank; minha irmã, Katie; meu irmão, Ed; meu tio, Michael; minhas tias Jean, Betty, Cindy, Sheryl e meus primos Mathew, Andrew, Anna, Tessa e Wendy. O mesmo vale para David, Samantha, Tom, Priscilla, Kristina, Pat, Barbra e minha musa, Andrea.

Entre a miríade de influentes educadores que desempenharam um papel descomunal em fazer de mim quem eu sou, gostaria de expressar meus agradecimentos ao sr. Hearn, à sra. Ivayni, à sra. Circosta, à srta. Hayes, ao sr. Ryder, à sra. Ovino e ao professor Cohen.

Obrigado a Michael, Rob, Nigel, Paul, Sandy, Chris e Lydia por incentivarem minha carreira e por me darem uma chance.

Saudações aos meus colaboradores e amigos da Zero Point Zero, incluindo Nicola, Anna, Joe, Nick, Meghan, Adam, Sally, Alex, Tracey, Diane, Rennik e Mike.

A fotografia deslumbrante era uma das características definidoras de nosso trabalho. Zach, Todd, Alan, Alex, Fred, Jeremy, Josh, Jerry e Mo: vocês são os melhores no ramo. Os programas realmente eram feitos na pós-produção.

Tenho uma dívida de gratidão eterna com o trabalho árduo e o brilhantismo de Hunter, Jesse, Mustafa, Chris, Yeong-A, Angie, Tim, Hannah, Shawn, Parker, Julia, Benny, Brian, Pat, Andrey, Lou, Steve, Manny, e nosso compositor, Mike, que forneceu a trilha sonora da minha vida.

Não haveria nada para filmar, material nenhum para editar ou servir de base para compor uma trilha sonora não fossem a contribuição, a competência, o conhecimento técnico especializado, a coragem e o talento de nossos produtores e facilitadores locais. Sara, Yin, Raja, Natalia, Lucy, Ishan, Ivan, Inky, Girlie, Bindu, Ayman, Camelia, Carleene, Lisa, Laura, Hary, Nok, Esra, Joe, Shinji, Carola, Gus, Susana, Ha, Phi, Matt, Emong, James, Carla, Mariana, Oliva, Shoba, Paddy, Hulya, Annika, Razan, Marcello, Annalisa, Emanuela, Patrick, Dan, Jigme, Jason, Yeganeh, Joe e Desak: vocês sempre estarão no meu coração!

Por último (mas não menos importante!), eu gostaria de expressar agradecimentos *extraespeciais* a Jeff, Josh, Jared, Helen, Jon, Ottavia, Chris, Laurie, Philippe, Fuen, Nari, nossa fiel agente de viagens Lorraine, e, é claro, Tony.